市场营销名校名师
新形态精品教材

U0597913

**Marketing
Management**

刘建华 李东进 ◎主编　　赵馨頔 秦勇 ◎副主编

# 市场营销

## 理论、方法与案例

### 微课版

人民邮电出版社

北　京

图书在版编目（CIP）数据

市场营销 ：理论、方法与案例：微课版 / 刘建华，
李东进主编. -- 北京 ： 人民邮电出版社，2025.
（市场营销名校名师新形态精品教材）. -- ISBN 978-7
-115-67189-9

Ⅰ．F713.3

中国国家版本馆 CIP 数据核字第 2025PN8830 号

## 内 容 提 要

本书较为全面和系统地介绍了市场营销策划、市场营销分析、市场营销战略、市场营销策略、市场营销新方法与新应用的相关知识。全书兼顾基本理论和实际应用，引入了大量具有中国特色的营销实战案例和阅读材料，并辅之以课堂讨论、任务实训等模块，旨在强化学生对所学知识的掌握与应用。

本书反映了市场营销学科的最新发展动态，体现了南开大学市场营销教学团队多年的教学研究成果，全书编排新颖、体例丰富、内容充实。

本书可以满足本科院校市场营销专业及经济管理类其他专业相关课程的教学需要，也可以较好满足职业院校相关课程的教学需要，还可以作为广大企业营销管理人员的学习参考书。

◆ 主　　编　刘建华　李东进
　　副 主 编　赵馨頔　秦　勇
　　责任编辑　刘向荣
　　责任印制　陈　犇

◆ 人民邮电出版社出版发行　　北京市丰台区成寿寺路 11 号
　　邮编　100164　电子邮件　315@ptpress.com.cn
　　网址　https://www.ptpress.com.cn
　　三河市兴达印务有限公司印刷

◆ 开本：787×1092　1/16
　　印张：15.25　　　　　　　　2025 年 9 月第 1 版
　　字数：351 千字　　　　　　 2025 年 9 月河北第 1 次印刷

定价：56.00 元

读者服务热线：(010)81055256　印装质量热线：(010)81055316
反盗版热线：(010)81055315

# 前　言

市场营销学是一门系统研究营销活动规律及其发展变化的学科。它不仅关注营销理论的构建和完善，更注重将理论应用于营销实践，以帮助企业更好地适应市场环境变化，满足消费者需求并实现可持续发展。市场营销学以经济科学、行为科学和现代管理理论为基础，属于管理学范畴，是经济管理类专业的核心课程，在高等教育现代营销人才培养体系中具有重要的地位和作用。

为全面贯彻党的二十大精神，积极响应"加快构建以国内大循环为主体、国内国际双循环相互促进的新发展格局"的号召，及时反映和展现市场营销理论和实践的最新发展动态，更好地满足当前高等院校市场营销课程的教学需要，在"南开大学'十四五'规划精品教材建设行动计划"项目的支持下，我们编写了本书。

本书以市场营销的活动流程及策略为主线，系统介绍市场营销的理论、方法与实务。具体内容包括市场营销观念、市场营销策划、市场营销环境分析、市场营销信息分析、市场购买者购买行为分析、市场机会识别与目标市场战略、市场营销战略、产品策略、价格策略、营销渠道策略、促销策略、网络营销，以及 AI 营销、场景化营销、跨境营销等。

本书结合当前市场营销发展的最新趋势，在注重基本理论和操作实务的基础上，努力突出数字时代特征，旨在培养社会所需的新一代营销人才。本书既注重市场营销理论体系的完整性，又强调营销方法的可操作性，同时融入大量鲜活、真实的案例与阅读资料，理论结合实际，内容全面、新颖。全书以理论知识为基石，以方法为桥梁，以案例为窗口，力求精准满足学生对营销知识的学习需求。

本书由南开大学刘建华教授和李东进教授担任主编，赵馨顿、秦勇担任副主编，张黎、周翠翠、马婧、刘硕、梁丽军参与了编写。刘建华和李东进负责起草编写大纲及组织编写和定稿工作。

在编写过程中，我们参考和借鉴了众多学者的研究成果，在此表示诚挚的敬意。鉴于学识有限，加之编写时间紧迫，本书存在缺憾和不足之处在所难免，敬请各位专家、读者批评指正。

刘建华　李东进
2025 年于南开园

# 目 录

# 目 录

# 目 录

# 第1章
# 市场营销概述

 **本章导读**

　　市场营销是现代企业经营管理的核心，是实现商品交换的必要手段。市场营销的最终目标是满足消费者的需求。为实现这一目标，企业要制定一系列的营销策略并开展多种形式的营销活动。本章为全书的开篇，主要介绍与市场营销相关的概念、市场营销的参与者、营销观念的演变、市场营销策划，以及市场营销学的研究内容及研究方法等。通过对本章的学习，读者可以形成对市场营销的初步认识。

　　**知识结构图**

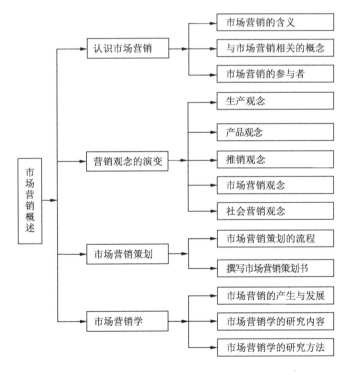

　　**开篇引例**

《黑神话：悟空》游戏的跨界联名营销

　　《黑神话：悟空》是一款备受瞩目的国产动作角色扮演游戏。自 2024 年 8 月 20 日全球发售以来，它便以其精美的画面、独特的文化背景和流畅的战斗系统吸引了大量玩家。这款游戏以中国古代神话为背景，巧妙地将经典西游记元素与现代游戏技术相融合，为玩家呈现了一个既熟悉又充满新奇的游戏世界。凭借其出色的游戏品质和独特的文化魅力，《黑神话：悟空》在各大游戏展会和社交媒体上赢得了广泛的关注和好评，拥有了庞大的粉丝群体。

为了进一步扩大游戏的影响力和拓展受众群体，《黑神话：悟空》积极寻求与各大品牌的跨界合作。其中，其与瑞幸咖啡的联名营销尤为引人注目，双方携手推出了限定款的咖啡饮品和周边产品。这些产品不仅巧妙融入了游戏的元素，还通过独特的包装设计和限量销售的策略，成功激发了消费者的购买热情。

除了瑞幸咖啡，《黑神话：悟空》还与海信、联想等大品牌展开了合作，共同推出了联名电视和游戏本。这些产品结合了游戏元素，在设计上独具特色，成功吸引了众多玩家，并促进了联名产品的销量显著增长。这种"游戏+品牌"的合作模式，不仅为游戏提供了额外的曝光机会，也为合作品牌注入了新的活力。

问题：《黑神话：悟空》游戏跨界联名营销取得成功的原因有哪些？近年来，诸如跨界联名营销等创新的营销方式为何能不断涌现？

# 1.1 认识市场营销

## 1.1.1 市场营销的含义

市场营销（Marketing）是指个人或组织通过创造并交换产品和价值以满足需求和欲望的一种社会和管理过程。理解市场营销的概念，应把握以下几点：市场营销的最终目标是满足"需求和欲望"；市场营销的核心是交换，是以交换有价值的产品（商品或服务）为核心的有目的的行为；市场营销是一个综合的过程，市场营销过程不仅是一个计划、组织、实施、控制的管理过程，而且是一个社会过程，企业在市场营销过程中必须注重社会责任的担当。

## 1.1.2 与市场营销相关的概念

与市场营销相关的概念较多，如需要、欲望和需求，产品，以及价值、满意和成本等。了解这些基本概念将有助于我们更好地认识市场营销的本质。

**1. 需要、欲望和需求**

需要和欲望是市场营销活动的基础。需要是指人因感到某种缺乏而力求获得满足的心理倾向。它是人自身和外部生活条件的要求在头脑中的反映，可以说是人的一种与生俱来的基本要求。

欲望是指人在获取基本需要时的愿望，即表现出来的对基本需要的特定追求。比如，当人感到饥饿时，就会产生基本的生理需要，这时有的人会希望吃肯德基、麦当劳等洋快餐充饥，有的人则希望吃米饭、炒菜等中餐充饥。购买欲望是指消费者购买商品或服务的动机、愿望和要求，由消费者心理需求和生理需求共同引发。产生购买欲望是消费者将潜在购买力转化为现实购买力的必要条件。

需求在市场营销中具有特定的含义，是指消费者对某一产品既有购买能力又有购买欲望，可用公式简单表述为：需求=购买能力+购买欲望。因此，企业在开展营销活动时必须同时考虑购买能力和购买欲望这两个基本要素。

**2．产品**

产品是指任何能够满足人某种需要和欲望的物品。根据是否占有物理实体空间，产品可以分为有形产品和无形产品两大类。有形产品和无形产品在营销方式上有很大的不同，本书将在后继章节中进一步阐述。

**3．价值、满意和成本**

市场营销学中的价值是指产品对消费者的有用性或效用。产品价值的大小取决于消费者的主观判断，对于同样的产品，不同的消费者会给予不同的价值评判，从而产生不同的购买意愿。

满意是指消费者满意，取决于消费者对产品的期望与实际效用之间的比较。如果产品的实际效用低于期望，消费者就会不满意。如果实际效用符合期望，消费者就会感到满意。如果实际效用超过期望，消费者就会感到惊喜。

成本是指消费者为获得某种特定产品所做的付出。注意，这里的成本不仅是指消费者所付出的货币成本，而且包括为取得产品而付出的时间成本和精力成本等。为什么网络购物能够备受当前消费者的青睐？如果从成本的角度来分析，就很好解释了。因为与线下购物相比，网络购物更为轻松便捷，从而大大节省了消费者的时间成本和精力成本。

**4．交换和交易**

交换是指向他人提供所需之物或价值，并获取相应价值的实物或服务的行为。交易是指买卖双方价值的交换，通常又包括货币交易和非货币交易两种。交易得以实现的前提是，双方都拥有对方所需的价值，此外还具有双方同意的交易条件、时间和地点，以及维护交易的法律和承诺。

**5．市场**

市场原是指买卖双方聚集在一起交换商品的场所，后来经济学家用市场一词来泛指交易某类产品的卖方和买方的集合，一般认为卖方组成行业，买方组成市场。但在市场营销学领域，市场的概念发生了很大的变化，根据菲利普·科特勒（Philip Kotler）的观点，市场是指某种产品的所有实际的和潜在的购买者的集合。这些购买者共同具有某一特定的、能通过交换得到满足的需要或欲望。因此，市场规模的大小取决于人口、购买力和购买欲望这三个因素，用公式表示即为：市场=人口+购买者+购买欲望。

## 1.1.3　市场营销的参与者

市场营销的参与者是指参与到营销活动中的机构或个人。一个完整的现代营销组织系统需要由供应商、企业、竞争者、营销中介和顾客共同组成，如图1-1所示。

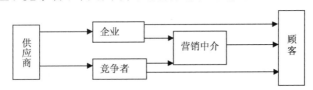

图 1-1　现代市场营销的组织系统

从图 1-1 可以看出，企业要开展营销活动，首先必须要有可供出售的产品。因此，企业需要从供应商那里获取原材料、设备，要根据目标顾客的需求来设计和生产产品，再通过营销中介把产品销售给目标顾客（最终顾客）。在这个过程中，企业还要同竞争对手展开全方位的竞争，以赢得市场。当然，如果企业采取贴牌生产或是采取完全直销的模式，则上述组织系统可以进一步简化。

根据价值链相关理论，在营销系统中，每一个参与者都为下一级的参与者增加价值。同时，营销系统中的每个参与者都会受到环境因素的影响，这些环境因素主要包括人口、经济、政治、文化、技术、法律等。企业的成功不仅取决于自身的行为，还取决于整个系统对最终顾客需要的满足程度。在这个系统中，各个参与者都在进行博弈。

营销部门的工作目标是通过创造顾客价值和满意来吸引消费者并建立良好的客户关系。但是，仅凭营销部门自身是很难完成这个目标的。营销部门的成功离不开现代营销系统中的供应商、营销中介、顾客等诸多参与者的配合与支持。

# 1.2 营销观念的演变

伴随着时代的变迁和市场营销学理论的发展，营销观念经历了五个阶段的演变，从传统的生产观念、产品观念、推销观念逐步演变为现代的市场营销观念和社会营销观念。

## 1.2.1 生产观念

生产观念盛行于 19 世纪末 20 世纪初，是最早出现的一种市场营销观念。当时的大背景是，社会生产力水平较低，商品相对匮乏，市场呈现供不应求的状态。因此，企业只要能生产出价格合理的产品，就不愁没有销路。生产观念认为，消费者喜欢那些可以随处买得到而且价格低廉的产品。因此，企业应该通过实现规模经济效益，来提高产量、降低成本，以赢得更大的市场。

生产观念不是从消费者的需求出发的，而是从企业的生产出发的，主要表现为"我生产什么，就卖什么；我卖什么，消费者就买什么"。企业经营者最关心的就是扩大生产规模，提高生产效率，降低生产成本，提高销量。福特汽车公司创始人亨利·福特（Henry Ford）的至理名言"我不管消费者喜欢还是不喜欢，我的汽车就是黑色的"，就是对这一观念的最好诠释。

## 1.2.2 产品观念

随着众多企业奉行生产观念，一味追求实现规模经济效益，加之社会生产效率的不断提升，市场开始出现了供过于求的局面。在这种市场环境下，企业如果仍然坚持奉行生产观念，必将造成大量的产品滞销，从而使企业的经营陷入困境。此时的企业经营者认为，消费者最喜欢高质量、多功能和具有某些特色的产品，企业应致力于生产优质产品，并不断加以改进，使之日趋完美。这样，企业的产品才能拥有足够的竞争力，并得到消费者的青睐。这一营销观点被称为产品观念。

产品观念产生于 20 世纪 30 年代之前，时至今日依然有一些企业推崇这种营销观念。产品观念期望以质取胜，比生产观念更具先进性。但与生产观念一样，产品观念同样没有充分考虑到消费者的需求和欲望。所谓的优质产品，往往并非消费者所需要的。奉行产品观念的企业，往往过度沉醉于自己的产品品质上，而不是专心研究市场，容易导致在营销管理中缺乏远见，患上所谓的"营销近视症"。

### 知识链接

#### 营销近视症

营销近视症（Marketing Myopia）是著名的市场营销专家、美国哈佛大学管理学院西奥多·莱维特（Theodore Levitt）教授在 1960 年提出的一个概念。营销近视症就是指不适当地把主要精力放在产品或技术上，而不是放在市场需求（消费需要）上，其结果往往导致企业丧失市场，失去竞争力。这是因为产品只不过是满足市场消费需要的一种工具，一旦有更能充分满足消费需要的新产品出现，现有的产品就会被淘汰。同时消费者的需求是多种多样并且不断变化的，并不是所有的消费者都偏好于某一种产品或价高质优的产品。莱维特断言：市场的饱和并不会导致企业的萎缩；造成企业萎缩的真正原因是营销者目光短浅，不能根据消费者的需求变化而改变营销策略。

资料来源：百度百科。

## 1.2.3　推销观念

推销观念产生于 20 世纪 30 年代，当时的大背景是：一方面，西方发达国家的工业革命使得社会生产力空前发展，商品生产规模扩大，品种日益增多；另一方面，世界性经济危机爆发，使得整个社会的购买力水平大幅下降，市场开始向"买方市场"转变，竞争激烈。企业开始认识到，要想在激烈的竞争中求得生存与发展，不能只抓生产，必须加强推销工作。

持有推销观念的企业认为，消费者通常表现出一种购买惰性或抗衡心理，如果不采取某种措施，消费者一般不会足量购买某一企业的产品。因此，企业必须进行大量的推销活动，以刺激消费者采取行动。这种观念还认为，企业的销售成果与推销努力是密切相关的，企业应高度重视对推销人员的培训，提升其销售技巧，以提升成交的达成率。推销观念可简单概括为"我卖什么，顾客就买什么"。因此，这种观念同生产观念和产品观念一样，没有将满足消费者的需求和欲望作为开展营销活动的基础，仍属于传统的营销观念。

## 1.2.4　市场营销观念

市场营销观念产生于 20 世纪 50 年代中期。它的出现被认为是营销观念的一次革命。当时的大背景是第二次世界大战结束之后，欧美各国的军工工业很快转向了民用工业，工业品和消费品生产的总量随之剧增，导致生产相对过剩和市场竞争日趋激烈。此时越来越多的企业开始认识到传统的销售观念已不再适用，开始注意消费者的需求和欲望，并研究其购买行为。这一观念上的转变标志着市场营销理论的一次重大变革。

市场营销观念认为，实现企业营销目标的关键在于满足消费者的需求和欲望。这可通俗地解释为"顾客需要什么，企业就生产什么"。市场营销观念抛弃了以企业为中心的指导思想，取而代之的是以消费者为中心的经营理念。持有市场营销观念的企业经理将管理重心放在善于发现和了解目标顾客的需要并千方百计去满足，从而实现企业目标上。因此，企业在决定其生产经营时，必须进行市场调研，根据市场需求及企业本身条件选择目标市场，组织生产经营，以最大限度地提高顾客满意度。该观念以消费者为中心，以满足消费者的需求和欲望为营销活动的基本出发点，无疑较此前的生产观念、产品观念和推销观念更具积极意义。

> **课堂讨论**
>
> 为什么说市场营销观念的出现是营销观念的一次革命？你是如何理解市场营销观念的？

## 1.2.5 社会营销观念

社会营销观念形成于 20 世纪 70 年代，这一时期，全球经济在快速发展中产生了诸多问题，如生态失衡、环境恶化、资源短缺、人口爆炸等。此时，若企业仅奉行市场营销观念，满足个体消费者需要，会引发资源浪费、环境污染，损害广大消费者利益等问题。为了解决市场营销与社会利益之间可能存在的矛盾，西方学者提出了社会营销观念来修正市场营销观念。因此，社会营销观念是对市场营销观念的扩充和修改，是市场营销观念的新发展成果。社会营销观念认为，企业的生产经营活动不仅要满足消费者的需要与欲望，而且要符合消费者和社会的长远利益，以达到企业（利润获取）、消费者（需求满足）、社会（公众利益）三方面的统一与平衡，如图 1-2 所示。其核心理念是：通过使消费者满意及增进社会公众的长期福利使企业获利。

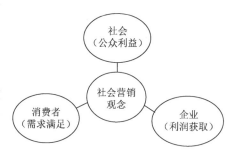

图 1-2 社会营销观念中的利益均衡

> **阅读资料**

### 支付宝公益项目"蚂蚁森林"

蚂蚁集团从 2016 年开始在支付宝上线公益项目"蚂蚁森林"，持续向公益机构捐资，参与各地生态建设，通过这些"看得见的绿色"激励公众在日常生活中以低碳行为积攒"绿色能量"。截至 2024 年 8 月 27 日，"蚂蚁森林"项目已在全国范围内种下了超过 5.48 亿棵树，并累计协议捐赠超过 41.8 亿元用于生态建设。这些数据反映了"蚂蚁森林"项目在推动公众参与低碳生活，促进生态建设方面的显著成效。

除了以上 5 种营销观念之外，菲利普·科特勒教授还提出了全面营销的观念。他认为，企业的营销"应该贯穿于事情的各个方面"，包括关系营销、整合营销、内部营销和绩效营销。企业需要采用更富有整体性、更富有关联性的方法来开展营销活动。

# 1.3　市场营销策划

市场营销策划是指企业为实现既定的营销目标而进行的策略规划和方案制订的过程。与计划相比，策划更加强调方案的谋略性和创意性，包含了策略思考、布局规划和谋划制胜等内容；计划则是指企业为适应未来变化的环境，实施既定的经营方针和经营战略，而对未来的行动所做出的科学决策和统筹安排。

## 1.3.1　市场营销策划的流程

市场营销策划须按照一定的程序（步骤）来进行。第一步是进行市场分析，以界定问题；第二步是在市场分析的基础上确定市场营销策划目标；第三步是调查目标消费人群，实现精准营销定位；第四步是构思市场营销策划创意，明确营销活动的方式和策略；第五步是拟定市场营销策划方案，进行优选的同时完成市场营销策划书的撰写；第六步是实施市场营销策划方案并监测优化；第七步是评估市场营销策划效果。市场营销策划的流程如图 1-3 所示。

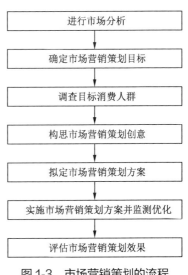

图 1-3　市场营销策划的流程

### 1. 进行市场分析

市场营销策划的第一步是进行市场分析。其内容包括市场营销环境分析、目标消费者分析等。市场营销环境分析又可分为宏观环境分析、行业环境分析及企业内部环境分析。企业可采用的分析法包括 PEST 分析法，即从政治（Politics）、经济（Economy）、社会（Society）和技术（Technology）4 个方面对企业的宏观环境进行分析；五力分析模型法，即从现有企业间的竞争、潜在竞争者的威胁、替代品的威胁、供应商的议价能力及顾客的议价能力 5 个方面对行业环境进行分析；SWOT 分析法，即将企业的优势（Strengths）和劣势（Weaknesses）与外部的机会（Opportunities）和威胁（Threats）相结合，对企业的内外部环境进行综合分析。目标消费者分析包括分析目标消费者的需求特点，分析影响目标消费者购买行为的因素，以及分析目标消费者的购买行为过程等。市场分析是开展市场营销策划的前提，也是界定市场营销策划问题的关键步骤。

### 2. 确定市场营销策划目标

市场营销策划目标是指企业通过市场营销策划活动所要取得的预期营销成果。它对企业的市场营销策略和行动方案具有明确的指导作用。企业在确定市场营销策划目标时，要基于市场分析的结果制定切实可行的目标。确定市场营销策划目标，应明确以下几点。

（1）市场营销策划目标必须具有明确的实施主体，即"由谁来实现目标"。

（2）市场营销策划目标的实现要有明确的时间限定。不管是长期目标还是短期目标，都应该有一个预先规定的完成期限。

（3）市场营销策划目标应该有明确的预期成果描述，否则，所提的目标不过是空洞的口号。预期成果的描述包括要实现的销售增长目标、市场占有率目标、企业利润目标、企业品牌形象塑造目标等内容。

### 3．调查目标消费人群

任何产品或服务都有明确的目标消费人群（群体）。例如，同为化妆品，高端化妆品与低端化妆品的目标消费群体有着明显的不同。调查目标消费人群，一般可采用问卷调查或者借助大数据平台分析"用户画像"来实现。调查的主要内容包括确定目标消费人群的基本信息、生活习惯和消费行为，如年龄、性别、产品偏好、当下需求和购买水平等。只有充分掌握目标消费人群的信息，企业才能有的放矢，拟定精准的市场营销策划方案。

### 4．构思市场营销策划创意

构思市场营销策划创意是指在企业进行市场营销活动中，基于对市场、消费者、竞争对手及自身资源的深入分析，通过独特的思维方式和创新方法，构思出新颖、独特、有吸引力的营销策略、活动或信息传播方式。这种创意不仅体现在产品的设计、定价、促销和分销等营销要素上，还贯穿整个营销传播的过程，旨在吸引目标消费者的注意力，激发他们的购买欲望，从而推动产品或服务的销售，提升品牌形象，增强企业的市场竞争力。

创意是市场营销策划的灵魂，创意水平的高低在很大程度上决定了市场营销策划的成败。构思市场营销策划创意是一项复杂而艰辛的创造性工作，但绝不是无中生有。它的产生不仅需要策划者的灵感，更需要策划者扎实的营销功底、丰富的市场营销实战经验和科学严谨的创作过程。

### 5．拟定市场营销策划方案

拟定市场营销策划方案是指企业在前期工作的基础上，对市场营销活动具体内容的计划与安排，如投入多少活动经费，采用何种市场营销方式，不同阶段应采取的营销手段等。需要注意的是，在此阶段，企业需先拟定多个备选方案，然后从中选择最优的方案，同时市场营销策划方案要落实到书面上，即完成市场营销策划书的撰写。

### 6．实施市场营销策划方案并监测优化

在拟定好市场营销策划方案之后，企业的工作就是将方案付诸实践。企业在落实市场营销策划方案时，要注意以下两点。一是企业必须严格按照所拟定的策划方案开展市场营销活动。二是企业要做好对市场营销策划方案的执行、监测和控制工作，一旦发现实施中偏离了既定的策划目标，就要立即采取纠偏措施，要根据监测结果优化策划方案，以实现更佳的营销效果。

### 7．评估市场营销策划效果

市场营销策划的实施并不是整个活动的终结。企业还要对活动的最终效果进行评估。具体的做法是将实施效果与既定目标进行比较，如果存在问题，企业则要分析问题产生的原因并找出解决的办法，以便今后加以改进。

## 1.3.2　撰写市场营销策划书

### 1．市场营销策划书的基本结构

市场营销策划书没有统一的形式或格式要求，企业可以根据具体情况灵活掌握。一份完整的市场营销策划书通常会包括封面、前言、摘要、目录、正文和附录，其中前言、摘要、

附录可以根据需要进行合并或者删除。

（1）封面

封面作为一份策划书给人的第一印象，应当包括策划书的名称、策划人或机构的名称及策划时间等要素。

（2）前言

前言是策划书开篇的部分，用来介绍策划书的背景和目的。通常情况下，策划书编写人员可以从策划的宗旨和目标，策划的由来，策划的指导思想、理论依据等方面来撰写。

（3）摘要

摘要是对市场营销策划的简短概述，是对整个策划精华的提炼，要涵盖策划的核心要点，能够完整地概括出策划书的内容。摘要应尽可能简明扼要，篇幅通常以 1～2 页为宜，同时要做到结构完整、语言流畅，表述准确且富有感染力。

（4）目录

目录是正文的索引，一般位于摘要之后。目录要列出市场营销策划书的组成部分和对应的页码，以方便读者快速了解策划书的大致内容及快速找到所需要的内容。

（5）正文

正文是市场营销策划书的主体内容，包含策划背景及目标、市场分析、产品分析、市场营销策略、实施方案、费用预算、预期效果评估、风险评估与应对措施、结束语。市场营销策划书的正文组成及具体内容如表 1-1 所示。

表 1-1　市场营销策划书的正文组成及具体内容

| 正文组成 | 具体内容 |
| --- | --- |
| 策划背景及目标 | 介绍策划的背景信息，明确市场营销策划的目标和期望成果，其中包括销售额、市场份额、品牌知名度等具体的量化指标 |
| 市场分析 | 对目标市场进行深入分析，包括市场规模、消费者行为、竞争对手情况等；通过市场分析，确定目标受众和市场定位 |
| 产品分析 | 分析产品的特点、优势、劣势及竞争对手的产品情况；明确产品在市场中的定位，以及与其他竞品的区别 |
| 市场营销策略 | 根据市场分析和产品分析，制定具体的市场营销策略，通常包括市场营销产品策略、价格策略、渠道策略和促销策略 |
| 实施方案 | 详细列出市场营销策划的具体实施步骤和时间表；确保策划方案能够按计划顺利执行，并明确各个阶段的责任人和任务分配 |
| 费用预算 | 制订详细的预算计划，包括人员工资、广告费用、运营成本等，以控制市场营销策划的实施成本 |
| 预期效果评估 | 预测实施市场营销策划后可能达到的效果，包括品牌知名度提升、销售额增长等。同时，设定评估指标和评估周期，以便对策略效果进行监控和调整 |
| 风险评估与应对措施 | 分析可能出现的风险和问题并提出应对措施，以确保市场营销策划的顺利实施 |
| 结束语 | 总结市场营销策划书的重点内容，强调方案的优势和创新之处，并表达对项目成功的信心和期待 |

**2. 市场营销策划书撰写的步骤与写作要点**

（1）市场营销策划书撰写的步骤

市场营销策划书的撰写分为四个基本步骤。第一步是准备，主要内容包括：确定市场营销策划书编写人员；制订市场营销策划书编写计划；确定市场营销策划书总体框架；确定编写日程与编写人员分工。第二步是确定市场营销策划书的主题。第三步是拟定市场营销策划提纲。第四步是成文与定稿，具体工作包括：撰写成文，修改完善，定稿。

（2）市场营销策划书的写作要点

要撰写出高水平的市场营销策划书，编写人员需要具备扎实的理论功底、丰富的专业知识及严谨的写作态度。除此之外，编写人员在撰写市场营销策划书时还需注意以下写作要点。

① 确保思路清晰、结构合理、内容全面、方案可行。营销策划书内容涵盖了市场分析、营销策略组合等多个方面，编写人员要有清晰的写作思路，要确保策划书结构合理、内容全面、方案可行。

② 明确中心目标，突出重点。在写作过程中，编写人员须明确策划书的核心目标，并围绕这一核心目标展开写作。例如，若某企业的市场营销目标是开拓新品市场，则策划书应以提升产品知名度为核心进行撰写，内容包括运用多种营销手段如投放广告、通过公关宣传等，来实现核心目标。

③ 提供充分的论据以增强说服力。编写人员应提供理论支持和实际案例来证明其观点的有效性和可行性。成功案例的列举或反面案例的对比都能增强策划书的说服力。

④ 运用图表进行深入分析。图表相较于文字更直观、精练，能够增强内容给人的印象。编写人员可通过图表展示、比较，内容归纳和辅助说明等方式，帮助决策者更好地理解策划书内容。

⑤ 注重细节，提升质量。编写人员需仔细审查文案，避免存在错别字、语句不通顺等问题，确保企业名称、专业术语等准确无误。一份精心编写的策划书能够给决策者留下专业且可信的印象。

⑥ 编排合理，装订美观。市场营销策划书中的封面、目录、概要、附录、图表等部分是否编排合理、美观整洁，直接影响决策者对策划书的评价，因此切忌出现语法、书写、装订上的错误。

# 案例分析

## 完达山乳业股份有限公司的营销策划

为迎接 2023 年"五一"小长假和端午节的到来，北大荒集团旗下完达山乳业股份有限公司（简称完达山乳业）计划"借势营销"，借"节"发力，综合运用广告、线下活动、现场售卖等营销手段，开展产品、品牌推介活动，提高产品销售能力，不断提升品牌形象和市场占有率，让完达山乳业的优质产品走上更多百姓餐桌。

完达山乳业从"抢动销、扩声量、拓市场、树品牌、增效益"五个方面全面打响了营销战役。其策划开展的"百日会战""亮翅行动"等决战终端的专项动销活动，通过试饮、促销、妈咪课堂、亲子嘉年华等形式提高了终端成交率。同时，公司以新国标婴幼儿奶粉产品上市为契机，加快了铺市进度和形象焕新，提升了终端形象和品牌认知。

完达山乳业以"新品试饮+全城热卖"强化终端促销，重点围绕黑沃 0 脂高钙有机纯牛奶、乳此新鲜、益养 100、妍轻及艾菲娅产品开展终端试饮及买赠促销活动，实现了新品快速导入、老品加快动销。公司创新性开展的"以景点打卡—蛋白质充电站"的方式吸引了游客打卡拍照，参与游戏互动。公司充分利用网红效应，扩大品牌宣传面，提升产品关注度。在线上，公司与天猫、京东等各平台联合推广产品，共享用户流量。同时，公司开展了"春意盎然之出游季"主题本地生活直播，提升了品牌曝光度。完达山"乳此新鲜"旗舰店也结合节庆营销，推出网红竹筒冰淇淋等新品，与美团、饿了么平台开展应季活动，为门店引流，再创销售新高，引爆了节庆营销。

　　**案例分析：**完达山乳业股份有限公司为迎接 2023 年"五一"小长假和端午节，策划了一系列营销活动，成功提升了产品销售能力，增强了品牌形象，扩大了市场占有率。完达山乳业通过线上线下相结合的多元化营销策略，实现了新品的快速导入和老品的动销加速，并通过创新营销手段吸引了大量消费者关注，进一步巩固了其在乳业市场的地位。

# 1.4　市场营销学

　　市场营销学诞生于 20 世纪初的美国，是一门系统研究市场营销活动规律的学科。在早期，这门学科致力于了解和研究经济学家忽略或过分简化的某些问题。随着社会经济的不断发展，市场营销学的内涵发生了根本性的变化，其应用领域也从营利性组织扩展到非营利性组织，并与企业管理学、经济学、行为科学、心理学、社会学、数学等众多学科交织，成为一门独特的应用型边缘学科。

## 1.4.1　市场营销学的产生与发展

　　20 世纪初，商品经济高度发展，市场营销学首先在美国从经济学中分离出来，逐渐成为一门独立的学科，随之流传到欧洲、日本等地区和国家。

　　市场营销学的发展大体经历了 4 个阶段，从中可以看出市场营销学领域相关学者和企业对市场营销活动规律的认识是逐步深化的。

　　第一个阶段为创立阶段（20 世纪初至 20 世纪 20 年代末）。在 19 世纪末，美国少数有远见的企业家提出了一些营销学思想，提出了"明码标价""提供服务""分期付款"等口号，并实施了"货物售出，包退包换"等营销手段。20 世纪初，美国一家出版公司首先提出了"顾客为王"的口号，搜集并分析相关资料，作为公司经营决策的依据。1910 年，美国伊利诺伊大学、密歇根大学、宾夕法尼亚大学、匹兹堡大学、威斯康星大学等相继开设了营销学课程。1911 年，美国威斯康星大学教授巴特勒（Butler）出版的《营销方法》，被视为第一部营销实务教材。1912 年，哈佛大学教授赫杰特齐（Hagerty）出版的《市场营销学》教材首次系统构建了市场营销学的理论框架，标志着营销学作为独立学科的诞生。

　　第二个阶段为应用阶段（20 世纪 20 年代末至 20 世纪 40 年代末）。市场营销学在这一阶段逐步被企业应用。1929—1933 年，资本主义世界爆发了严重的"生产过剩"的经济危机。许多工厂、商店倒闭，产品销售困难，大量劳动者失业。幸存的企业也面临着严重的销售问题，于是纷纷求助市场营销学专家。在市场营销学被运用于企业销售活动之后，各种不同流派的观点和研究方法也相继出现，逐渐形成了市场营销学的概念和理论体系。1937 年，美国市场营销协会成立。这个协会的成员主要为市场营销学专家和工商企业家。这一时期，美国几十所大学组织成立了市场营销学研究俱乐部，用于交流研究成果，并为工商企业提供广告、推销人员培训、流通渠道开拓、促销强化等方面的咨询服务。该阶段市场营销学的研究重点是流通领域的市场营销职能，即产品的推销问题，尚未涉及生产领域。

　　微课堂

　　市场营销学的产生与发展

第三个阶段为变革阶段（20 世纪 50 年代初至 20 世纪 70 年代末）。一方面，随着科学技术的发展，劳动生产率大大提高，产品供应数量空前增加，新产品、新品种不断涌现，买方市场已经形成；另一方面，资本主义国家政府推行高工资、高福利、高消费和缩短劳动时间的"三高一缩"政策，刺激消费者增加商品购买。这使企业之间的竞争愈演愈烈，原来以产品为中心的营销观念无法适应新形势，于是出现了"以消费者为中心"的现代市场营销观念。1960 年，尤金·麦卡锡（Eugene McCathy）在《基础市场学》一书中首次明确提出包含产品（Product）、价格（Price）、地点（Place）和促销（Promotion）的 4P's 组合概念。市场营销学的研究突破了流通领域，深入生产领域和消费领域，现代市场营销学的完整体系趋于形成。20 世纪 70 年代，市场营销学又与消费经济学、心理学、行为科学、社会学、统计学等应用科学相结合，发展成为一门新兴的综合性的应用学科，先后传入日本、西欧及东欧、苏联等国家和地区，并被世界各国和地区所接受。

第四个阶段为发展阶段（20 世纪 70 年代末至今）。近几十年来，市场营销学在基本理论、学科体系、传播领域等方面取得重大进展。首先，市场营销学的概念有了新的突破。1986 年，菲利普·科特勒在《哈佛商业评论》上发表了《论大市场营销》一文，提出了"大市场营销"概念，即在原来的 4P's 组合概念的基础上，增加了两个 P：政治力量（Political Power）和公共关系（Public Relations）。这一概念是 20 世纪 80 年代市场营销战略思想的新发展成果。20 世纪 80 年代以后，市场营销的范围扩大了，从产品营销扩展到服务、观念、资本、信息、价值等多方面的营销；市场营销的主体范围扩大了，从工商企业扩展到一切面向市场的营利性组织、非营利性组织和个人。20 世纪 90 年代以后，欧洲关系营销学派的兴起逐步打破了美国市场营销学派一统天下的格局。随着社会的发展进步，市场营销领域出现了绿色营销、关系营销、网络营销等新理论。相信未来市场营销学研究必然会朝着更深、更广的方向发展，不断为市场营销实践提供适宜的理论支撑。

我国对于西方市场营销理论的引进，始于 20 世纪 70 年代末 80 年代初的经济转型期。其发展经历了引进期（1978—1982 年）、传播期（1983—1985 年）、应用期（1986—1988 年）、扩展期（1988—1994 年）和国际化时期（1995 年至今）。改革开放以后，我国经济发展迅猛，市场营销学理论在较短的时间内得到了广泛的传播、研究和应用。

## 1.4.2　市场营销学的研究内容

市场营销学以经济学、行为科学和现代管理学为基础，以现代经营理念为指导，研究企业如何从满足消费者的需求和欲望的角度出发，有计划地组织营销活动，通过交换，将产品和价值传递到消费者手中，最终实现企业的营销目标。

市场营销学的研究内容如下。

（1）企业与市场的关系

市场营销学研究影响和制约营销活动的各种环境因素及各类购买者的行为模式；通过市场调研与需求预测，发现市场需求，根据不同因素进行市场细分，选择目标市场，最终确定企业市场定位。

（2）营销策略

营销策略是市场营销学研究的核心，主要研究企业如何运用各种市场营销手段、组合营销策略，来实现预期目标。市场营销活动包含产品、价格、分销渠道、促销等多种因素。随着市场经济的不断发展，企业营销策略的内容日趋复杂。

（3）营销管理

营销管理研究的是企业为保证市场营销活动的成功，在组织、调研、计划、控制等方面采用的措施和方法。也就是说，企业需要制订正确的营销计划，建立合理的营销组织与控制体系，采取有效的组织、计划、控制措施，保证实现企业的经营目标。营销管理是市场营销学的重要研究内容之一。

## 1.4.3　市场营销学的研究方法

随着营销实践的不断发展，市场营销学的研究方法不断涌现。在 20 世纪 50 年代以前，传统营销学主要从具体产品、经营机构和销售职能等角度进行相关研究，研究方法主要包括产品研究法、组织研究法和职能研究法等。

产品研究法是一种以产品为中心的研究方法，主张对产品分门别类，进行市场营销分析。例如，可以对医药产品中的非处方药和处方药分别进行研究，以便采取适合其特点的营销策略。这种研究方法的优点是能较详细地分析各种产品在营销过程中出现的问题，有针对性地采取对策；缺点是过于关注产品，容易忽略市场需求。

组织研究法的关注点在营销渠道方面，重点分析营销渠道系统中各种类型组织（如厂商、代理商、经销商等）的营销问题。该方法提出应根据各种类型组织的性质、特点与职能，实施有效管理，提升营销渠道效率，避免窜货、乱价等问题的发生。这种研究方法仍未摆脱"以物为中心"的理念，对市场需求重视不够。

职能研究法主要研究采购、仓储、运输、销售、融资、促销等不同市场营销环节所面临的问题。这种方法有助于较深入地研究各个营销环节的活动。

20 世纪 50 年代以后，有 3 种新的研究方法较为受人关注。第一种新的研究方法是管理研究法。它从管理决策角度对市场营销进行研究，又称决策研究法。它以企业为主体，基于产品研究法、组织研究法和职能研究法的基本要求，分析市场环境，寻找市场机会；针对目标市场需要，结合企业自身资源和目标，制定相应的营销策略以满足目标市场需要并实现企业的经营目标。目前，管理研究法在市场营销领域的应用日益广泛，著名的营销学者菲利普·科特勒教授的营销学专著中均采用这种研究方法。

第二种新的研究方法是系统研究法。该方法运用系统管理理论，将企业所处宏观环境、微观环境与市场营销活动紧密协调，整合为一个完整系统，统筹兼顾系统中各个相互影响、相互作用的组成部分（部门），使各个组成部分协同活动，从而达到增效作用，提高企业经营效益。

第三种新的研究方法是社会研究法。这种方法主要研究企业的市场营销活动和各种营销机构为社会作出的贡献和付出的成本。

以上方法各有其研究的侧重点，相互之间并不是矛盾的，而是相互联系、相互补充的。例如，营销研究人员在采用管理研究法的同时，配合使用产品研究法、系统研究法和职能研究法等，从而使营销理论更具实践价值。

## 本章实训

**1. 实训目标**

了解当地企业的市场营销观念，掌握市场营销调研的方法。

**2. 实训内容及步骤**

（1）将全班学生分为若干实训小组，每组 4～5 人，选举产生一名小组长，负责团队协调与沟通。授课老师讲解实训目的、要求、步骤及注意事项，强调实地调查的重要性和安全性。小组长组织团队成员学习市场营销观念的相关知识，准备调查问卷和访谈提纲。

（2）各实训小组选择当地具有代表性的企业作为调查对象，确保所调查的企业类型多样，如制造业、服务业、零售业等企业。

各实训小组联系目标调查企业，说明实训目的和调查内容，争取获得企业的支持与配合。获得企业支持和配合后，与企业确定调查时间、地点和具体负责人，确保调查顺利进行。

（3）各实训小组按照预定的访谈提纲，对企业负责人或市场营销部门负责人进行深度访谈，了解企业的市场营销观念、策略及实施情况；同时，向企业员工或消费者发放调查问卷，收集他们对企业市场营销观念的评价和看法。

（4）各实训小组对访谈记录和问卷数据进行整理，对收集到的数据进行统计分析，并撰写《当地企业市场营销观念调查报告》，根据报告内容，制作 PPT 演示文件，用于课堂上的汇报展示。

（5）各小组选派代表上台汇报调查结果，展示 PPT，并回答教师和同学的提问。授课老师对各小组的汇报进行点评。

**3. 实训成果**

实训作业——《当地企业市场营销观念调查报告》。

## 本章习题

**一、单选题**

1. "我生产什么，就卖什么；我卖什么，消费者就买什么"的营销观念是（　　）。

    A. 生产观念    B. 产品观念    C. 推销观念    D. 社会营销观念

2. （　　）是指消费者有能力购买并愿意购买某一具体产品的欲望。

    A. 需要    B. 需求    C. 期望    D. 价值

3. （　　）是从工业革命至 20 世纪 20 年代间主导西方企业的经营思想。

    A. 生产观念    B. 产品观念    C. 推销观念    D. 市场营销观念

4. 市场营销策划的第一步是（　　）。

    A. 确定市场营销策划目标    B. 进行市场分析

    C. 调查目标消费人群    D. 拟定市场营销策划方案

5. （　　　）是对市场营销策划的简短概述，涵盖了策划的核心要点。

A. 前言　　　　　　　B. 附文　　　　　　　C. 封面　　　　　　　D. 摘要

## 二、多选题

1. 常见的营销观念有（　　　）。

A. 生产观念　　　　　　　　B. 产品观念　　　　　　　　C. 推销观念

D. 市场营销观念　　　　　　E. 社会营销观念

2. 现代营销系统的主要参与者包括（　　　）。

A. 企业　　　　　　　　　　B. 供应商　　　　　　　　　C. 营销中介

D. 顾客　　　　　　　　　　E. 管制机构

3. 市场营销策划书的封面应当包括（　　　）等信息。

A. 策划书的名称　　　　　　B. 策划人或机构的名称　　　C. 策划时间

D. 前言　　　　　　　　　　E. 目录

4. 市场营销策划书的正文包括（　　　）。

A. 市场分析　　　　　　　　B. 产品分析　　　　　　　　C. 实施方案

D. 费用预算　　　　　　　　E. 预期效果评估

5. 市场营销学的研究内容主要有（　　　）。

A. 企业与市场的关系　　　　B. 销售人员激励　　　　　　C. 资源稀缺问题

D. 营销策略　　　　　　　　E. 营销管理

## 三、名词解释

1. 市场营销　　2. 市场营销学　　3. 产品观念　　4. 市场营销观念　　5. 市场营销策划

## 四、简答及论述题

1. 市场营销观念和推销观念有何不同？

2. 何谓生产观念？其适用于什么样的经营环境？

3. 一份完整的市场营销策划书应包含哪几个部分？

4. 试论述市场营销观念的变迁。

5. 试论述市场营策划的流程。

 **案例讨论**

### 海尔春节档期的"小红花"情感营销

在 2024 年岁末之际，海尔抓住人们回顾过去、展望未来的心理情绪，以"小红花"这一贯穿各年龄层的情感 IP 为切入点，为这一年努力生活、心怀热爱的每一个人送去鼓励，鼓励大家在新的一年满怀希望、勇敢前行。围绕"海尔送你一套小红花"活动主题，海尔整合外部官方媒体与内部平台的品牌资源，打造贯穿春节档期的大型营销事件。推出的"海尔小红花套系"产品，包含冰箱、洗衣机、空调以及多款厨房电器，每款家电都被赋予了独特的"小红花"称谓。如冰箱被称作"新鲜小红花"，突出其保鲜功能；洗衣机被叫作"欢洗小红花"，强调洗涤体验的便捷与愉悦。这些称谓不仅直观对应产品功能，满足日常所需，还通过"小红花"这一情感符号，唤起人们内心对嘉奖、美好的记忆。

春节档期营销期间，海尔联合《三联生活周刊》推出温情短片《新年送你小红花》，聚焦普通人的"小红花故事"，鼓励大众关注生活中那些微小却闪耀的瞬间。短片上线后获得广泛传播，新华社全媒体矩阵转发，央视新闻夜读栏目同步刊发相关文章。相关评论区内，网友纷纷留言分享自己的小红花故事，"新年送你一套小红花"相关话题及内容引发全网共鸣。海尔将"小红花"所承载的温情与鼓励精神融入产品理念之中，传递积极的生活态度。通过情感共鸣与深度内容传播，实现春节期间的全域营销布局，以高热度话题与优质内容驱动全渠道转化。

本次活动唤醒了公众对"小红花"所代表的积极意义的价值认同。借助情感共鸣触动用户内心，海尔以"小红花"为核心展开全方位营销布局，成功实现流量破圈，吸引大量用户关注。数据显示，"海尔小红花套系"在小红书平台登上大家电品类套系销量榜首；抖音平台上，6款联名产品跻身家电热销榜单。据统计，《新年送你小红花》全网曝光量13.1亿次，品牌视频播放量达1827万次。最终，实现商品交易总额（GMV）突破1.4亿元，达成品牌影响力与销售效果的双赢。

**思考讨论题：**

1. 结合海尔将"小红花"情感IP融入产品命名、推出温情短片等举措，分析企业如何通过情感叙事与产品功能的结合，实现情感价值与商业价值的平衡？

2. 借鉴海尔"小红花"唤醒集体记忆的思路，结合家电产品"家庭生活场景"的属性，列举3个可用于情感营销的文化符号，并说明如何将其与产品功能或品牌理念结合？

# 第2章
# 市场营销环境分析

 **本章导读**

　　环境是企业赖以生存和发展的土壤，所有企业的经营行为都受到环境的影响和制约。因此，在市场营销活动中，环境分析是不可或缺的。本章在介绍市场营销环境的特征、意义和分类的基础上，重点阐述市场营销环境分析的常用方法。通过对本章的学习，读者可以对市场营销环境有一个较为全面的了解和认识。

 **知识结构图**

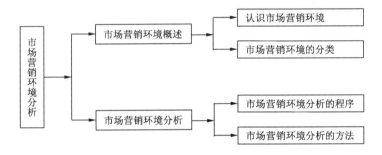

 **开篇引例**

### 家乐福：从"商超一哥"到陨落的兴衰史

　　家乐福于20世纪90年代进入中国市场，巅峰时期门店数超过200家，一度被誉为"商超一哥"。然而，到了2024年，家乐福在中国仅剩下4家门店。回顾家乐福的中国之路可以看出，它不仅是一个企业的兴衰史，也是一个外资商超在中国的入场、竞争、巅峰与败退的完整历史。

　　1995年，家乐福带着自选式购物体验、先进的经营理念和丰富的商品种类进入中国。首家门店在北京开业当天便人潮涌动，商品供不应求。这标志着外资商超正式进入中国市场，也开启了家乐福在中国的辉煌篇章。

　　随后的几年里，沃尔玛、荷兰万客隆等国际连锁商超纷纷涌入，国内零售业也迎来了高速发展期。家乐福凭借其在全球的成功经验，迅速在中国市场扩张。到2010年，其在中国的门店数量已达到249家，成为当之无愧的"商超一哥"。

　　然而，辉煌的背后，隐患也在悄然埋下。家乐福"轻资产、高效率"的运营模式在初期助力了其快速扩展，但随着市场竞争加剧，供应链瓶颈问题逐渐显现。与沃尔玛、大润发等竞争对手相比，家乐福始终未能建立起完善的供应链体系，高度依赖供应商配送的模式在市场规模扩大后，成本高、效率低的缺陷愈发明显。

2010 年，家乐福的营业额达到了历史巅峰 467 亿元，但这一巅峰也成为其转折点。随后，电商的崛起对传统商超造成了沉重打击。沃尔玛、大润发等竞争对手纷纷布局线上业务，拓展数字化领域，而家乐福在数字化转型方面的投入显得不足，未能抓住电商发展的窗口期。

消费者的购物习惯逐渐从线下转向线上，淘宝、京东等电商平台以低价、便捷、多样化的商品选择优势迅速占领了市场份额。随后兴起的社区团购模式更是对传统商超造成进一步冲击，家乐福的价格优势不再，门店客流量逐年下降。

2017 年，家乐福亏损额近 11 亿元，不得不逐步关闭部分门店。2019 年，苏宁易购以 48 亿元收购了家乐福中国 80% 的股权，但整合并未达到预期效果。2020 年后，家乐福的闭店潮愈演愈烈，到 2024 年底，家乐福在中国仅剩 4 家门店。

**问题：**家乐福在中国市场衰落的原因有哪些？请结合本案例谈谈企业应如何适应营销环境的变化。

# 2.1 市场营销环境概述

企业的营销活动受到各种环境因素的影响。企业须根据营销环境的变化制定有效的策略，以扬长避短、趋利避害、适应变化、抓住机会，从而实现既定的营销目标。

## 2.1.1 认识市场营销环境

### 1. 市场营销环境的含义

市场营销环境是指存在于企业内部和外部且影响企业营销业绩的一切因素和力量的总和，包括宏观营销环境和微观营销环境。营销环境是企业实现营销目标的重要条件，因此，企业必须高度重视对市场营销环境的分析，并根据环境的变化制定相应的市场营销策略。

### 阅读资料

#### 市场营销环境分析的意义

1. 营销环境分析是企业开展经营活动的基础

影响企业生产经营活动的环境因素很多，不仅包括人口环境、经济环境、技术环境、政策及法律环境等宏观环境因素，还包括同行竞争、供应商、经销商等微观环境因素及企业内部环境因素。这些因素能够直接或间接地左右企业的经营发展。因此，企业进行市场营销环境分析，准确把握各种环境因素对企业经营活动的影响，对于认清形势、扬长避短，最大限度地发挥自身优势具有重要的意义。

2. 营销环境分析是企业寻找市场机会的前提

对营销环境进行分析，有助于企业准确把握市场供求和竞争状态的变化，从而更好地发现市场机会，选择正确的目标市场，生产经营适销对路的产品。

3. 营销环境分析能够为企业营销决策提供科学依据

通过营销环境分析，企业可以识别外部环境带来的机会和威胁，把握行业的竞争态势，认清自身的优势和劣势。这些都为企业营销决策的制定提供了科学依据。

**2．市场营销环境的特征**

市场营销环境具有客观性、关联性、差异性、动态性、不可控性和复杂性等特征，如表 2-1 所示。

**表 2-1　市场营销环境的特征**

| 特征表现 | 具体描述 |
| --- | --- |
| 客观性 | 市场营销环境是一种客观存在，不以企业的意志为转移，有着自己的运行规律和发展趋势 |
| 关联性 | 市场营销环境中的各种因素是相互联系、相互依赖的，一个因素的变化往往会引起其他因素的变化 |
| 差异性 | 不同的国家或地区之间，以及不同的企业之间，其市场营销环境存在着广泛的差异 |
| 动态性 | 市场营销环境是一个动态系统，各种环境因素会随着时间的推移而不断变化 |
| 不可控性 | 市场营销环境中的许多因素是企业无法控制的，如自然因素、法律环境因素、社会文化环境因素等 |
| 复杂性 | 市场营销环境由多种因素组成，这些因素之间相互影响、相互制约，形成复杂的系统 |

## 2.1.2　市场营销环境的分类

基于对企业市场营销活动影响范围和程度的不同，市场营销环境可划分为宏观环境和微观环境两大类型。

**1．宏观营销环境**

宏观环境（Macro-environment）是指在一定的国家或地区范围内对一切产业部门和企业都产生影响的各种因素或力量的总和。宏观环境是企业无法控制而只能去适应的，但在某些情况下，企业可以对其施加一定的影响。宏观环境在给企业提供发展机遇的同时，也会给企业的发展带来威胁，企业管理者必须对宏观环境进行深入调研，以便发现未来的机会和威胁，进而采取相应的对策。

宏观营销环境具体是指影响企业市场营销活动的人口环境、政治法律环境、经济环境、社会文化环境、自然地理环境和科学技术环境等。

（1）人口环境

人口环境包括人口的规模、人口的结构和人口的地理分布及区间流动等因素。

① 人口的规模

人口是市场营销宏观环境中最重要的因素之一。人口的多少影响着市场的需求和需求量，也决定着企业的生存和发展的空间。在其他条件（如收入水平、消费偏好等）相近的情况下，人口越多意味着市场的规模和潜力越大。但需要注意的是，人口的规模不等同于市场规模，因为决定市场规模的除了人口之外，还要看消费者的购买能力和购买欲望。

② 人口的结构

人口结构主要包括人口的年龄结构、性别结构、家庭结构、社会结构及民族结构。不同年龄结构的消费者对产品的需求差异较大。以医药产品为例，年轻人身体强壮，生病的概率相对较小，对医药产品的需求较小；而老年人则与之相反，由于年老体衰，往往会疾病缠身，所以对医药产品的需求较大。因此，在人口规模既定的情况下，人口的年龄结构不同，对市场的需求也不相同。同样，性别结构、家庭结构、社会结构及民族结构也会对市场需求产生一定的影响。

③ 人口的地理分布及区间流动

人口的地理分布是指人口在一国或一个地区的地理分布情况。人口的地理分布与企业的经营决策尤其是渠道决策有着密切的关系。在人口密度较大、人口居住比较集中和城市化程度比较高的国家和地区，企业开展营销活动有着更高的效率和更低的成本。有些国家和地区，虽然人口的平均密度不高，但人口居住比较集中，这样的人口地理分布也有利于企业开展市场营销活动。

人口的区间流动，也称为人口迁移或人口流动，是指人口在不同地理区域之间的移动。这种移动可以是短期的、季节性的，也可以是长期的、永久性的。影响人口的区间流动的因素包括就业机会、收入水平、教育资源、区域发展政策等。对于人口流入较多的地方，人口增加会使当地的市场需求增加，能够为当地企业带来更多的营销机遇。

（2）政治法律环境

政治环境指的是营销环境中有关政治制度的环境，包括一个国家的社会制度、执政党性质、政府方针政策等因素。不同的国家有着不同的社会制度，不同的社会制度对企业活动有着不同的限制和要求。即使社会制度不变的国家，在不同时期，政府的方针和政策也是不断变化的。

法律环境主要包括各种法律法规等因素。法律法规是评判企业营销活动的准则，只有依法进行的各种营销活动才能受到相关法律法规的有效保护。

（3）经济环境

经济环境是指影响企业营销活动的各种经济因素的总和，又可分为宏观经济环境和微观经济环境两大类。其中宏观经济环境主要是指当前社会经济所处的发展阶段，包括国民收入、市场的供求状况、产业结构状况、财政金融政策、外贸管理制度等因素。微观经济环境是指一个具体的企业所面临的与企业运营有关的特殊的经济环境，包括企业所在地区或所需服务地区消费者的收入水平、消费偏好、储蓄情况、就业程度等。

经济环境对企业的经营活动影响巨大。当国民经济运行良好，财政金融政策及外贸管理制度宽松，消费者收入水平较高时，企业的发展便十分有利。例如，改革开放以来，我国经济持续高速发展，人民生活得以极大改善，消费者越来越追求生活品质，对家用汽车的需求越来越大，有力地促进了我国汽车企业的发展。

（4）社会文化环境

社会文化环境包括一个国家或地区的居民受教育程度、文化水平、宗教信仰、风俗习惯、审美观念、价值观念等因素。居民受教育程度和文化水平会影响其消费需求层次；宗教信仰和风俗习惯会影响某些营销活动的进行；审美观念会影响消费者对企业营销活动内容、方式及成果的态度；价值观念会影响消费者对企业目标、企业活动及企业存在的态度。

因此，企业在制定营销策略时，一定要综合考虑各种社会文化环境因素，以适应不同消费者的需求差异。

（5）自然地理环境

一个国家、一个地区的自然地理环境包括该地的自然资源、地形地貌和气候条件等因素。这些因素都会不同程度地影响企业的营销活动，有时这种影响对企业的生存和发展起着决定性的作用。例如，我国东南沿海地区经济较为发达，优越的自然地理环境是重要原因之一。

虽然同其他宏观环境因素相比，自然环境的动态性最弱，可以长期保持稳定的状态，但稳定并不意味着没有变化，如突发自然灾害、气候骤变等。企业应深入分析自然地理环境所带来的优势和劣势，积极预测其变化趋势，以扬长避短，充分把握市场机遇。

（6）科学技术环境

进入 20 世纪以来，科学技术日新月异，第二次世界大战以后，新科技革命蓬勃兴起，形成了科学—技术—生产体系，科学技术在现代生产中起着领头和主导作用。现代科学技术是社会生产力中最活跃的和决定性的因素之一。它作为重要的营销环境因素，不仅直接影响企业内部的生产和经营，而且与其他环境因素相互依赖、相互作用，影响企业的营销活动。如今，人工智能的发展给企业的市场营销方式带来了巨大转变，企业利用大数据、人工智能技术收集客户资讯，进行深入分析，可以更好地洞察客户需求并发掘潜在客户，预测客户的未来行为，从而提高品牌在渠道和广告中与消费者互动的精准度，并增强个性化体验。

## 延伸阅读

### 人工智能洞察消费者需求

企业可利用人工智能技术对客户年龄、性别、教育程度、行为习惯、社交特征等进行分析，实现对客户画像的精确描绘，对客户偏好做出精准的判断。企业可以借助人工智能技术建立行为预测模型，对客户进行评估，从而筛选出潜在客户。人工智能算法可以帮助企业了解其潜在的需求，更好地为客户匹配产品和服务。例如，电商平台利用人工智能算法，可以将收集到的数据进行分析和整合，构建出精确的客户画像，然后根据客户画像开展有针对性的营销服务。

### 2. 微观营销环境

微观营销环境（Micro-environment）又称具体环境，是指对企业的营销活动影响更频繁、更直接的因素，主要包括企业自身、顾客、供应商、营销中介、竞争者、公众等因素。

（1）企业自身

企业开展营销活动，首先考虑的应该是企业自身因素，如企业自身的人力资源、财力资源、物质基础、市场地位、竞争优势，以及产品所处的生命周期阶段、市场份额、销量、市场增长潜力等因素。这些因素相互联系、相互影响、相互作用，形成一个有机整体，构成了企业开展营销活动的基础。

（2）顾客

企业的一切营销活动都是以满足顾客需求为中心的，因此，顾客是企业最重要的环境因素之一。这里所说的顾客，是指企业为之服务的目标市场。根据购买主体和购买动机的不同，市场可以分为消费者市场、生产者市场、中间商市场、政府市场、国际市场 5 种。这些市场的需求不同、特点各异。企业必须对不同的顾客进行深入的调查和研究，以便制定出有针对性的营销策略，满足顾客的需求。

（3）供应商

供应商是指向企业及其竞争者提供生产产品和服务所需资源的企业或个人。供应商所提供的资源主要包括原材料、生产设备、劳务等。如果没有这些资源，企业根本无法正常运转，也就无法向市场提供其所需的产品和服务。因此，企业必须和供应商保持密切的合作关系，及时了解供应商的动态。

（4）营销中介

营销中介是指帮助企业实现将产品和服务销售给目标市场的中间机构，主要包括经销商、储运商、营销服务机构（如广告公司、传媒机构、营销咨询公司、市场调研公司等）和金融机构。利用营销中介，企业可以使产品和服务更加广泛而有效地进入目标市场，因此营销中介也是非常重要的微观营销环境因素。

（5）竞争者

竞争者是指与企业生产相同或类似产品的企业。企业在市场上会面临众多竞争者的挑战，竞争直接影响着企业的发展和盈利水平。为此，企业要做好对竞争者的研究工作，注意收集竞争者的动态和商业信息，做到知己知彼，并采取有效的营销策略。

（6）公众

公众是指那些与企业有着某种直接或间接联系的个人、群体和组织。企业的公众可以分为外部公众和内部公众两大类。外部公众主要包括金融机构、媒介机构、政府机关、行业组织和协会、社区居民和团体、消费者、与企业相关的一般公民等。内部公众是指企业内部全体员工，包括最高决策层、一般管理人员、普通员工。企业处理好内部公众关系是建立良好外部公众关系的前提。

公众会对企业的生存和发展产生巨大的影响，既可能帮助企业成长，也可能阻碍企业的发展。因此，企业必须积极采取措施，主动处理好同公众的关系，树立企业的良好形象，促进企业营销活动的顺利开展。

# 2.2 市场营销环境分析

企业开展的所有经营活动都是在特定的环境中进行的。由于环境本身所具有的复杂性和不确定性，企业在制定营销决策时面临着极大的挑战。因此，遵循科学的市场营销环境分析程序与方法至关重要。

## 2.2.1 市场营销环境分析的程序

市场营销环境分析一般要经过确定课题并提出假设，收集整理资料，环境预测和评估三个阶段的工作。

### 1. 确定课题并提出假设

确定课题是市场营销环境分析的前提，只有明确课题，各项市场营销环境分析工作才有明确的方向。市场营销环境分析的课题要围绕企业存在的营销问题来确定。课题的确定可能涉及整个企业的活动，也可能只涉及企业活动的某个方面。

在确定课题的基础上，研究人员还要利用企业现有的资料，根据所拥有的经验、知识和判断力进行初步分析，提出关于企业活动中所遇到的问题的初步假设，即判断企业问题可能是由哪些环境造成的；在众多的可能环境中，哪些是最主要的。

### 2. 收集整理资料

提出了假设后，还要对假设进行验证。如果假设成立，那么企业就须采取相应的措施去消除原因，解决问题。验证假设需要依据能够反映企业内外环境的资料。这些资料有两个来源：一是企业内外部现存的各种资料，如企业活动的各种记录、外部公开出版的报刊文献等，由于这类资料不是为了特定的研究而存在的，在实用性上可能有一定的局限性。二是环境调查资料。为了进行正确的验证，企业还须开展专门的调查，以收集所需资料。

**3．环境预测和评估**

环境预测和评估的内容主要包括两个方面：一是利用对现有资料的分析，找出环境变化的趋势，然后根据趋势预测环境在未来可能呈现的状况；二是根据对假设的验证，对影响企业活动的各种环境因素之间的关系进行分析，评估采取相应的措施后企业存在的问题能否解决，预测企业未来的活动条件能否得到改善。

## 2.2.2　市场营销环境分析的方法

分析市场营销环境的方法有多种。本书介绍三种最具代表性的，分别针对市场营销的宏观环境、微观环境和企业内外部综合环境的分析方法。这三种分析方法分别为 PEST 分析法、五力模型分析法和 SWOT 分析法。

**1．PEST 分析法**

PEST 分析法是一种常见的营销宏观环境分析方法，即从政治（Politics）、经济（Economy）、社会（Society）和技术（Technology）四个方面对企业的经营环境进行分析。PEST 分析法的主要分析内容如表 2-2 所示。

表 2-2　PEST 分析法的主要分析内容

| 主要方面 | 主要内容 |
| --- | --- |
| 政治 | 政治制度、政府政策、相关法律法规等 |
| 经济 | 经济体制、经济发展水平、经济增长率、政府收支、外贸收支及汇率、利率、通货膨胀率等 |
| 社会 | 人口状况、价值观念、社会习俗、消费文化、生活方式、宗教信仰、道德水平等 |
| 技术 | 技术创新、技术应用、技术竞争等 |

进行 PEST 分析需要掌握大量的、充分的相关研究资料，并且对所分析的企业有着深刻的认识，否则分析人员很难进行下去。该方法强调动态视角，要求分析时既要关注政治制度、经济体制、人口结构变迁和技术应用趋势等显性要素，也要识别不同行业背景下的关键变量（如医疗行业需重点监测医保政策）。其核心价值在于帮助企业预判环境变化中的机遇与威胁，为战略决策提供框架性指导。需注意的是，不同企业或同一企业在不同发展阶段进行宏观环境分析时，需动态调整分析重点，以确保分析结果更具时效性。

**2．五力模型分析法**

美国哈佛大学教授迈克尔·波特（Michael Porter）所提出的五力模型是分析行业环境的一种有效工具。波特认为，一个产业内部竞争激烈程度及效益水平受到五种竞争力量的共同影响。这五种力量分别为：现有企业间的竞争、潜在竞争者的威胁、替代品的威胁、供应商的议价能力及顾客的议价能力。波特的五力分析模型如图 2-1 所示。

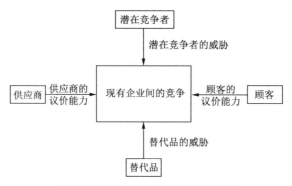

图 2-1　波特的五种力量分析模型

（1）现有企业间的竞争。生产同质产品的企业为了争夺有限的顾客，必然要展开激烈的竞争。企业要对行业内竞争者进行分析，主要包括：谁是真正的竞争者？这些需要重点关注的竞争者的基本情况及未来发展动向如何？对本企业构成威胁的主要原因是什么？等等。上述因素是企业制定营销策略的关键。

（2）潜在竞争者（潜在进入者）的威胁。当一个行业有利可图时，必然会成为其他企业选择进入的对象。潜在进入者的进入会改变行业的竞争格局，现有企业的竞争优势也可能随着新进入者的到来而荡然无存。

企业在进入新的行业时会遇到一定的障碍，主要由规模经济、差别化程度、转换成本、技术障碍、对渠道的控制及国家的政策限制等因素所构成。它们共同决定着一个行业进入的难易程度。

（3）替代品的威胁。随着科学技术的不断发展，产品的更新换代也越来越快。新的性能更佳的替代品出现之后，原有的产品就会失去市场。因此，企业应密切关注替代品的威胁，加大研发投入，不断推出新的产品来应对这种替代威胁。

（4）顾客和供应商的议价能力。顾客和供应商的议价能力（Bargaining Power）即指买方和卖方掌控交易价格的能力。在具体的交易活动中，影响议价实力的因素很多，如产业集中度、产品的差别化程度、顾客的转换成本等。

### 3. SWOT 分析法

企业的内外部营销环境不能割裂开来，单纯地分析企业内部或是外部环境是片面的。因此，企业必须将外部环境带来的机会及威胁与企业内部的机会和优势综合起来进行分析，才能更易充分发挥优势，把握外部机会，规避内部的劣势和外部的威胁。

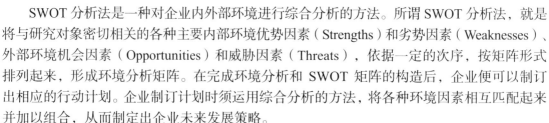

微课堂

SWOT 分析法

SWOT 分析法是一种对企业内外部环境进行综合分析的方法。所谓 SWOT 分析法，就是将与研究对象密切相关的各种主要内部环境优势因素（Strengths）和劣势因素（Weaknesses）、外部环境机会因素（Opportunities）和威胁因素（Threats），依据一定的次序，按矩阵形式排列起来，形成环境分析矩阵。在完成环境分析和 SWOT 矩阵的构造后，企业便可以制订出相应的行动计划。企业制订计划时须运用综合分析的方法，将各种环境因素相互匹配起来并加以组合，从而制定出企业未来发展策略。

（1）外部环境分析（机会/威胁分析）

外部环境是指企业外部对企业的生存和发展可能产生重要影响的各种环境因素的总和，

具有较高的不确定性。企业外部环境的不确定性由环境因素的变化率和企业环境因素的数量决定，如图 2-2 所示。

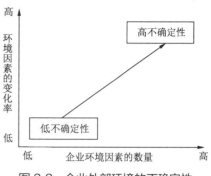

图 2-2　企业外部环境的不确定性

外部环境存在着的不确定性既可能为企业带来机会，也可能带来威胁。

① 环境机会。所谓环境机会，是指对企业生产经营等管理活动有利的环境，可以通过机会的吸引力和成功的概率这两个变量来构造机会矩阵，如图2-3所示。机会矩阵中的机会可以分为三类：A为最佳机会；B、C为需密切关注的机会；D为不必考虑的机会。

企业在面对这三类环境机会时可以采取以下对策，即利用机会（A），等待观望（B、C），放弃机会（D）。

② 环境威胁。所谓环境威胁，是指对企业生产经营等活动不利的环境因素的总和。可以通过威胁的严重性和发生的概率这两个变量来构造威胁矩阵，如图 2-4 所示。威胁矩阵中的威胁可分为三类：A 为严重的或关键性的威胁，企业必须为此类威胁制订一个应变计划，一旦威胁出现，企业必须有相应的措施来化解；B、C 为需密切关注的威胁；D 为不必顾虑的威胁。

③ 机会和威胁组合。任何一个企业都会面临不同的外部机会和威胁，结合机会和威胁的程度，可以构成四种不同的营销环境类别，即理想的环境、冒险的环境、老化的环境和恶化的环境，如图 2-5 所示。

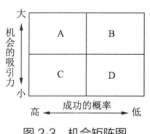

图 2-3　机会矩阵图

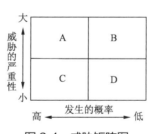

图 2-4　威胁矩阵图

图 2-5　营销环境的机会与风险组合

（2）内部环境分析（优势/劣势分析）

内部环境是指企业内部所有能够影响企业市场营销活动及其绩效的要素、力量和资源，是企业生存和发展的基础。对企业内部环境分析的重点是对企业能力的分析。企业能力是多方面的，主要包括市场营销能力、财务能力、制造能力等，如表 2-3 所示。这种分析的主要思想是将企业现有能力与利用机会所要求的能力进行比较，找出差距，制定提高相应能力的措施。企业能力分析可分 3 个步骤进行。

① 明确利用机会所需的能力结构，找出反映这种能力的具体环境，并判断每一种环境的相对重要性。所需能力的重要性分为高、中、低 3 个等级，现有能力的评价采用强、较强、中、较弱、弱 5 个等级，由此构造出优势/劣势评价表，如表 2-3 所示。

② 分析现有能力的实际情况，找出企业的优势和劣势。

③ 进行评价并制定相应的措施。

表2-3　优势/劣势评价表

| 能力要素 | | 所需能力的重要性 | | | 现有能力的评价 | | | | |
|---|---|---|---|---|---|---|---|---|---|
| | | 高 | 中 | 低 | 强 | 较强 | 中 | 较弱 | 弱 |
| 市场营销能力 | 1. 公司信誉<br>2. 市场份额<br>3. 产品质量<br>…… | | | | | | | | |
| 财务能力 | 1. 筹资能力<br>2. 资金成本<br>3. 资金稳定<br>…… | | | | | | | | |
| 制造能力 | 1. 机器设备<br>2. 规模经济<br>3. 工艺技术<br>…… | | | | | | | | |

（3）构造 SWOT 矩阵

在完成了对企业自身优势和劣势、外部环境的机会和威胁这 4 个方面的评估之后，即可构造出内外部环境分析的 SWOT 矩阵。图 2-6 所示为某新能源汽车企业的 SWOT 分析矩阵。

| 优势<br><br>　1. 拥有较高的品牌知名度；<br>　2. 具有完善的生态链布局；<br>　3. 擅长新媒体营销 | 机会<br><br>　1. 国内新能源汽车市场快速增长；<br>　2. 海外市场需求潜力大；<br>　3. 智能驾驶技术不断演进，为新能源汽车带来新的增长点 |
|---|---|
| 劣势<br><br>　1. 缺乏新能源汽车生产经验；<br>　2. 核心技术积累不足；<br>　3. 进入新能源汽车市场较晚 | 威胁<br><br>　1. 国际贸易环境不稳定；<br>　2. 新能源汽车行业技术迭代快，具有高度的不确定性；<br>　3. 市场竞争日趋激烈 |

图 2-6　某新能源汽车企业的 SWOT 分析矩阵

在构建 SWOT 矩阵时，企业应将分析出的各种环境因素根据轻重缓急或影响程度等以排序方式排列。在此过程中，将对企业发展有直接的、重要的、大量的、迫切的、久远的影响环境因素优先排列出来，而将间接的、次要的、少许的、不急的、短暂的影响环境因素排列在后面。

构造 SWOT 分析矩阵的具体步骤如下。

① 把识别出的所有优势分成两组，一组与机会有关，另一组与威胁有关。

② 用同样的方法把所有劣势分成两组，一组与机会有关，另一组与威胁有关。

③ 建构四个分析表格，每个占 1/4 比例大小。

④ 把公司的优势和劣势、机会和威胁配对，分别放在每个表格中。

（4）制订行动计划

在完成 SWOT 矩阵的构造后，企业便可以制订出相应的行动计划。制订计划的基本思路是：发挥优势、克服劣势、利用机会、化解威胁；考虑过去、立足当前、着眼未来。企业运用 SWOT 分析法，可以得出一系列企业未来发展的策略。这些策略包括如下：

① 优势/机会策略（S/O），即发挥企业内部优势与利用外部机会的策略，是一种理想的策略模式。

② 优势/威胁策略（S/T），即企业利用自身优势，回避或减轻外部威胁的策略。

③ 劣势/机会策略（W/O），即企业利用外部机会，通过灵活的战略调整来克服内部劣势的策略。

④ 劣势/威胁策略（W/T），即旨在减少企业内部劣势，回避外部环境威胁的防御性策略。

由于每种具体情况所包含的因素及其分析结果所形成的策略都与时间有直接的关系，企业在进行 SWOT 分析时，可以先划分出时间段，再分别进行 SWOT 分析，最后对各个时间段的分析结果进行汇总，并进行整个时间段的 SWOT 分析。这样有助于分析结果的优化。

## 本章实训

**1. 实训目标**

熟悉品牌的构成要素，掌握品牌策略的策划、制定与实施方法。

**2. 实训内容及步骤**

（1）将全班学生分成若干实训小组，每组 4～6 人，确保组员间能力互补。各实训小组推选一名负责人，负责团队协调与进度管理，并为其他组员分配具体角色，包括信息收集员、分析员、报告撰写员、PPT 制作员等，以确保实训工作的有序进行。

（2）授课老师讲解实训要点和注意事项。

（3）各实训小组选定一个具体企业作为研究对象，并通过网络、图书馆、行业报告等渠道，广泛收集企业的相关信息，为后续分析提供数据支持。

（4）实训小组内部分工合作，依据收集到的资料，运用 SWOT 模型深入分析企业的优势、劣势、机会和威胁，构造 SWOT 矩阵。

（5）基于 SWOT 分析的结果，各实训小组撰写《某企业 SWOT 分析报告》，详细介绍分析过程、结果及提出的策略建议；制作 PPT 演示文件，以便在课堂上进行汇报，展示分析成果。

（6）各实训小组在课堂上进行 PPT 汇报，展示 SWOT 分析的成果及策略建议。汇报结束后，授课老师对各实训小组的汇报进行点评，指出分析报告的亮点与不足，并提出改进意见，以促进学生对 SWOT 分析法的理解和应用。

**3. 实训成果**

实训作业——《某企业 SWOT 分析报告》及配套的 PPT 演示文件。

## 本章习题

### 一、单选题

1. 下列宏观环境因素中，动态性最强的是（　　　）。
   A. 社会文化环境　　B. 科学技术环境　　C. 人口环境　　　D. 经济环境

2. 下列属于微观经济环境的是（　　　）。
   A. 财政金融政策　　B. 产业结构状况　　C. 国民收入　　　D. 消费偏好

3. 下列宏观环境因素中，稳定性最强的是（　　　）。
   A. 自然地理环境　　B. 人口环境　　　　C. 政治法律环境　D. 经济环境

4. SWOT 分析矩阵中的 S、W、O、T 分别代表（　　　）。
   A. 劣势、优势、机会、威胁　　　　　　B. 优势、劣势、威胁、机会
   C. 优势、劣势、机会、威胁　　　　　　D. 威胁、机会、优势、劣势

5. 以下不属于微观营销环境的是（　　　）。
   A. 企业自身　　　　　　　　　　　　　B. 供应商
   C. 营销中介　　　　　　　　　　　　　D. 自然资源

### 二、多选题

1. 下列属于宏观营销环境的是（　　　）。
   A. 人口　　　　　　　　B. 供应商　　　　　　　C. 技术
   D. 资金　　　　　　　　E. 营销中介

2. 下列属于微观营销环境的是（　　　）。
   A. 顾客　　　　　　　　B. 企业自身　　　　　　C. 竞争者
   D. 社会文化　　　　　　E. 政治法律

3. 下列属于企业外部公众的是（　　　）。
   A. 企业管理人员　　　　B. 社区居民　　　　　　C. 企业员工
   D. 政府机关　　　　　　E. 行业组织和协会

4. 政治法律环境因素包括（　　　）。
   A. 社会制度　　　　　　B. 执政党性质　　　　　C. 政府方针政策
   D. 各种法律法规　　　　E. 产业结构

5. 运用 SWOT 分析法，可以得出一系列企业未来发展的策略。这些策略包括（　　　）。
   A. 优势/机会策略　　　　B. 优势/威胁策略　　　　C. 劣势/机会策略
   D. 劣势/威胁策略　　　　E. 机会/威胁策略

### 三、名词解释

1. 市场营销环境　　2. 宏观营销环境　　3. 经济环境　　4. 微观营销环境
5. PEST 分析法

### 四、简答及论述题

1. 市场营销环境的特征主要有哪些？

2. 为什么要进行市场营销环境分析?
3. 人口环境主要包括哪些方面?
4. 试论述市场营销环境分析的程序。
5. 试论述五力模型分析法。

 **案例讨论**

## 京东再度"牵手"支付宝　互联网巨头"拆墙"进行时

近年来,工业和信息化部等政府部门对互联网平台间开放性的要求持续提高,各大互联网平台积极响应,纷纷打破壁垒,迈向互联互通的新阶段。在这一大背景下,京东与支付宝在时隔13年后,于2024年10月29日重新携手。京东商城正式开通了支付宝支付功能,这一举措无疑为消费者提供了更加多元化的支付选择,京东支付、微信支付、云闪付与支付宝并列,极大地提升了用户的购物体验和满意度。这也为京东带来了更多用户流量,为其市场拓展注入了新的活力。

此次合作的达成并非偶然,而是多方面因素共同作用的结果。早在2021年,工业和信息化部就召开了关于屏蔽网址链接问题的行政指导会,明确要求各平台解除屏蔽,推动互联互通。随后,2022年新修订的《中华人民共和国反垄断法》正式施行,为互联网大厂间的开放与合作提供了更有力的法律保障。这些政策的出台,为京东与支付宝的再度合作奠定了坚实的基础。

在电子商务市场竞争日益激烈的今天,京东与支付宝的合作被视为一种互利共赢的策略。对于京东而言,接入支付宝意味着能够吸引更多使用支付宝的用户,从而提高用户转化率和购买率。而对于支付宝来说,拓展新的支付场景不仅增加了其市场份额,也为其带来了更多的收入来源。这种合作模式有助于双方在激烈的市场竞争中保持优势地位。

值得注意的是,京东与支付宝的合作并非个例。近年来,淘宝与微信支付、抖音与淘宝天猫、阿里妈妈与腾讯广告等之间的合作也日益频繁。这种互联互通的大趋势不仅促进了市场资源的合理配置和有效利用,还推动了电商行业的整体发展。各大互联网平台通过打破壁垒,实现资源共享,共同提升了服务质量和效率,给消费者带来了更加优质、便捷的服务体验。

京东与支付宝的再度携手是市场营销环境变化的必然产物。这一合作不仅提升了用户的购物体验和满意度,还为双方带来了更多的市场机遇和发展空间,也彰显了互联互通的大趋势,为电商行业的未来发展注入了新的活力。

**思考讨论题:**
请结合案例谈谈环境变化对企业营销活动的影响。

# 第3章
# 市场营销信息分析

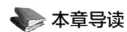 **本章导读**

　　市场营销信息是市场营销决策的基础，可以帮助企业了解市场现状，预测市场趋势，识别市场机会与风险，从而做出更加科学、合理、有效的营销决策。因此，在市场营销活动中，对市场营销信息的获取、处理和应用是不可或缺的重要环节。本章主要阐述市场营销系统、市场调研、市场营销信息应用等内容。通过对本章的学习，读者可以掌握收集及运用市场营销信息的策略和方法。

## 知识结构图

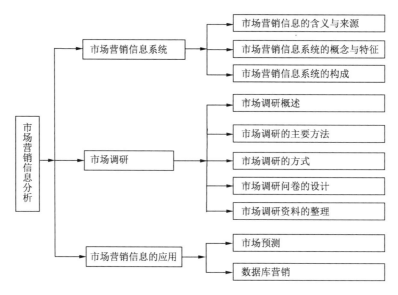

## 开篇引例

### 新能源汽车市场需求预测

　　某新能源汽车制造商计划对某款新型新能源汽车投放市场后的年销售量进行预测。由于新能源汽车市场尚处于快速发展阶段，历史数据相对有限，且受政策、技术、消费者接受度等多种因素影响，市场发展趋势难以仅凭传统数据分析方法准确把握，该制造商决定聘请9位新能源汽车领域的专家，应用德尔菲法进行市场需求预测。

　　预测过程包括四轮征询、反馈与修改汇总。在第一轮征询中，专家们的意见相当分散，这反映了新能源汽车市场复杂多变的特性及专家们对未来市场发展趋势的不同看法。随后，专家们根据反馈的意见进行了深入的讨论，大多数人修改了自己的预测意见，并向中位数靠拢。在这一过程中，专家们的意见逐渐趋于一致，第二轮意见汇总后的极差明显变小。

经过前两轮的充分交流，专家们对新能源汽车市场的发展有了更深入的认识。在第三轮征询中，专家们的意见已经相对集中，但仍存在细微的分歧。于是，制造商继续组织第四轮征询，希望专家们能够进一步细化并确认自己的预测意见。在这一轮征询中，每位专家都深思熟虑，决定不再修改自己的意见，于是得出了最终的预测值：年销售量将达到 30 万辆。

问题：除了案例中提到的德尔菲法外，还有哪些方法可以用于对新能源汽车市场需求进行预测？

# 3.1　市场营销信息系统

## 3.1.1　市场营销信息的含义与来源

### 1. 市场营销信息的含义

市场营销信息是指在市场营销活动过程中产生的，或者与市场营销活动密切相关的，能够反映市场动态、消费者需求、竞争对手状况、产品或服务性能、营销效果等的信息。这些信息对于企业进行市场预测，实施数据营销，制定营销策略，评估营销效果等都具有至关重要的作用。

### 2. 市场营销信息的来源

市场营销信息可以来源于企业内部，如销售记录、客户反馈、市场调研报告等，也可以来源于企业外部，如行业报告、市场趋势分析、竞争对手动态、政策法规变化等。通过有效地收集、整理、分析和利用市场营销信息，企业可以更加精准地把握市场机会，满足消费者需求，提升市场竞争力，实现营销目标。

## 3.1.2　市场营销信息系统的概念与特征

### 1. 市场营销信息系统的概念

市场营销信息系统是一个集人员、设备、软件于一体的综合性系统。其核心任务是有计划、有规则地收集、分类、分析、评价与处理各类市场信息，为企业的营销决策者提供及时、准确、有用的信息支持，从而助力企业制定更为科学、合理的营销策略。例如，京东通过建立完善的市场营销信息系统，收集了大量消费者的购物数据、浏览记录等信息。通过对这些信息进行深度分析和挖掘，京东能够精准地把握消费者的需求和偏好，为消费者提供个性化的商品推荐和优惠活动。这一策略大大提高了消费者的购物体验和满意度，也显著提升了京东的销售业绩和市场份额。

### 2. 市场营销信息系统的特征

市场营销信息系统具有时效性、动态性和双向性三大特征，如表 3-1 所示。

表 3-1　市场营销系统的三大特征

| 特征分类 | 特征描述 |
|---|---|
| 时效性 | 要求系统能够迅速响应市场变化，确保信息的及时更新与传递 |
| 动态性 | 系统需不断追踪市场新动向，为企业提供最新的市场情报 |
| 双向性 | 市场营销信息的流动是双向的，不仅包含了信息的传递，还包含了信息的反馈，这种双向流动有助于确保基于市场营销信息做出的决策更加准确和有效 |

### 3.1.3　市场营销信息系统的构成

市场营销信息系统由内部报告系统、营销情报系统、营销调研系统和营销决策支持系统构成。这四个子系统相互协作、相互补充，为企业制定有效的营销策略和决策提供支持。

（1）内部报告系统

内部报告系统是供决策者利用的最基本的系统。其信息来源于企业内部的财务会计、生产、销售等部门，通常是定期提供的信息，用于企业日常营销活动的计划、管理和控制。内部报告系统提供的数据包括订单、销量、存货水平、费用、应收应付款、生产进度、现金流等。

（2）营销情报系统

营销情报系统的主要功能是向营销部门及时提供有关外部环境变化的情报。营销情报系统为管理人员提供正在发生的情况的数据，帮助他们了解市场趋势、竞争对手动态、消费者行为变化等外部环境情况，从而为决策提供依据。

（3）营销调研系统

营销调研系统负责设计、收集、整理和分析数据资料，以及提供与企业所面临的特定的营销状况有关的调研结果。当企业需要针对某些特定问题或市场机会进行深入研究时，营销调研系统就会发挥作用，提供详尽的数据和分析报告。

（4）营销决策支持系统

营销决策支持系统也称为营销分析系统或营销管理科学系统。它通过对复杂现象进行统计分析，以及建立数学模型等方式，帮助营销管理人员分析复杂的市场营销问题，制定最佳的市场营销决策。该系统通常由资料库、统计库和模型库三部分组成，能够利用先进的技术对大量数据进行处理，为决策提供科学依据。

## 3.2　市场调研

市场调研是企业开展营销活动的基础，也是企业制定营销策略的重要依据。市场调研与市场营销信息之间的关系为：市场调研是获取市场营销信息的重要手段，而市场营销信息则是市场调研的结果和产出。

### 3.2.1　市场调研概述

**1. 市场调研的概念**

市场调研是市场调查与市场研究的统称，是指企业通过科学的方法，系统地收集、记录、整理有关市场营销的资料和信息，并分析市场情况，了解市场现状及其发展趋势，以便为市场预测和营销决策提供客观的、正确的资料和信息。市场调研的目的是帮助决策者了解市场状况，发现市场机会和问题，为制定、调整和优化市场营销策略提供数据支持。

**2．市场调研的分类**

按照不同的划分标准，市场调研可以分成如下几种主要的类型。

（1）按市场调研的目的划分，可以将市场调研划分为探测性调研、描述性调研、因果性调研和预测性调研。

（2）按调研的连续性划分，可以将市场调研划分为一次性调研、定期调研和连续性调研。

（3）按调研对象划分，可以将市场调研划分为消费者市场调研和生产者市场调研。

**3．市场调研的内容**

市场调研主要包括以下 5 个方面的内容。

（1）消费者的需求特征及其变化趋势

消费者的需求特征及其变化趋势是市场调研的重要内容。企业通过市场调研了解消费者的需求状况，首先要识别消费者的个人特征，如地址、性别、年龄、职业等。为鼓励被调查者积极参与调查并保护他们的隐私，企业在调研过程中要采取一些技巧，从侧面了解、印证与推测有价值的信息。

（2）企业现有产品或服务的信息

企业可通过市场调研了解企业当前所提供的产品或服务的市场地位、消费者反应等，将其与消费者需求对比，找出差距。企业现有产品或服务的相关信息包括产品或服务的供求状况、市场容量、市场占有率、消费者满意度、销量变化、消费者建议等。

（3）目标市场信息

目标市场信息主要包括市场容量、产品或服务的供求形势、销售份额、市场开发潜力、市场存在的问题、竞争局面等。

（4）竞争对手分析及竞争产品信息

竞争对手分析的内容主要包括分析竞争对手是谁，实力如何，竞争策略是什么，未来发展潜力如何等。竞争产品信息则主要包括竞争产品的市场占有率、广告手段、消费者满意度、销量变化等。

（5）市场营销环境信息

市场营销环境是影响企业营销活动的各种因素的统称，包括政治、法律、经济、文化、地理、人口、科技等宏观环境因素，以及现有竞争者、潜在的竞争者、替代品、供应商的议价实力和客户的议价实力等微观环境因素。企业通过市场调研获得准确的市场营销环境信息，有助于更好地把握市场机会并规避不利的外部威胁。

**4．市场调研的程序**

市场调研应该遵循科学的程序，按照一定的流程来进行，具体的调研程序如下。

（1）设计调研方案

调研方案是指导调研活动的大纲，是以书面形式表达的对调研计划和程序的说明，是对调研过程和调研方法的详细规定。这一阶段的主要任务包括：确定调研目的和内容，确定调研对象和调研单位，安排调研时间，控制调研成本。

（2）收集调研资料

该阶段的主要任务是收集与本次调研主题相关的各种资料。企业可根据需要，采用一种或多种资料收集方法。

（3）整理分析资料

整理分析资料包括整理资料和分析资料两个部分。整理资料是指对资料的分类统计。调研者根据市场调研的要求，按某种标志将所调研现象的总体划分为若干组成部分，从而反映出被调研现象的本质特征。接下来是对整理的资料进行分析。这一阶段需要调研者具有耐心细致的工作态度，善于归纳总结，去粗取精、去伪存真，还需要借助先进的统计分析工具，最终达到市场调研的目的。

（4）撰写市场调研报告阶段

撰写市场调研报告时，调研者要了解委托调研人所希望的报告形式，报告的阅读者，希望获得的信息及结论等。市场调研报告要清晰明了、图文并茂。

市场调研报告通常在结构上包括标题、导言、主体和结论几个部分。

标题即市场调研的题目。标题必须简单明了、高度概括、题文相符，能准确揭示市场调研报告的主题。

导言即市场调研报告的开头部分，一般说明此次市场调研的目的和意义，介绍市场调研工作基本情况，包括市场调研的时间、地点、内容、对象及采用的调研方式方法。

主体是指市场调研报告的主要内容，是表现市场调研报告主题的重要部分。主体的写作直接决定了市场调研报告的质量和作用的大小。主体内容要客观，全面阐述市场调研所获得的材料、数据，用它们来说明的有关问题，得出的有关结论；对有些问题、现象要做深入的分析。

结论是指对市场调研所做的总结，要形成市场调研的基本结论。有的调研报告还要提出对策措施，供有关决策者参考。

## 3.2.2　市场调研的主要方法

市场调研的方法有多种，具体采用哪种方法要根据具体需要而定。例如，收集二手资料通常采用的方法是文案调研法，而收集第一手资料则主要采用访问调研法、观察调研法和实验调研法等。

**1. 文案调研法**

文案调研又称间接调研法，指调研人员在案头对现成信息资料进行收集和研究的调研活动，主要用于收集与市场调研内容相关的二手资料。它与访问调研法、观察调研法等是相互依存、相互补充的。

文案调研法的资料收集过程相对简单，能够节省人力、财力、物力和时间。文案调研法具有较强的机动性和灵活性，使调研者能够较快地获取所需的二手资料。但是二手资料不一定能满足调研者研究特定市场问题的数据需求，因此，文案调研法通常与其他调研法结合使用，以满足调研者获取资料的需要。

**2. 访问调研法**

访问调研法简称访问法，主要用于原始资料的收集。访问调研法的形式较多，除了面谈访问法外，还有电话访问法、邮寄访问法等。

（1）面谈访问法

面谈访问法是指调研者与被调研者面对面地进行交谈，以收集调研资料的方法。面谈访问法包括入户访问法、定点访问法、拦截式访问法等类型。

（2）电话访问法

电话访问法是指调研者通过电话对被调研者进行调查的一种方法，可分为传统电话访问法和计算机辅助电话访问法两种形式。电话访问法的优点是收集调研资料的速度快，覆盖面广，费用低，可节省大量调研时间和调研经费，也可以消除被调研者的心理压力，易被人接受。但是，电话访问法也存在着一定的缺点，如由于不能见到被调研者，调研者无法观察到被调研者的表情和现场反应，也无法出示调研说明、图片等背景资料，只能凭"听"得到口头资料。因此，电话访问法所获取资料的真实性很难保证。

电话访问法主要应用于民意测验和一些较为简单的市场调研项目，而且询问的问题项要少。调研中调研者应尽量采用二项选择法（要求被调查者在两个明确选项中进行选择），同时要控制好时间。

（3）邮寄访问法

邮寄访问法是指调研者将印制好的调研问卷寄给选定的被调研者，由被调研者按要求填写后，按约定的时间寄回的一种方法。有时，调研者也可在报纸上或杂志上利用广告版面将调研问卷刊出，由读者填好后寄回。

邮寄访问法的调研范围较广，调研问卷内容可以有一定的深度；调研费用较低；被调研者有充分的时间作答，还可查阅有关资料，因而取得的资料可靠程度较高。另外，被调研者不受调研者态度、情绪等因素的影响；调研者无须进行选拔、培训和管理。

邮寄调研问卷存在回收率低、调研周期长的缺点，如今已逐渐被电子邮件所替代。

（4）小组座谈法

小组座谈法又称焦点小组访谈法，是指挑选一组具有代表性的被调研者，利用小组座谈会的形式，由主持人就某个专题引导到会人员进行讨论，获取对该专题的深入了解的一种方法。与其他的市场调研方法相比，小组座谈法具有资料收集快，取得的资料较为广泛和深入，协同增效，专门化，科学监视，形式灵活，速度快等优点。但是，小组座谈法也具有主持难度比较大，获得的意见性资料比较杂乱，意见的代表性较差等缺点。

小组座谈法几乎可以运用于所有市场调研资料的获取上，既可应用于初步接触市场的探索性问题的调研，也可应用于需要深入了解的问题的调研。获取消费者对新的产品概念的印象，了解消费者对某类产品的认识、偏好及行为，获取消费者对具体的市场促销策略的初步反应等，适用此法。

（5）深度访谈法

深度访谈法也称个别访问法，是一种无结构的、直接的、个人的访问方法，即调研者按照拟定的调研提纲，对被调研者进行个别询问，来获得相关信息的市场调研方法。

由于深度访谈法需要调研者与被调研者一对一沟通，因此调研者的能力决定了深度访谈法的效果。调研者应尽量客观公正，并以提供信息的方式问话，让被调研者表达内心对问题的真实看法。

深度访谈法比小组座谈法能更深入地探究被调研者的内心看法。在深度访谈过程中，被调研者可以更自由地表达自己的看法，而不像在小组座谈中也许会迫于压力而不自觉地趋从某一意见。

深度访谈法需要调研者具有更高超的沟通技巧，而具备此种能力的调研者往往难以找到。由于调研的无结构性，调研结果的完整性和质量也十分依赖于调研者的访谈技巧。由于占用的时间和所花的经费较多，因而在一个调研项目中接受深度访谈的被调查者的数量是十分有限的。

**3．观察调研法**

观察调研法是指调研者到现场利用自己的视觉、听觉或借助摄像器材，直接或间接地观察和记录正在发生的市场行为或状况，以获取有关信息的方法。利用观察调研法进行调研时，调研者不需要向被调研者提问，而是凭自己的直观感觉，从侧面观察、旁听、记录现场发生的事实，以获取需要的信息。

（1）直接观察法

直接观察法是指调研者直接深入到调研现场，对正在发生的市场行为和状况进行观察和记录的方法。其主要观察方式有参与性观察、非参与性观察和跟踪观察几种。

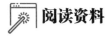 **阅读资料**

神秘顾客调查

神秘顾客调查是市场调研行业中资料获取最为精准的一种调研方式。其主要应用于对耐用消费品和服务行业的监督，以及对消费者和购买习惯的深入调查，如餐饮、汽车及家用电器行业等。此种调研主要采用观察和模拟消费者行为和语言沟通的方式来进行现场服务质量检查和竞争者同类产品销售情况对比等。肯德基的门店遍布全球，那么，偌大的公司是如何管理遍布全世界的员工的呢？原来，肯德基雇佣了一个专业的机构来不定时对门店进行检查。该机构人员对肯德基的规章制度甚至比肯德基员工还要清楚。他们装扮成普通的顾客潜入店内进行检查打分。这些"神秘顾客"来无影、去无踪，使门店经理、员工时时感到压力，丝毫不敢疏忽。神秘顾客出现以后，往往公司的很多问题会暴露出来：顾客流失中，9%源于一些公司无法控制的因素，9%源于对价格的不满意，14%源于对产品的不满意，68%源于对服务/服务人员的不满意。

资料来源：百度文库。

（2）间接观察法

间接观察法是指调研者采用各种间接观察的手段，如痕迹观察、仪器观察等获取市场调研所需信息的方法。

**4．实验调研法**

实验调研法是指在既定条件下，通过实验对比，对市场现象中某些变量之间的因果关系及其发展变化过程加以分析观察的方法，即从影响调研问题的可变因素中选出一个或两个，置于同一条件下进行小规模实验。在同一条件下进行实验是为了确保除了选定变量外的其他所有变量保持恒定，从而准确评估选定变量的效果。然后，对实验得到的数据进行处理和分析，通过统计显著性检验等手段确定研究结果是否具有有效性和推广价值，以此判断实验结果是否值得大规模推广。在市场调研中，实验调研法主要应用于产品测试、包装测试、价格测试、广告测试和销售测试等。

 **案例分析**

有关咖啡杯设计的市场实验调研

美国一家咖啡店准备改进咖啡杯的设计，为此进行了市场实验调研。首先，该店调研者进行了咖啡杯的选型调查，设计了多种造型的咖啡杯，让 500 位家庭主妇进行评选，研究主妇们用干手拿杯子时，哪种造型优美；用湿手拿杯子时，哪种不易滑落。调研结果显示，四方长腰果造型的杯子最为适合。随后，调研者对产品名称、图案等也进行了调查，接着利用各种颜色会使人产生不同感觉的特性，通过实验选出了颜色最合适的咖啡杯。调研者采用的方法是，请 30 多个人，让每人各喝 4 杯相同浓度的咖啡，但是咖啡杯的颜色不同，分别为咖啡色、青色、黄色和红色 4 种。试饮的结果显示，使用咖啡色杯子的人，认为"太浓了"的比例为 2/3；使用青色杯子的人，普遍觉得"太淡了"；使用黄色杯子的人，都说"不浓，正好"；而使用红色杯子的人，10 个人中有 9 个人说"太浓了"。根据上述调查结果，咖啡店改用四方长腰果造型的红色咖啡杯，这样既可以节约原料，又能使绝大多数顾客感到满意。果然，这种咖啡杯投入市场后，与市场上的其他咖啡店的产品展开了激烈竞争，并以销售量比竞争对手多两倍的优势取得了胜利。

**案例分析：** 本案例展示了美国一家咖啡店如何运用市场实验调研法成功改进咖啡杯设计并在市场竞争中脱颖而出。咖啡店首先识别出了咖啡杯设计的问题，随后设计了一系列实验，包括让 500 位家庭主妇评选杯子造型，以及测试不同颜色咖啡杯对顾客感知咖啡浓度的影响。通过收集和分析实验数据，咖啡店确定了四方长腰果造型的红色咖啡杯为最优选择，这既满足了顾客需求又节约了原料。新咖啡杯投入市场后，咖啡店的销售量较竞争对手多两倍，充分验证了市场实验调研法在产品开发、设计及市场策略制定中的有效性和准确性。

**5. 网络调研法**

（1）网络调研法的含义

网络调研法是指调研者利用互联网收集资料和掌握市场信息的方法，具有高效、便捷、成本低、覆盖范围广、互动性强等优点。随着互联网的普及，网络调研法已成为主要的市场调研方法。

（2）网络调研的程序

① 确定目标。进行网络调研时首先要确定调研目标，只有确立了调研目标，才能准确地设计和开展调研活动。

② 设计网络调研方案。网络调研方案的具体内容包括调研资料的来源、调研对象、调研时间、网络调研方法和手段的选择等。

③ 收集资料。在网络上收集资料几乎不受时间和空间的限制。资料收集的方法也很简单，直接在网上下载即可。与传统调研方法相比，网络调研收集和录入资料更方便、快捷。

④ 资料的整理和分析。收集来的资料只有进行整理和分析后才能发挥作用。整理和分析资料非常关键，需要使用一些数据分析技术，如交叉列表分析技术、综合指标分析技术和动态分析技术等。

⑤ 撰写调研报告。撰写调研报告是整个网络调研活动的最后一步。撰写调研报告的目

的是把与市场营销决策有关的主要调研结果展现出来，而不是调研数据和资料的简单堆积。调研报告的撰写要遵循有关内容、格式的要求。

（3）网络调研的方法

随着互联网技术在市场调研中的应用，网络调研的方法越来越多，主要包括网络问卷调查法、网络讨论法、网络观察法及网络文献法。

① 网络问卷调研法。网络问卷调研法是将设计好的问卷通过网络工具及媒介（如问卷星、问卷网、各类网络社交媒体、门户网站等）发布，从而实现调研目的的方法。

> **课堂讨论**
>
> 你所熟悉的在线问卷调研平台有哪些？在这些平台上进行网络问卷调研需要注意哪些问题？

② 网络讨论法。网络讨论法主要是指通过新闻组、邮件列表讨论组、BBS 或网络实时交谈等形式对调研问题进行讨论，从而达到调研目的的方法。

③ 网络观察法。网络观察法主要是指对被调研人员的网络行为进行观察和监测的方法。法国 Net Value 公司的"基于互联网用户的全景测量"就是网络观察法的代表。

④ 网络文献法。网络文献法是指利用互联网收集二手资料的方法。利用互联网收集二手资料的渠道主要包括搜索引擎、网络社区、新闻组等。

## 3.2.3　市场调研的方式

### 1. 全面市场调研

全面市场调研又称市场普查，是指调研者为了收集一定时空范围内调研对象的较为全面、准确、系统的资料，对调研对象的全部个体单位进行的逐一的、无遗漏的调研，是为了实现特定的调研目的而专门组织的一次全面性调研。

全面市场调研一般采用调研者直接登记或调研对象自填的方式来收集资料。在组织全面市场调研时，调研者应做到"4 个统一"，以保证全面调研活动的顺利开展：统一规定调研项目，统一规定调研的标准时点，统一制定各种标准，统一调研的步骤和方法。

全面市场调研虽然能够全面了解调研对象（总体）的特征，调研资料的准确性和标准化程度也较高，但由于其涉及面广、工作量大、费用高，故应用范围较小。它主要应用于企业内部有关人力、物力、财力和产供销情况的调研；企业员工满意度、忠诚度的调研；企业内部人事制度、分配制度改革等的调研；供应商的调研；经销商、代理商的调研等。

### 2. 典型市场调研

典型市场调研是指调研者为了实现特定的调研目的，利用有关的总体先决信息，从调研对象（总体）中有意识地选择一部分有代表性的单位组成样本而进行的调研。其目的是通过典型单位来认识总体的规律性及其本质。

与其他市场调研方式相比，典型市场调研能够获得比较真实、广泛和丰富的资料，也便于将调查和研究结合起来以揭示事物的内在规律，并有利于节约调研的人力、物力和财力。但是，由于样本的选择受主观判断影响，难以完全避免主观随意性，此方式无法用科学的手段对样本总体做出准确的测定，缺乏持续性。

**3. 重点市场调研**

重点市场调研是指调研者为了特定的调研目的，从调研对象（总体）中选择一部分重点单位组成样本而进行的一种非全面调研。重点单位是指标志总量占总体标志总量最大比例的单位。这些重点单位构成的样本称为重点样本。重点样本中的单位数目虽然不多，但是在调研总体中处于十分重要的地位。它们的标志总量（变量值）在总体标志总量中占有最大的比例。重点样本不具有普遍的代表性，不能用重点样本的指标来推断总体平均指标，但可以用来估计总体的粗略值。

重点市场调研较适合于调研对象和调研内容都集中的情况。例如，通过对某类农产品重点产区的产、销调研，可以测算该农产品资源，分析其供求变化。

**4. 抽样调研**

抽样调研是一种从调研对象（总体）中抽取部分对象（称为样本）进行调查研究，用所得样本结果推断总体情况的调研方式。总体是指所要研究对象的全部单位。例如，要研究天津市居民户的收入水平，那么天津市所有的居民户就是此次调研的总体。样本是指从总体中抽取出来进行调研的一部分单位。总体是所要研究的对象，样本是所要观察的对象。样本的大小即样本单位数，称为样本容量，用 $n$ 表示。

延伸学习

随机抽样调研和非随机抽样调研

抽样调研是市场调研中最常采用的调研方式。抽样调研的主要特点是：它的调研对象只是作为样本的一部分单位，而不是全部单位，也不是个别或少数单位；调研样本一般按照随机原则抽取，而不由调研者主观确定；调研目的不是说明样本本身，而是从数量上推断总体、说明总体；随机抽样的误差是可以计算的，误差范围是可以控制的。

按照总体中每一个样本被抽取的机会（率）是否相等的原则，抽样调研可以分为非随机抽样调研和随机抽样调研两类。从总体中按调研者主观设定的某个标准抽取样本的调研方式，称为非随机抽样调研。这种抽样方式在样本的抽取方法上带有主观性，会对总体推断的可靠程度产生影响。非随机抽样调研的抽样方法主要有任意非随机抽样方法、判断非随机抽样方法、配额非随机抽样方法、滚雪球随机抽样方法等。随机抽样调研是按随机原则从总体中抽取一定数目的样本进行调查，以其结果推断总体的一种调研方式。它对总体中每一个样本都给予平等的抽取机会（即等概率抽取），完全排除了人为的主观因素，这是与非随机抽样调研的根本区别。随机抽样包括简单随机抽样、等距随机抽样、分层随机抽样、分群随机抽样和多阶段随机抽样等。

## 3.2.4　市场调研问卷的设计

市场调研问卷又称市场调查表，是调研人员（调研者）根据调研目的设计的用于收集被调研人员（调研对象）信息的工具，即为了达到调研目的和收集必要数据而设计的由一系列问题组成的表格。运用市场调研问卷开展市场调研活动的关键在于问卷的质量。问卷质量的高低直接决定了调研者能否获得准确可靠的市场信息。

**1. 问卷的结构**

市场调研问卷作为市场调研的一种测量工具，须具有统一性、稳定性和实用性。在长期的市场调研实践中，人们逐渐总结出一套较为固定的问卷结构。问卷一般包括以下几个部分：问卷标识、介绍、过滤、主体、背景资料及结尾部分。

（1）问卷标识，主要包括问卷名称、问卷编号等。问卷名称是对调研内容的概括，应简明扼要，通过问卷名称，被调研人员能一目了然地知道问卷的内容。对于同一类调研内容，最好只设计一份问卷，避免内容过于庞杂而引发被调研人员的排斥心理。

（2）介绍，解释调研的目的、意义，让被调研人员相信调研人员的研究是无害的，并保证调研得到的信息仅供研究使用而不会泄露出去。这部分的内容主要包括调研人员的身份、调研目的、意义、主要调研内容及信息保密的保证等。自填式问卷的介绍通常比访谈式问卷的介绍更复杂，还需要把填写问卷的要求、方法、寄回的时间等内容写进其中。

（3）过滤，主要是对被调研人员进行甄别，如调研中要求被调研人员为30~45岁的月收入在5000元以上的女性，调研人员可以通过过滤把不符合要求的被调研人员过滤掉。

（4）主体，调研问卷最主要的部分，包括调研人员需要了解的所有内容。

（5）背景资料，一般包括被调研人员的性别、年龄、婚姻状况、家庭人数、家庭/个人收入、职业、文化程度等，以了解被调研人员的基本情况。背景资料通常是各种调研问卷必不可少的一部分。设计背景资料部分的目的主要是保证问卷主体部分填写完整、正确，便于核查、填补和更正；可以对被调研人员的分布进行简单的描述。

（6）结尾部分，一般包括调研人员签名、调研日期、调研实际花费的时间。这一部分主要用于明确调研人员责任，针对调研问卷开展逻辑检查、错误校正、缺项补充，以便事后进一步随访等。

**2. 问卷的问题设计**

按市场调研问卷中是否提供备选答案，市场调研问卷的问题可分为开放式问题、封闭式问题及混合式问题。

（1）开放式问题

调研问卷中的开放式问题不设相关的备选答案，要求被调研人员根据自己的经历、想法等自由回答，被调研人员有自由发挥的空间。

开放式问题的设计方法主要有以下几种。

① 自由回答法，是指设计问题时不设供被调研人员选择的答案，而是由被调研人员任意回答的方法。

② 词语联想法，是指按照调研目的，选择一组字词展示给被调研人员，每展示一个词语，就要求其立刻回答看到该词语后想到什么，由此推断其内心想法的方法。

③ 回忆法，是用于调研被调研人员对品牌、企业名称、广告等印象的强烈程度的方法，多用于了解被调研人员的"记忆的强度"。

④ 语句完成法，是指将问题设计成不完整的句子，由被调研人员补充完整的方法。

⑤ 故事构建法，是指由调研人员向被调研人员提供只有开头或只有结尾的不完整文章，由被调研人员按照自己的意愿将其补充完整，以分析被调研人员内心想法的方法。

（2）封闭式问题

调研问卷中的封闭式问题给出若干备选答案，被调研人员只需从备选答案中做出选择。封闭式问题的设计方法主要有以下几种。

① 两项选择法，是指提出的问题仅有性质相反的两种答案可供选择的方法。

例如，您是否打算在近 3 年内购买家用轿车？□是　□否

② 多项选择法，是指提出的问题有两个以上的答案，被调研人员可选择其中一个或多个的方法。

例如，您喜欢下列哪些品牌的洗发水？

□沙宣　□力士　□飘柔　□海飞丝　□潘婷　□巴黎欧莱雅　□清扬　□其他

③ 顺位法，是指有若干项目，由被调研人员按重要性决定其先后顺序的方法。

例如，根据下面列出的五类广告：①电视广告　②报纸广告　③广播广告　④路牌广告 ⑤杂志广告，请按您信任的程度，由大到小排序。

④ 两两比较法，是指把调研对象配对，让被调查人员一一比较选择答案的方法。

例如，请比较下列每对品牌的洗发水，您更喜欢使用哪一个品牌？（每一对中只选一个，画✓）

| | | | |
|---|---|---|---|
| 海飞丝 □ | 潘婷 □ | 潘婷 □ | 飘柔□ |
| 飘柔 □ | 海飞丝 □ | 伊卡璐□ | 力士□ |
| 力士 □ | 海飞丝 □ | 伊卡璐□ | 海飞丝□ |
| 力士 □ | 飘柔 □ | | |

（3）混合式问题

混合式问题又称半封闭式问题，是指在采用封闭式问题的同时，最后再附上一个开放式问题。

例如，您常使用下列哪种品牌的洗发水？

□沙宣　□力士　□飘柔　□海飞丝　□潘婷　□伊卡璐　□清扬　□其他_____

**3．问卷中量表的使用**

量表是由一组相互联系的测量指标及经过量化的若干可供选择的答案所构成的，用来测定调研对象主观意识的表格。量表是调查表的一种，最大特点是测量指标或答案经过了量化处理，方便进行数学运算和统计分析，可使调查结果精确化。量表主要用于测量调研对象的主观认识，故以态度量表最为常见。

（1）量表的类型

依据不同的标准可以把量表划分为不同的种类。根据量表的量化层次，量表可分为定类量表、定序量表、定距量表和定比量表 4 种类型；根据量表的测量内容是单方面的还是多方面的，量表可分为一维量表和多维量表；根据量表的测量内容是事实情况还是主观态度，量表可分为事实量表和态度量表；根据量表中测量指标的肯定答案数目与否定答案数目是否相等，量表可分为平衡量表和非平衡量表。本节主要介绍定类量表、定序量表、定距量表和定比量表。

如果所提问题的选项只表示类别，不表示任何顺序或大小，那么对应的变量就叫作定类变量，测量的量表就叫作定类量表。

例如：请问您知道×××牌洗衣粉吗？

　　①知道　②不知道

例中每类答案的代表数值（①，②）只作分类之用，不能作数值计算。

如果所提问题的选项可以表示重要性或轻重程度等先后顺序，那么对应的变量就叫作定序变量，测量的量表就叫作定序量表。

例如：请在下列数字后依次给出您最喜欢的洗发水品牌、第二喜欢的品牌、第三喜欢的品牌：

　　　　　①_____　②_____　③_____

如果所提问题的答案可以表示绝对数值的大小，那么对应的变量就叫作定距变量，测量的量表就叫作定距量表。

例如：请您用10分制对××公司的满意度打分，1分表示很不满意，10分表示很满意：

很不满意　　1　2　3　4　5　6　7　8　9　10　很满意

如果所提问题的选项可以表示绝对数值的大小，而且零点也是有意义的话，那么对应的变量就叫作定比变量，测量的量表就叫作定比量表。所有的统计方法都适用于定比量表。

（2）常用的市场调查量表

① 李克特量表，是市场调研问卷设计中运用得十分广泛的一种量表。此种量表要求调研对象表明对某一表述赞成或否定的态度，但调查对象对问题的态度并非被简单地划分为"同意"或"不同意"，而是被划分为若干等级，选项范围从"非常赞成"到"非常不赞成"，中间表述为"一般""无所谓"或"不确定"。通过选项等级的增加，调研对象在态度上的差别就能被充分展现出来。李克特量表示例如表3-2所示。

表 3-2　李克特量表示例

| 问题描述 | 选项 | | | | |
|---|---|---|---|---|---|
| | 非常同意 | 有些同意 | 无所谓 | 有些不同意 | 完全不同意 |
| 1. 问题1 | | | | | |
| 2. 问题2 | | | | | |
| 3. 问题3 | | | | | |
| 4. …… | | | | | |

② 语义差别量表是一种定距量表，用于测量某种事物、概念或实体在调查对象心目中的形象。语义差别量表主要应用于市场调研中调研者对品牌形象及企业形象的研究。表 3-3 是网站评价的语义差别量表示例。请调研对象根据对××网站的印象，在表3-3所示的每一个标尺上选出一个具体的数字。

表 3-3　网站评价的语义差别量表示例

| 序号 | 对网站的印象 | 完全不同意—完全同意 | | | | | | |
|---|---|---|---|---|---|---|---|---|
| 1 | 好 | 1 | 2 | 3 | 4 | 5 | 6 | 7 |
| 2 | 客观 | 1 | 2 | 3 | 4 | 5 | 6 | 7 |
| 3 | 公正 | 1 | 2 | 3 | 4 | 5 | 6 | 7 |
| 4 | 诚实 | 1 | 2 | 3 | 4 | 5 | 6 | 7 |
| 5 | 及时 | 1 | 2 | 3 | 4 | 5 | 6 | 7 |
| 6 | 有价值 | 1 | 2 | 3 | 4 | 5 | 6 | 7 |
| 7 | 可信任 | 1 | 2 | 3 | 4 | 5 | 6 | 7 |

**4. 问卷设计应注意的问题**

市场调研问卷中的问题提问合理、排列科学，可以提高问卷回收率和信息的质量。在问卷设计中需要注意的问题很多，以下介绍一些常见的问题。

（1）问卷的问题排列应先易后难、先简后繁，把被调研者熟悉的、愿意回答的、容易回答的问题放在前面。问卷的招呼语要亲切、真诚，最先排列的几个问题要比较容易回答，不要使被调研者感到难以启齿，给接下来的问题回答造成困难。

（2）文字表达准确，语句意思明确清楚。不应使被调研者产生模糊认识，如调研商品消费情况，使用"您经常逛商场吗？"语义就不够准确，因为对"经常"的含义，不同的人有不同的理解，从而很难获取准确的反馈信息。比如改为具体的问题："您平均多长时间逛一次商场？"这样表达就很准确，不会产生歧义。

（3）问题应避免诱导被调查者。例如，"绝大多数的消费者认为××牌的电视机质优价廉，您是否会购买？"这样的问题就会对被调查者产生影响，诱导其选择肯定的答案，不能反映被调查者对商品的真实态度，产生的结论也缺乏客观性，结果可信度低。

（4）问句及答案设计要注意艺术性，尽量选择被调查者容易接受的语句，避免对被调查者产生刺激而不能很好地配合调查。例如，"A：您至今未买汽车的原因是什么？①买不起②没有用③不会开④其他""B：您至今未购买汽车的主要原因是什么？①价格高②用途较少③尚未考取驾驶证④其他"。

对于上述两组问题，显然 B 组问句更有艺术性，比较容易得到被调查者的配合。而 A 组问句较易引起被调查者反感而不愿配合。

（5）问卷应尽量避免被调查者不易回答的问题：一是涉及被调查者的心理、习惯和隐私的问题，需要采用变通的方式进行处理。例如，调查个人收入，如果直接询问，不易得到准确结果，而划分出不同的档次区间供其选择，效果就比较好。二是时间久、回忆不起来或回忆不准确的问题。

（6）一个问题只能有一个内容。一个问题若涉及若干内容，则会使被调研者难以回答，问卷统计上也会很困难。例如，"你为何不上晚自习而到网吧玩游戏？"这个问题包含了"你为何不上晚自习？""你为何到网吧玩游戏？"等多个内容，被调查者很难回答。

（7）尽量避免使用专业术语或被调查者很难明确的措辞。例如，某保险公司调研顾客对本公司业务的印象，询问："请问您对本公司的理赔时效是否满意？""请问您对本公司的展业方式是否满意？"许多被调研者对此不明白什么是"理赔时效"和"展业方式"，因此即便给出选项也没有意义。

## 3.2.5　市场调研资料的整理

市场调研资料的整理是指调研人员根据市场分析的需要，运用科学的方法对市场调研中获得的一手资料进行审核、编码、统计分组、汇总，或对二手资料进行再加工的过程。其目的在于使市场调研资料综合化、系列化、层次化，为揭示和描述调研对象的特征、问题和原因提供经过初步加工的信息，为进一步的分析准备数据。

**1. 资料审查**

（1）问卷有效性的确认

调研结束并回收问卷后，调研人员首先要对问卷的有效性进行确认，以下问卷通常被认定为无效问卷。

① 不完全的问卷，即有部分问题没有填写的问卷。

② 被调研人员没有理解问卷的内容而答错问题，或者没有按照指导语的要求来回答问题，如跳答问题的问卷。

③ 所有的答案都相似的问卷。例如，在调研问卷中，对所有的选择题，被调研人员都只选 C 的问卷。

④ 缺损的问卷，即有数页丢失或无法辨认的问卷。

⑤ 调研截止日期之后回收的问卷。一般的市场调研是具有时效性的，超过截止日期回收的问卷会影响调研结果的有效性。

⑥ 不符合要求的被调研人员填写的问卷。例如，在一项化妆品调研中，调研对象是 20～30 岁的女性消费者，在这个范围之外的人填写的问卷都应被视为无效问卷。

⑦ 前后矛盾的问卷。例如，问卷中，填写的年龄为 20 岁、职业却为退休人员，此问卷应为无效问卷。

无效问卷应剔除，以保证调研真实有效。

（2）资料审核

资料的审核必须着重核查资料的真实性、准确性、完整性。资料的来源必须是客观、真实的，审核人员要能辨别资料的真伪，把那些违背常理的、前后矛盾的资料剔除。要着重检查出那些含糊不清、互相矛盾的资料，以保证资料的准确性。

在审核中，审核人员如发现问题，可以分不同的情况予以处理：对于那些在调研中已被发现并经过核实后的错误，在无不良影响的条件下可由调研人员代为更正；对于资料中的可疑之处或有错误与偏差的地方，应进行补充调研；对于无法进行补充调研的资料应剔除，以保证资料的真实客观。

**2. 数据编码**

数据编码就是给每个问题的每个可能答案分配一个代码，通常是一个数字，以便对资料进行录入及分析。编码可以在设计问卷时进行，即事前编码，也可以在数据收集结束后进行，即事后编码。事前编码通常是指将每个答案的对应值印在问卷上，事后编码指的是给某个没有事先编码的答案分配一个代码。混合式问题的"其他"项及开放式问题通常需要事后编码。

**3. 资料整理的方法——统计分组**

统计分组是指根据市场调研的目的，按照一定的分组标志（简称标志），将所调查研究的事物或现象分为不同类型的一种整理资料的方法。通过统计分组可以找出总体内各个部分之间的差异。

（1）分组标志的选择

分组标志指反映事物属性或特征的因素，在进行统计分组的时候，调研人员应根据调研的目的和任务选择分组标志。例如，调研目的如果是了解某品牌化妆品的消费群体的购买行为，则调研人员可以按消费者性别、年龄、收入等标志对消费者进行分组。在分组时调研人员既可以选择一个分组标志对被调研人员进行分组，也可以按照调研需要选择多个分组标志对被调研人员进行分组。

（2）次数分布

次数分布是指将总体中的所有单位按某个分组标志分组后，所形成的总体单位数在各组之间的分布。分布在各组的总体单位数称为次数或频数，各组次数与总次数之比称为比重、比率或频率。次数分布实质上是反映统计总体中所有单位在各组的分布状态和分布特征的一个数列，也可以称作次数分配数列，简称分布数列。

（3）制表和绘图

运用图表可以使调研资料清晰明了，给人更直观的感觉。

在制表时，要注意选择表的结构、种类。一般调研资料表格包括标题、横标目、纵标目、数字，既可以选择单一标志的简单分组表，也可以选择多个标志的复合分组表。调研人员在制作表格的过程中应遵循科学、实用、简练、美观的原则；标题应简明扼要，一目了然；如果表格栏数较多，则应对表栏进行编号；表格中的数据应填写规范、整齐，注意标明单位，凡需说明的文字一律写入表注。

在绘图时，调研人员可以按照调研资料的特征选择统计图。统计图的类型很多，常见的有条形图、柱状图、饼形图、曲线图等。统计图能清楚明白地表明事物的总体结构，表明在不同条件下统计指标的对比关系，反映事物发展变化的过程及趋势，说明总体单位按某一标志分布的情况，显示现象之间的相互依存关系。

# 3.3　市场营销信息的应用

市场营销信息广泛应用于市场营销活动之中，尤其在市场预测、数据库营销中。

## 3.3.1　市场预测

### 1. 市场预测概述

（1）市场预测的定义

市场预测是指在市场调研的基础上，预测者利用一定的市场预测方法，测算一定时期内市场供求变化趋势，从而为企业的营销决策提供科学的依据。同时，企业要想在市场竞争中占据有利地位，必须在市场营销组合的各个方面，如产品、价格、分销渠道、促销等方面制定有效的营销组合策略，而有效的营销组合策略的制定取决于对市场变化趋势的准确预测。只有通过准确的市场预测，企业才能制定恰当的营销组合策略，把握机会，从而在竞争中取得胜利。

（2）市场预测的类型

按照不同的标准，市场预测可划分为多种类型。

① 按预测的空间范围来划分，市场预测可以分为宏观市场预测和微观市场预测。

宏观市场预测是对整个市场的预测，即企业把整个行业发展的总体情况作为研究对象，研究企业生产经营过程中的宏观环境因素。宏观市场预测的内容包括经济变化趋势，金融市场变化趋势，生产的总体变化趋势，消费需求的变化趋势等。

微观市场预测则是从单个企业的角度出发，预测市场上影响企业生产经营的各个要素的变化趋势。微观市场预测的内容包括市场需求量、销售量、市场占有率、价格变化趋势等。

② 按预测商品的范围来划分，市场预测可以分为单项商品预测、同类商品预测和商品

总量预测。

单项商品预测是指对某一种具体商品的市场前景所进行的预测与判断，如针对某一具体商品的品牌、质量、规格、款式等进行的市场需求预测。

同类商品预测是指对某一类商品的市场需求变化所做的预测，如汽车生产企业对电动汽车的发展所做的预测。

商品总量预测是指对消费者在未来一定时期内，对某种商品需求变动进行的总量预测。

③ 按预测时间的长短来划分，市场预测可以分为短期预测、中期预测和长期预测。

短期预测通常是指预测期在 1 年以内的市场预测。通过短期预测，企业能及时了解市场动态，掌握市场行情变化，提高经营决策水平。

中期预测通常是指预测期在 1 年以上 5 年以内的市场预测，一般是对影响市场长期发展的宏观因素如经济、技术、政治、社会等因素进行预测，为企业制订年度计划和修订长期计划提供依据。

长期预测通常是指预测期在 5 年以上的预测，主要是对市场未来发展趋势和运行规律进行综合性分析和判断，以此明确宏观经济或企业的发展方向和具体目标。

④ 按预测的方法来划分，市场预测可以分为定性预测和定量预测。

定性预测是指企业依靠熟悉业务知识、经验丰富且具有综合分析能力的人员，根据已掌握的历史资料和数据，对市场的未来发展进行性质和程度上的判断，并综合各方面的意见对未来进行预测。

定量预测是指利用数学模型，对历史数据或因素变量进行处理，对市场需求进行的预测，即针对已掌握的比较完备的历史统计数据，运用一定的数学方法进行科学的加工，以揭示有关市场变量之间的规律，推断市场的未来发展趋势的预测。

（3）市场预测的内容

① 市场需求预测。市场需求预测是指对市场需求进行质和量的预测。在质的预测方面，主要指对市场需求的商品品种、品质、包装、款式、品牌、技术等变动趋势的预测；在量的预测方面，主要是指对市场需求量的预测，既包括总体市场需求量的预测，也包括单项商品需求量的预测。另外，对商品的需求结构的预测也是市场需求预测的重要组成部分。

② 市场供给预测。市场供给预测同市场需求预测一样，也包括质的预测和量的预测两个方面，既包括对市场供给的商品品种、品质、包装、款式、品牌、技术等变动趋势的预测，也包括对市场供给量的预测。

③ 商品市场生命周期预测。每一类商品都有其市场生命周期，对商品的市场生命周期的预测是企业预测的重要内容之一，主要是从销售量、获利能力等的变化上来进行预测。

④ 销售预测。销售预测是企业对未来某一时期内全部产品或特定产品的销售数量与销售金额的预估。

⑤ 科技发展趋势预测。科学技术迅猛发展，对企业的生产经营活动产生了巨大的影响，因此，作为生产企业，要了解和掌握科技的发展趋势，从而进行适当的生产经营决策。

**2. 市场预测的方法**

（1）定性预测方法

定性预测方法主要包含综合意见法和专家意见法。

① 综合意见法。综合意见法是指综合企业经营管理人员及一线生产销售人员等相关人员的判断意见进行预测的方法。企业经营管理人员、一线生产销售人员处于生产经营的第一线，熟悉市场需求，他们的判断较能反映市场需求的客观实际。常用的具体方法有企业经理（厂长）判断预测法和销售人员预测法。

② 专家预测法。专家预测法是指企业运用专家的知识和经验，考虑预测对象所处的社会环境，直接分析和寻求其特征规律，并推测未来的一种预测方法。专家预测法主要包括个人判断法、集体判断法和德尔菲法。不同类型专家预测法的比较如表 3-4 所示。

表 3-4　不同类型专家预测法的比较

| 类型 | 定义 | 优点 | 缺点 |
|---|---|---|---|
| 个人判断法 | 个人判断法是请专家个人对需要预测的内容进行预测的方法。这种预测方法是依靠专家个人的专业知识、经验和特殊才能来进行预测的方法 | 能利用专家个人的专业知识、经验和创造能力，较少受到外界的影响，简单易行，在时间与费用上也比较节省 | 所选专家个人拥有知识的广度、深度及对预测问题的兴趣，决定了专家个人判断的客观性，预测结果难免带有一定的片面性 |
| 集体判断法 | 集体判断法是一种在专家个人判断的基础上，通过召集专家会议进行集体的探讨，将各个专家个人的意见有机地结合起来，寻求较为接近的结论的一种预测方法 | 组织专家召开会议，参加专家人数较多，拥有的信息量远远大于个人拥有的信息量，能较好地避免专家个人判断可能产生的预测结果的片面性 | 参与专家也可能受到各种外在因素的影响，不能充分或真实地表明自己的判断 |
| 德尔菲法 | 德尔菲法是一种通过匿名方式反复多次征询专家意见，并进行交流和反馈，以达成预测或决策共识的方法 | 综合了匿名专家意见，提高了预测的客观性和权威性，同时充分利用专家资源 | 过程复杂且耗时，结果受专家主观性、参与度及选择范围的限制，且难以量化，存在预测局限性 |

（2）定量预测方法

定量预测的方法有很多，本书着重介绍简单平均法、移动平均法、指数平滑法、季节指数法和回归分析法。

① 简单平均法。简单平均法是指运用统计中的简单算术平均数的方法进行预测的方法。它以历史数据为依据，进行简单平均得出结果。计算公式为：

$$x = \frac{x_1 + x_2 + \cdots + x_n}{n}$$

式中，$x$ 表示预测的平均值；$x_1$，$x_2$，$\cdots$，$x_n$ 表示各个历史时期的实际值；$n$ 表示时期数。

某汽车公司经营家用轿车产品，其中某型号的家用轿车最近 5 年的销售量如表 3-5 所示。

表 3-5　某汽车公司某型号家用轿车销量

| 年份 | 实际销售量（万辆） |
|---|---|
| 2020 | 22 |
| 2021 | 24 |
| 2022 | 28 |
| 2023 | 30 |
| 2024 | 26 |

使用简单平均法预测 2025 年的销售量。

将表中所列数据代入公式：

$$x = \frac{x_1 + x_2 + \cdots + x_n}{n} = \frac{22 + 24 + 28 + 30 + 26}{5} = 26(\text{万辆})$$

简单平均法计算简单，可以避免某些数据在短期内的波动对预测结果造成的影响。但是，这种方法并不能反映预测对象的趋势变化，因而使用得比较少。

② 移动平均法。移动平均法是指取预测对象最近一组历史数据的平均值作为预测值的

方法。这种方法不是仅取最近一期的历史数据作为下一期的预测值，而是取最近一组历史数据的平均值作为下一期的预测值。这一方法取近期历史数据进行预测，使历史数据的随机成分有可能互相抵消。

移动平均法的计算公式为：

$$y_{t+1} = M_t^{(1)} = \frac{\sum x_i}{n} = \frac{x_t + x_{t-1} + \cdots + x_{t-n+1}}{n}$$

式中，$y_{t+1}$ 表示预测值；$M_t^{(1)}$ 表示第 $t$ 期的一次移动平均值；$x_i$ 表示观察期的实际数据；$n$ 表示移动期数。

移动期数 $n$ 的取值上应注意：当资料期数较多时，$n$ 值可适当取大些，资料期数较少时，$n$ 值只能取小些；当历史资料具有比较明显的季节性变化或循环周期性变化时，移动期数 $n$ 应等于季节周期数或循环周期数；如果希望反映历史资料的长期变化趋势时，则 $n$ 值应取大些，如果要求反映近期数据的变化趋势时，则 $n$ 值应取小些。

为了重视近期数据的影响，可以对历史数据分别赋予不同权数，进行加权平均，以末期的加权平均数预测下一期。

③ 指数平滑法。指数平滑法是一种特殊的移动平均法，是对移动平均法的改进。它只确定一个权数 $\alpha$，即距离预测期最近的那期数据的权数，其他时期数据的权数按指数规律推算出来，并且权数由近及远逐期递减。

指数平滑法相对于移动平均法的改进之处在于，一是全部历史数据而不是一组历史数据参与平均；二是对历史数据不是采用算术平均而是采用加权平均，近期历史数据加较大权数，远期历史数据加较小权数。这与近期历史数据对预测有较大影响，远期历史数据则影响较小的思想是一致的。

指数平滑法的计算公式为：

$$y_{t+1} = S_t^{(1)} = \alpha \cdot x_t + (1-\alpha) \cdot S_{t-1}^{(1)}$$

式中，$y_{t+1}$ 表示下一期的预测值；$S_t^{(1)}$ 表示第 $t$ 期的一次指数平滑值；$x_t$ 表示观察期的实际发生值；$\alpha$ 表示平滑系数。

$\alpha$ 的取值范围为（0，1），$\alpha$ 取值的大小直接对预测值产生影响，因此 $\alpha$ 应按观测值的特征取值。如果时间序列具有不规则的起伏变化，但长期趋势接近一个稳定常数，则应选择较小值的 $\alpha$；如果时间序列具有迅速明显的变化，则 $\alpha$ 应取较大值；如果时间序列变化缓慢，亦应选较小值的 $\alpha$。

④ 季节指数法。季节变动是指某些市场现象由于受自然气候、生产条件、生活习惯等因素的影响，在一定时间内随季节的变化而呈现出周期性的变化。季节变动的主要特点是，每年都重复出现，各年同月（季）具有相同的变动方向，变动幅度一般相差不大。因此，研究市场现象的季节变动，收集时间序列的资料一般应以月（季）为单位，并且至少需要有 3 年及 3 年以上的市场中各月（季）的资料，才能观察到该市场现象季节变动的一般规律。

季节指数法，是指以市场的循环周期为特征，计算反映在时间序列资料上呈现明显的有规律的季节变动系数，达到预测目的的一种方法。

采用季节指数法进行市场预测，首先要收集 3 年及以上的各月（季）的统计资料，求出各年同月（季）观察值的平均数（用 $A$ 表示），再求出历年间所有月份或季度的平均值（用

*B* 表示），计算各月或各季度的季节指数，即 *S=A/B*，根据未来年度的全年趋势预测值，求出各月或各季度的平均趋势预测值，然后乘以相应季节指数，即得出未来年度内各月和各季度包含季节变动的预测值。

⑤ 回归分析法。在生产和流通领域的活动中，经常遇到一些变量。这些变量是相互联系、相互制约的，客观上存在着一定的关系。为了深入了解事物的本质，需要利用适当的数学表达式来表明这些变量之间的依存关系。回归分析法就是通过对观察数据的统计分析和处理，建立回归分析模型，研究事物之间的相互关系，并据此预测市场未来的发展趋势的一种方法。回归分析法主要分为一元线性回归分析法、多元线性回归分析法和非线性回归分析法等。一元线性回归分析法是回归分析法的基础。若预测对象只受一个主要因素的影响，并且它们之间存在着明显的线性相关关系时，通常采用一元线性回归分析法。

## 3.3.2 数据库营销

微课堂

数据库营销

**1. 数据库营销的含义**

数据库营销是指企业通过收集和分析消费者信息，精准预测需求、定位目标客户，并设计定制化的产品及营销策略，以实现客户转化和盈利目标。其核心价值在于识别潜在客户、细分市场、维系客户关系，并为精准营销提供数据支持。

**2. 数据库营销的实施流程**

（1）制订数据库营销计划

制订数据库营销计划是实施数据库营销的第一步。数据库营销计划是对企业开展数据库营销的全面性指导方案，内容包括数据库营销的目的，构建数据库需要收集的信息，如何根据数据库信息开展营销活动等。数据库营销计划的制订，有利于营销人员明确工作目标，提高营销效率，降低营销成本。

（2）构建数据库

构建数据库的首要工作是设计数据结构。数据库是否有价值，首先要看数据结构是否合理。例如，一家化妆品公司专门设计了收集消费者资料的数据库，合理的数据结构应当包括消费者的基本信息、消费特征及对本品牌的看法及忠诚度等，如消费者的性别、年龄、收入、皮肤特质、品牌偏好、购买习惯等。有效数据越多、越全面，数据挖掘的信息量就越多，其价值也就越高。

数据结构设计好后，接下来就需要对数据进行收集。一个好的数据库应当能够收集最新的消费者数据，并帮助企业根据消费者的需求和期望对市场变化做出快速反应。数据的收集方式一般包括自建数据库、数据租赁、数据购买。企业可以结合自身情况选择其中一种或多种数据收集方式，实现营销产出最大化。

（3）运用数据挖掘技术评估消费者价值

在数据库构建完成后，如何分析相关数据为企业决策提供支持，是数据库营销需要解决的核心问题。企业需要运用数据挖掘技术，通过分析数据获得消费者需求信息，以及研发部门、营销部门等需要的详细数据。数据挖掘的一般过程如图3-1所示。企业运用数据挖掘技术，分析购买产品最多的消费者的共同特征，可用计算机构建某产品的消费者模型，识别产品的目标消费者，之后根据消费者特征对该消费群体进行针对性营销。

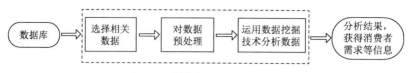

图 3-1　数据挖掘的一般过程

（4）选择最佳营销方式实施数据库营销

基于数据分析，企业要对所得结果进行分析，得到如消费者职业、地域分布、购买时间、消费水准、购买额的动态变化等信息；还可以将消费者划分为不同的类别，对市场进行分类研究；针对不同类别的消费者选择线下活动、微信、微博、短信、电子邮件等不同的宣传方式和渠道，根据营销目标，结合市场细分、关系营销、客户关系管理、直复营销等，开展有针对性的营销活动。

（5）评估营销效果，完善数据库

随着竞争的加剧，企业越来越重视对每次营销活动效果的评估，因为评估能为下次营销活动的开展提供依据。企业数据库营销活动的开展也需要对营销效果进行评估。与传统营销方式不同，数据库营销的效果反馈更直接。企业通过消费者咨询、订货、退货、购买次数等行为数据就可以掌握营销活动的效果。消费者反馈的信息也可以帮助企业不断完善数据库，从而及时反映消费者的变化趋势，使数据库适应营销环境变化和企业经营需要。

## 本章实训

**1. 实训目标**

掌握市场预测的方法，提高市场分析、数据处理与市场营销规划能力。

**2. 实训内容及步骤**

（1）将全班学生分为若干实训小组，每组 4~6 人，选举产生小组长，负责团队的组织与管理。授课老师详细阐述实训目的、要求、步骤及评估标准，强调数据分析的准确性和预测逻辑的合理性。小组长带领团队成员学习市场预测的相关理论与方法，准备市场调研计划和数据收集工具。

（2）各实训小组选择某一具体产品作为预测对象，如智能手机、新能源汽车、智能家居设备等，确保产品具有市场代表性和分析价值。实训小组须制订详细的市场调研计划，包括目标市场界定、竞争对手分析、消费者行为研究等，并设计相应的调查问卷和数据分析模型。

（3）各实训小组通过线上问卷、电话访谈、社交媒体分析等多种方式，收集目标市场的相关数据，包括但不限于产品销量、市场份额、消费者偏好、技术发展趋势、政策环境等，同时密切关注行业动态和竞争对手的市场表现，为预测分析提供全面而准确的数据支持。

（4）各实训小组运用统计学方法、机器学习算法或专业预测软件，对收集到的数据进行深入分析，识别市场趋势，预测产品未来一段时间内的市场需求、竞争格局和潜在机会。基于预测结果，各实训小组提出产品营销策略建议，包括目标市场定位、产品优化方向、价格策略、推广渠道等，并撰写本次实训报告。

（5）各实训小组选派代表在课堂上进行结果汇报，展示 PPT，详细阐述预测过程、方法、结果及营销策略建议，并回答老师和同学们的提问。授课老师对各实训小组的汇报进行综合评价，指出优点与不足，提出改进建议。

**3．实训成果**

实训作业——《某产品市场预测报告》。

## 本章习题

### 一、单选题

1. 下列属于市场营销信息内部来源的信息是（　　　）。
    A．政策法规变化　　B．市场趋势分析　　C．行业报告　　　　D．销售记录

2. 市场调研的首要程序是（　　　）。
    A．收集调研资料　　B．整理分析资料　　C．设计调研方案　　D．撰写调研报告

3. 访问调研法中最具有直接性和灵活性特点的方法是（　　　）。
    A．面谈访问法　　　B．邮寄访问法　　　C．电话访问法　　　D．留置调研

4. （　　　）通常是指预测期在 1 年以上 5 年以内的市场预测，一般是对影响市场长期发展的宏观因素如经济、技术、政治、社会等因素进行预测。
    A．即时预测　　　　B．短期预测　　　　C．中期预测　　　　D．长期预测

5. （　　　）要求受访者表明对某一表述赞成或否定的态度，选项范围从"非常赞成"到"非常不赞成"，中间表述为"一般""无所谓"或"不确定"。
    A．定序量表　　　　B．定类量表　　　　C．定距量表　　　　D．李克特量表

### 二、多选题

1. 市场营销信息系统的三大特征是（　　　）。
    A．时效性　　　　　　　　B．静态性　　　　　　　　C．动态性
    D．单向性　　　　　　　　E．双向性

2. 市场营销信息系统由（　　　）四个子系统构成。
    A．内部报告系统　　　　　B．营销情报系统　　　　　C．营销调研系统
    D．营销预测系统　　　　　E．营销决策支持系统

3. 按调研的连续性，可将市场调研分为（　　　）。
    A．一次性调研　　　　　　B．定期调研　　　　　　　C．连续性调研
    D．预测性调研　　　　　　E．重复性调研

4. 按预测时间的长短划分，市场预测可以分为（　　　）。
    A．定性预测　　　　　　　B．定量预测　　　　　　　C．短期预测
    D．中期预测　　　　　　　E．长期预测

5. 以下属于定性预测方法的有（　　　）。
    A．指数平滑法　　　　　　B．综合意见法　　　　　　C．专家预测法
    D．移动平均法　　　　　　E．回归分析法

### 三、名词解释

1. 市场营销信息　　2. 市场营销信息系统　　3. 市场调研　　4. 市场预测　　5. 数据库营销

### 四、简答及论述题

1. 市场营销调研主要包括哪 5 个方面的内容？
2. 市场调研的方式主要有哪些？
3. 设计问卷时应注意哪些问题？
4. 数据库营销的实施流程是什么？
5. 试论述实验调研法。

 **案例讨论**

#### B 公司的市场网络调研

B 公司是一家世界知名的啤酒企业，在进入 J 国市场前，利用网络调研法对消费者进行了全面的了解。调研的具体内容包括：消费者的人口统计特征，购买啤酒的动机，购买决策过程，选择啤酒的标准，对不同品牌啤酒的评价，以及获取啤酒产品信息的来源（包括接触媒体情况）等。

调研发现，J 国年轻人的购买能力较强，愿意花时间去追求自己喜爱的事物，对新产品充满好奇心，愿意尝试购买新产品。年轻的消费者有自己的表达方式和独特的语言，往往是市场舆论的制造者和意见领袖。

通过网络调研，B 公司准确把握了 J 国啤酒市场的现状，确立了以年轻人为目标对象的广告策略。广告制作好之后，B 公司先小范围地在几家视频网站投放广告，测试新广告是否受欢迎。过了一段时间，B 公司发现新广告的播放量和传播效果都很好。同时，B 公司在广告的留言区查看了观看者的观看反馈，并根据一些好的反馈意见，对广告内容进行了微调。新广告全面推广后，受到了市场的普遍欢迎，进一步提高了公司的知名度。

思考讨论题：

结合本案例，请谈谈如何开展市场网络调研。

# 第4章
# 市场购买者购买行为分析

 **本章导读**

按照购买者在市场上购买商品的特点和购买目的的不同，市场可划分为消费者市场和组织市场这两大基本类型。消费者市场的需求是最终需求，组织市场的需求是派生需求。本章将分别对消费者市场和组织市场购买者的购买行为进行分析。通过对本章的学习，读者可以更好地理解和把握不同市场的需求特点，从而为企业制定更有效的市场营销策略。

 **知识结构图**

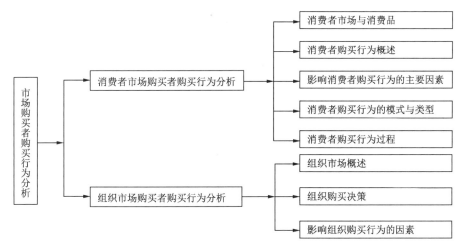

 **开篇引例**

### 性价比缘何流行

2024年春节假期后的首个工作日，国产咖啡品牌瑞幸又一次掀起风波。瑞幸咖啡的每周"9.9元喝一杯"优惠活动经历了一次调整，不再允许全场饮品都使用9.9元优惠券，而是仅限8款指定的饮品，这一变化引发了热议。不少消费者表示，若是产品回归原价，将不会继续购买，而是转向更便宜的咖啡品牌。

近年来，消费者似乎变得愈发"抠门"，平价替代品屡屡打败高端商品，成为消费者的优选。这一态度的背后是人们消费习惯的转变。"逆向消费"作为当下的消费新潮流，毫无疑问将继续产生深刻影响。面对这一潮流，消费者和商家唯有保持清醒，才能在市场中立于不败之地。

资料来源：大众日报。

问题：为什么"逆向消费"能够成为时下潮流？消费者购买行为的变化对企业的营销策略会产生哪些影响？

# 4.1 消费者市场购买者购买行为分析

对商品的消费伴随着每个人的一生。这些消费需要既有基于生理本能的需要，也有基于享受、发展等社会性的需要。不同消费者的购买行为有很大差异，但同一消费群体的购买行为又有一定的共性。进行消费者购买行为分析有助于企业弄清各种因素对消费者购买行为的影响，从而更好地理解及预测消费者的购买行为。

## 4.1.1 消费者市场与消费品

### 1. 消费者市场的含义

消费者市场是指个人及家庭为满足生活消费而购买商品或服务的市场，又称消费品市场、生活资料市场及最终产品市场。消费者市场是企业乃至整个经济活动所服务的最终市场。

从上述定义可以看出：首先，消费者市场由最终消费者构成，这是区别于其他市场的主要特征；其次，消费者购买商品或服务的目的，是为了满足个人或家庭的生活消费需要，而非用于再生产或是其他经营行为。

消费者需求是人类社会的原生需求，生产者市场需求、中间商市场需求及政府等非营利组织的需求都由此派生而来，消费者市场从根本上决定了其他所有市场。

### 2. 消费品

消费者市场的购买对象为消费品，是消费者最终用于个人或家庭消费的产品。根据消费者购买习惯可以将消费品划分为便利品、选购品、特殊品和非渴求品。

（1）便利品

便利品，是指消费者经常使用，随时购买，购买时不需要花太多精力去比较的产品，如家庭常用的调味品、洗涤用品、食品等。这些产品价格低廉，消耗快，不同品种或品牌之间差别甚微，且消费者一般都比较熟悉，已经形成一定的购买习惯，购买时一般不需做太多选择。

（2）选购品

选购品，是指消费者要经过挑选，并对其适用性、质量、规格、价格、式样等做比较后，才决定购买的消费品，常见的如计算机、服装、家具、家电、手机等。选购品的价格较高，消费者一次购买后使用时间较长，且不同品种、品牌之间差异较大。因而，消费者购买这类商品时往往会比较谨慎，一般需要经过收集信息、比较分析等一系列过程之后，才最终决定购买。

（3）特殊品

特殊品，是指那些具有独特的品质、造型、工艺等特性，或品牌为消费者所偏爱的产品，如钢琴、家用轿车、高级音响设备等。消费者购买这类商品时，往往不太在意价格，但非常注重商品的品质，并且愿意花费大量的时间和精力来挑选。

（4）非渴求品

非渴求品通常是指消费者不了解或即使了解也不想购买的商品，如一些刚刚面世的新产品、人寿保险、百科全书等。当然，非渴求品并不是性质终身不变的，特别是新产品，随着消费者对该产品的了解，其可以转换为其他类别的产品。

### 4.1.2　消费者购买行为概述

#### 1．消费者购买行为的含义

消费者购买行为也称消费者行为（Consumer Behavior），是指消费者为获取、使用、处置消费物品或服务所采取的各种行动，包括先于且决定这些行动的决策过程。消费者购买行为是动态的，涉及感知、认知、行为及环境因素的互动作用，也涉及交易的过程。研究消费者购买行为的目的是探索不同消费者的各种消费心理和消费行为，分析影响消费心理和消费行为的各种因素，并揭示消费行为的变化规律。

对消费者购买行为的分析是制定营销策略的基础，是市场营销活动的一个重要环节。市场营销学中的购买者可以分为以下两大类：一类是为了满足自身或他人需求而购买产品或相关服务的个人或家庭消费者；另一类是为了研发、生产、销售或提供服务等目的而购买产品或服务的组织购买者。这两类购买者在购买目的、购买方式、购买时间等购买行为方面存在很大差异，所以本章将对这两种不同的购买行为分别进行介绍。

#### 2．消费者购买行为的特点

消费者购买行为的特点主要体现在以下几个方面。

第一，消费者购买行为具有多样性。

消费者人数众多，需求差异大。由于存在着民族、地域、年龄、性别、收入、职业、社会阶层、受教育程度及社会文化环境等方面的差异，消费者的需求呈现多样化的特点，因此购买行为也各不相同。

第二，消费者购买行为是一个过程。

消费者购买行为可划分为购买前、购买中和购买后三个阶段。我们可以从消费者和企业这两个不同的角度来认识消费者购买行为各个阶段的关键性问题，如图 4-1 所示。

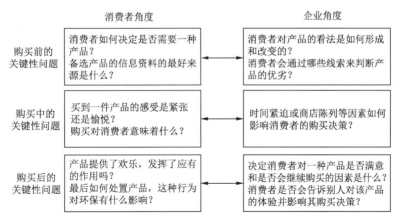

图 4-1　消费者购买行为各个阶段的关键性问题

第三，消费者购买行为容易受到多种因素的影响。

消费者的购买行为容易受到各种因素的诱导，如企业的广告，亲朋好友的推荐，消费者个人的从众心理与攀比心理等，因而消费者往往会产生一些非理性的消费行为。

**3．消费者购买行为的分析方法**

在分析消费者购买行为时，可采用 5W1H 提问分析法，具体如下。

（1）为什么购买（Why），即购买目的和购买动机。

消费者购买产品或服务主要是由其购买动机引起的。购买动机是多种多样的，对同一种产品，不同的人会有不同的购买动机，即使同一个人，也可能由于环境等变化等而产生不同的购买动机。

（2）购买什么（What），即确定购买对象。

这是购买决策最基本的内容。满足消费者同一需求的产品是多种多样的，消费者确定购买对象不只是确定要购买的产品类别，还要确定购买产品的品牌、型号、价格等。

（3）在哪儿购买（Where），即确定购买地点。

消费者购买地点的选择受很多因素的影响，如以往的购买经验、购买习惯、惠顾动机、个人偏好，以及求便、求廉、求速等动机。消费者也会因购买不同类别的产品而选择不同的购买地点。

（4）什么时间购买（When），即确定购买时间。

消费者的购买时间选择会受到个人因素（如闲暇时间、工资发放周期和紧急需求）和外部因素（如促销活动、节假日和季节性需求变化）的影响。企业需要综合考虑上述因素，准确把握目标客户的购买时间规律，从而优化营销策略和资源配置。

（5）谁来购买（Who），即确定购买者。

消费者购买的产品并非都是自己使用的，同样，消费者使用的产品也并非都是自己亲自购买的。一项已经决定了具体购买目标、时间、地点的购买决策，可能会因购买人的不同而在执行过程中发生变化。因此，对参与购买决策的人员特别是购买者进行分析，有利于企业有针对性地制定营销策略。

（6）如何购买（How），即确定购买方式。

如何购买主要是指消费者购买产品时的货币支付方式和获得产品所有权的方式，如现金结算、赊销、邮购、网购等。消费者如何购买，受个性、职业、年龄、性别等因素的制约。企业必须通过市场调研，了解消费者的购买动机、消费需求及流行趋势等，从而制定、采用有效的营销策略。

## 4.1.3 影响消费者购买行为的主要因素

消费者购买行为深受个人因素、心理因素、文化因素、社会阶层、参照群体和家庭等因素的影响。

**1．个人因素对消费者购买行为的影响**

消费者购买行为深受年龄、经济状况、职业、受教育程度、个性、生活方式等个人因素的影响。不同的消费者，不仅购买欲望、兴趣和爱好不同，而且购买产品和服务的种类和档次也有所区别。

（1）年龄

不同年龄的消费者购买方式各有特点。青年人缺少经验，容易在各种信息影响下产生冲动性购买；中老年人经验比较丰富，常根据习惯和经验购买，一般不太重视广告等商业性信息。企业可以制定专门的营销策略来满足不同年龄段消费者的需要。

（2）经济状况

一个人的经济状况，取决于其可支配收入水平、储蓄和资产、借款能力，以及对消费与储蓄的态度。由此决定的个人购买能力在很大程度上制约着个人的购买行为。消费者一般都在可支配收入的范围内考虑以合理的方式安排支出，以便更有效地满足自己的需要。收入较低的消费者往往比收入高的消费者更关心价格。

（3）职业

职业被视为一个表明个人所处社会阶层的重要指标。当与他人首次谋面时，我们大多会询问他"在哪里高就"和"从事何种工作"。一个人的职业会极大地影响他的生活方式，并赋予他相应的声望和荣誉。对于不同职业的人，消费结构的差异是很大的。例如，普通职员在生活必需品方面的支出占全部收入的比例较大，而像职业经理人、演艺明星、企业家等则在享乐型消费方面支出比例较大。

（4）受教育程度

受教育程度不仅影响着一个人的收入水平和所从事的职业类型，也影响着个人的消费心理、鉴赏能力，以及购买的理性程度和消费结构等。受教育程度高的消费者消费更加理性，更注重商品的内涵，而受教育程度低的消费者消费较为感性，喜欢炫耀性的商品，而且更容易产生冲动性购买行为。

（5）个性

个性是指一组显著的人类心理特质，如自信或自卑、冒险或谨慎、倔强或顺从、独立或依赖、合群或孤傲、主动或被动、急躁或冷静、勇敢或怯懦等。个性使人对环境做出比较一致和持续的反应，可以直接或间接地影响其购买行为。例如，喜欢冒险的消费者容易受广告的影响，成为新产品的早期使用者；自信的或急躁的人购买决策过程较短；缺乏自信或冷静的人购买决策过程较长。营销人员通过间接了解或实际的顾客接近方式，提升对消费者或潜在客户个性的认知，可以使买卖双方尽早进入成交环节。

（6）生活方式

生活方式是指一个人的生活模式，具体可表现为其活动、兴趣和看法。一个人的生活方式包含了其对时间和金钱的态度，及其消费决策的形式。生活方式是个体在成长过程中，在与社会诸因素交互作用下表现出来的活动、兴趣和态度模式，即如何生活、如何花费和如何消磨时间等。它是由个体过去的经历，固有的个性和现在的情境所决定的。生活方式影响个体消费行为的所有方面，因此要求营销人员竭力寻找产品与个体生活方式之间的关系。

**2. 心理因素对消费者购买行为的影响**

消费者的购买行为受心理因素的支配。影响消费者购买行为的心理因素主要有动机、认知、学习、记忆、态度、情感等。

（1）动机

动机是指激发、引导和维持个体行为的内部心理过程，是由未满足的需要所引发的心理驱动力。消费者购买行为往往源于某种需求或欲望。这些需求可以是生理层面的，如食物、水等生存必需品；也可以是心理层面的，如追求时尚、社交认同、尊重和自我实现等。

微课堂

心理因素对消费者
购买行为的影响

（2）认知

认知是指消费者对产品信息的处理和理解过程。消费者对产品的品牌、价格、质量、外观等方面的认知会影响其购买行为。

（3）学习

学习是指由于后天经验引起的个人知识结构和行为的改变。消费者在购买和使用产品的过程中，会不断积累经验和知识，形成对产品的认知和评价。这些经验和知识会影响消费者未来的购买行为。

（4）记忆

记忆是指消费者对过去经历的保留和回忆。消费者在购买决策时，往往会参考过去的购买记忆。良好的购买记忆会增强消费者的购买意愿，而负面的购买记忆可能导致消费者避免再次购买。

（5）态度

态度是指一个人对某些事物长期持有的好与坏的认识评价、情感感受和行动倾向。态度会影响消费者对产品的选择和购买意愿，进而影响其最终的购买行为。

（6）情感

情感是消费者内心的一种主观体验，在消费者的购买行为中扮演着极为重要的角色。情感可以分为积极情感和消极情感，都会对消费者的购买决策产生显著影响。积极情感，如喜悦、兴奋、满足等，能够提升消费者对产品或服务的好感度和认同感。消极情感，如焦虑、不满、恐惧等，则可能阻碍消费者的购买行为。此外，情感还具有感染性和转移性。消费者的情感很容易受到周围环境、他人评价及广告宣传等因素的影响。同时，消费者对某一品牌或产品的情感也可能会转移到相关的其他产品上。情感与其他心理因素相互作用，共同影响消费者的购买行为。

### 3. 文化因素对消费者购买行为的影响

文化因素对消费者购买行为具有广泛和深远的影响。文化是指人类在社会发展过程中所创造的一切物质财富和精神财富的总和。文化对消费者购买行为具有强烈而又广泛的影响。文化具有传承性，是影响人的欲望和行为的基本决定因素，特定的价值观、道德观、信仰和风俗习惯是影响消费者购买行为的根本所在。

企业开展市场营销活动，一定要深入研究文化因素对消费者购买行为的影响，尤其是在开拓国际市场时。例如，可口可乐公司进入中国市场后，充分运用本土文化开展促销活动，使产品形象深入人心。可口可乐在我国春节期间推出的电视广告，可谓"中国味"十足。泥娃娃、春联、四合院、红灯笼、鞭炮、拜年等一切充满中国传统节日色彩的元素以木偶片的形象表现出来，很容易引起我国消费者的共鸣。图 4-2 反映了可口可乐春节广告中的中国文化情结。

文化通常可以分为两个层次：一是全体社会成员共有的基本文化，即主文化；二是社会中某些群体所有的独特价值观和行为模式，即亚文化（Subculture，又称为副文化、次文化）。亚文化群以特定的价值观和影响力将各成员联系在一起，从而形成生活格调和行为方式相同或相近的群体。亚文化有许多类型，其中对消费者购买行为影响较大的有民族亚文化、宗教亚文化、地理亚文化及种族亚文化。处于不同亚文化群中的消费者由于受特殊文化的影响而具有不同的消费需求和购买行为。例如，我国历来有南甜、北咸、东辣、西酸的食品调味传统，其实就是地理亚文化差异的体现。

图 4-2　可口可乐广告中的中国文化情结

**4. 社会阶层对消费者购买行为的影响**

社会阶层（Social Stratum）是指由具有相同或类似社会地位的社会成员组成的相对持久的群体。决定社会阶层的因素可以分为 3 类：经济变量、社会互动变量和政治变量。经济变量包括职业、收入和财富；社会互动变量包括个人声望、社会联系和社会化；政治变量则包括权力、阶层意识和流动性。

社会阶层是一种普遍存在的社会现象，不论是发达国家还是发展中国家，均存在不同的社会阶层。同一阶层中的人，因社会地位、经济状况、价值取向、生活背景和受教育程度相近，其生活习惯、消费水平、兴趣和爱好也会较为接近，因而对某些产品有着共同的偏好。

消费者行为学中，讨论社会阶层，一方面是为了了解不同阶层的消费者在购买、消费、沟通、个人偏好等方面具有哪些独特性，另一方面是为了了解哪些行为基本上被排除在某一特定阶层的行为领域外，哪些行为是各社会阶层成员所共有的。

不同社会阶层的消费者在产品的选择和使用，休闲活动，信息接收和处理，购买方式等方面均存在着一定的差异。开展市场营销活动的企业需要正视这种差异并采取针对性的营销策略，以满足不同社会阶层消费者的需求。

**5. 参照群体对消费者购买行为的影响**

参照群体（Reference Group）是指个体在做出购买或消费决策时，用以参照、比较的个人或群体。参照群体有成员群体（又称直接群体）和间接群体两种基本类型。

成员群体是指参照群体具有与被影响的对象相同身份的群体。例如，对于亲人，我们也是他的亲人；对于同学，我们也是他的同学。成员群体又可分为主要群体和次要群体，主要群体是指对个体较大影响的群体，如家庭、同事、朋友等；次要群体是指对个人影响较小的群体，如同乡会、校友会、职业协会等。

间接群体是指个体与被参照的对象并不具有相同身份的群体，因此又被称为象征群体。间接群体又可分为渴望群体和斥拒群体两类。渴望群体（Aspiration Group）是指人们热切地希望加入，并追求心理认同（Psychological Identification）的群体。例如，明星对其粉丝而言便是渴望群体。斥拒群体（Dissociative Group）是指个体会与其保持距离，但其行为仍然会影响着个体的群体。例如，对于一些社会上具有不良嗜好的人，一般人会刻意地回避和排斥与其相同的行为，如不与他们近距离接触，不愿意出入他们常去的场所等。

研究表明，消费者一般在肯定的动机下更容易产生信念或态度，所以企业做广告时应更多地利用渴望群体，如请明星等代言，尽量避免使用斥拒群体。

参照群体对消费者购买行为有直接的影响。研究表明，群体的结合越紧密，社交过程越有效，个人对群体越尊重，参照群体对个人购买行为的影响也会越大。

 **案例分析**

### 会买东西的小莉

小莉是一位 30 岁的都市白领，在 IT 行业工作。她对牛仔裤情有独钟，特别偏爱 Lee 牌。Lee 牌牛仔裤深受 25 至 44 岁女性消费者的喜爱，因为这个年龄段的女性对牛仔裤有着特殊的情感——牛仔裤见证了她们的青春，陪伴了她们的成长。Lee 牌的"贴身"设计更是触动了她们的心弦。大部分女性渴望拥有一条既能做到腰部和臀部合身，又能让活动自如的牛仔裤。但现实的购买情况是，她们平均需要试穿 16 条牛仔裤，才能找到心仪的。

虽然工作性质使得小莉在上班时不能穿牛仔裤，但每到周末或闲暇时光，她总会穿上心爱的 Lee 牌牛仔裤。看到她穿牛仔裤的人都会夸赞她会穿着、有品位，会买东西。有一次公司同事聚会，小莉决定穿着 Lee 牌牛仔裤出席。她的同事小芳，一位有个四岁孩子的母亲，与她年纪相仿，看着小莉穿着牛仔裤充满青春活力羡慕不已。于是，她向小莉请教哪个品牌的牛仔裤更好，小莉向她推荐了 Lee 牌。第二天，小芳便迫不及待地前往商店，为自己选购了一条 Lee 牌牛仔裤。

**案例分析**：在生活中，像小莉那样"会买东西"的人往往影响周围人的购买行为。人是群体的成员，群体提供给人以安全感、责任感、亲情、友谊、关心及支持。群体是个体的价值、态度及生活方式的主要来源。个体在群体中互动，维持了群体的活力，发展了群体的规范，巩固了群体的结构。因此，消费者作为一个群体的成员，购买行为自然会受到群体中其他成员的影响。

#### 6. 家庭对消费者购买行为的影响

家庭是指两个或两个以上的个体由于婚姻、血缘或收养关系而共同生活在一起的社会单位。构成家庭的最重要的因素是"婚姻关系"和"血缘关系"。家庭又是一个消费单位和购买决策单位。在不同家庭中，家庭成员参与购买决策的程度不同；在同一家庭中，家庭成员又会因为所购产品的不同而有着不同的购买参与度和重视程度。

在日常生活中，每个家庭都要进行众多的购买决策。在这些购买决策中，有的极为重要，如买什么样的住房、买什么品牌的汽车等，这往往是由一家之主来主导的，或是需要由家庭成员来共同决策的。而另一些家庭购买决策则相对次要，如去哪家小吃店吃早餐，买什么品牌的洗衣粉等，这往往是由家庭主妇决策的。营销学一般把家庭购买决策方式概括为四种类型：妻子主导型、丈夫主导型、自主决定型和联合决定型。营销者应了解不同产品的特征，分辨出在一个家庭中谁对某类产品的购买有较大的影响力。

到底哪些因素会影响家庭的购买决策方式？这是营销研究人员较为关注的问题。奎尔斯（W.Qualls）的研究识别了三种主要影响因素：家庭成员对家庭的财务贡献，决策对特定家庭成员的重要性，夫妻性别角色取向。一般而言，对家庭的财务贡献越大的家庭成员在家庭购买决策中的权力也会更大。同样，如果某一决策对特定家庭成员越重要，那么这位成员对该决策的影响也就越大。夫妻性别角色取向，是指家庭成员会在多大程度上按照传统的男女性别角色来分工。研究表明，受传统影响较小，更具现代意识的家庭，在购买决策中夫妻双方拥有更平等的权力。

此外，随着时间的推移，一个家庭的结构也不断发生变化。社会学家根据这种变化提出了家庭生活周期（Family Life Cycle）的概念。家庭生活周期是绝大多数家庭必经的，描述了从单身到结婚（创建基本的家庭单位），到家庭的扩展（增添孩子），再到家庭收缩（孩子长大分开独立生活），直到家庭解散（配偶中的一方去世）的家庭发展全过程。处于不同家庭生活周期阶段的家庭在收入、支出和购买决策上存在差异。因此，家庭生活周期是企业制定营销策略时必须考虑的因素。

## 4.1.4　消费者购买行为的模式与类型

### 1. 消费者购买行为的模式

消费者购买行为是有差异的，但千差万别的购买行为背后存在着某些相似的行为。任何消费者购买行为都脱离不了人类行为的一般模式，即 S-O-R 模式。这里的"S"代表刺激（Stimulate），"O"代表刺激对象（Object）的生理、心理特征，"R"代表反应（Reaction）。我们把消费者普遍采用的购买行为方式称为消费者购买行为模式。刺激-反应模式（也称为一般模式）体现了消费者购买行为的发生过程，如图 4-3 所示。

图 4-3　消费者购买行为的刺激-反应模式

了解消费者购买行为的一般模式，是企业营销部门制订营销计划、扩大商品销售的依据。企业营销人员要弄清楚外界刺激影响消费者意识后，受影响的消费者会做出何种反应，并如何做出购买决策。弄清楚这些问题，有助于企业营销人员采取有效的营销"刺激"，促使消费者采取购买行动，从而达到最终的营销目的。

### 2. 消费者购买行为的类型

消费者购买行为除了受购买动机的支配外，在实际购买过程中，还会受购买者个性、产品特性、购买环境等因素的影响。因此，消费者购买行为可以从不同的角度进行划分。

（1）根据消费者购买行为的复杂程度和购买决策风险的大小分类

① 复杂型购买行为。复杂型购买行为也叫探究性购买。这种购买行为发生在消费者对自己需要的商品一无所知，既不了解其性能、牌号特点，又不清楚其选择标准和使用养护方法的情况下，一般是购买认知度较低、价格昂贵、购买频率不高的大件耐用消费品。此类消

费品购买决策风险比较大，购买前需要购买者收集信息比较多，所以购买行为比较复杂。此时企业要突出宣传商品的特点，使消费者在普遍了解大类商品的基础上，建立起对某具体牌号商品的信心，并进行购买。

② 简单型购买行为。简单型购买行为也叫经常性的购买，是一种简单的、频率高的购买行为，通常发生在所购商品价格低廉、经常使用的情况下。对于此类消费品，消费者不会花费很大的精力去进行研究和决策，而常常会抱着"不妨买来试一试"的心态进行购买，所以购买的决策过程相对比较简单。企业只需要保证产品质量和一定的存货水平，研究消费者消费偏好，加强诱导即可。

③ 选择型购买行为。选择型购买行为的复杂程度介于复杂型购买行为和简单型购买行为之间，是针对那些同样是价格比较昂贵，有较大的购买决策风险，但消费者比较熟悉的商品。消费者进行购买决策时无须再对商品做进一步的了解，而只要对商品的价格、购买地点及各种款式进行比较选择就可以了。企业应当适时传达有关新牌号商品的信息，增加消费者对新产品的了解和信任，促使其下决心购买，并促使其购买后感到满意。

（2）根据消费者的购买态度和个性特点分类

① 习惯型购买行为。消费者对于某些比较熟悉且价格比较低廉的产品，会根据购买经验和购买习惯产生反复购买的行为，即不加思考地购买自己惯用的品种、品牌和型号商品。若无新的、强有力的外部吸引力，消费者一般不会轻易改变其固有的购买方式。企业应以优惠的价格、强有力的宣传、良好的质量来扩大自己产品的影响力，使产品成为消费者偏爱、习惯购买的对象。

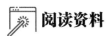 **阅读资料**

### 消费者的习惯心理

习惯是指长期养成而一时间难以改变的行为。不同的人、不同的民族有各不相同的习惯。例如，我国北方人以面食为主食，南方人以大米为主食；北欧人喜欢喝啤酒，南欧人喜欢喝红葡萄酒；有人爱抽烟，有人爱打扮，等等。习惯常常是无法抗拒的，甚至比价值心理对人的作用还要大。

消费者一般都有特定的消费习惯，这是消费者在日常生活中长期的消费行为中形成的。例如，当某一消费者最初使用某种商品后感觉很好，形成了对该种商品质量、功效的认识，并逐渐产生了对这个商品的喜好时，就建立了对该商品的信任，增强了使用该商品的信心。并且他在一般情况下不会改用其他牌子的商品，而成为该商品的忠诚顾客。又比如，有的消费者喜欢去大商场买服装、家电，去超级市场购买日常用品、食品。人的消费习惯一旦形成，一般就不会轻易改变。品牌定位体现了一种哲理化的情感诉求，会激发消费者的消费欲望，培养消费者的消费习惯，提高消费者的品牌忠诚度。

人们的固定生活方式往往是在长期习惯的潜移默化中逐步形成的。随着历史的发展，这种生活方式不断积淀，最终演化为特定的文化习俗，并在时间的淬炼中升华为深厚的文化底蕴。在此基础上，营销专家通过对文化习俗与消费心理的深入研究，逐步构建起一套系统化的营销理论——通过顺应消费者的习惯行为模式来实现销售目标。

20世纪90年代初，箭牌口香糖在德国市场推出。该产品以清新口气为主要功能，以防龋齿为附加卖点进行市场定位。同期上市的还有一款护齿型口香糖，其市场定位恰恰相反：以清洁口腔、保护牙齿为主要功能，而以清新口气为次要卖点。经过市场竞争，护齿型口香糖逐渐被边缘化，而箭牌口香糖凭借更符合消费者需求的市场定位，最终占据了90%的市场份额。市场反馈表明，大多数消费者购买口香糖时优先考虑口气清新功能，其次才是口腔护理需求。这一消费偏好差异是造成两款产品市场表现悬殊的根本原因。

资料来源：百度百科。

② 理智型购买行为。这是指消费者在经过冷静地思考、认真地比较后才决定采取购买行动的购买行为。理智型的购买者非常重视商品的质量、性能、价格和实用性等，购买时往往对商品进行反复比较，权衡利弊，很少受广告宣传或他人的影响。

③ 经济型购买行为。经济型购买行为的消费者十分重视商品价格，喜欢买便宜、实用的商品，至于式样、包装等不一定太讲究。企业应该生产或经营一些经济实惠的品种，满足此类消费者的需求。

④ 冲动型购买行为。这是指消费者在商品的外观，售货员的推荐，其他顾客的态度，广告宣传等因素的影响刺激下，临时做出购买决策的行为。这种购买行为易受外界因素的影响。对这类消费者，企业可采取临时减价、独特包装、现场表演、商品展销会等，促成消费者的冲动购买。

⑤ 疑虑型购买行为。疑虑型购买行为的消费者一般具有内倾性的心理特征，善于观察细小事物，在选购商品时小心谨慎，疑虑重重，费时较多。对这类消费者，企业需要热情服务，耐心介绍商品知识，以促使其购买。

⑥ 感情型购买行为。该类消费者具有丰富的想象力，情感体验深刻，审美感比较敏锐，很注意商品的造型、色彩、命名，以及是否符合自己的感情色彩。针对这类消费者，企业应尽可能注重商品外观、品质、特征等方面的宣传，以符合其感情需求。

## 4.1.5　消费者购买行为过程

### 1. 消费者购买行为过程中的参与者

消费者购买行为的主体往往并非一人，尤其是在购买风险高、价值大的产品或服务时，大多需要多人参与。根据在购买行为过程中所起作用的不同，可将参与者划分为多个角色，如表 4-1 所示。

表 4-1　消费者购买行为过程中的参与者及其角色

| 参与者类型 | 参与角色 |
| --- | --- |
| 发起者 | 最先建议或想到购买某种商品或服务的人 |
| 影响者 | 看法或建议对最终购买决定具有较大影响的人 |
| 决策者 | 对是否购买、怎样购买有权进行最终决定的人 |
| 购买者 | 进行实际购买的人 |
| 使用者 | 实际使用或消费所购买商品或服务的人 |

### 2. 消费者购买行为过程

消费者购买行为过程是指消费者在特定心理驱动下，按照一定程序发生的行为过程。这一过程在实际购买前就已经开始，一直延续到实际购买之后，是一个动态的系列过程。因此，企业不能仅仅着眼于"决定购买"阶段，而要研究消费者购买行为过程的各个阶段。消费者购买行为过程通常包括问题确认、搜寻信息、方案评估、制定购买决策、购买决策实施和购买后评价六个阶段，如图4-4所示。

图4-4　消费者购买行为过程的六个阶段

首先是问题确认，问题的确认来自消费者未被满足的需求。如果这种需求比较强烈，消费者就开始搜寻相关信息以解决问题。消费者搜寻信息的途径有两个：一是从记忆里提取信息（内部搜寻），二是从外部搜寻相关信息（外部搜寻）。在搜寻到充分的信息之后，会有多种购买方案供消费者选择，此时消费者要对各方案进行评估。在评估了各方案之后，消费者就可根据评估结果来制定购买决策，并实际进行购买。消费者在购买商品之后，通常会将所购的产品与市场上的同类产品进行比较，并参考参照群体的意见，得出满意或不满意的购买后评价。

# 4.2　组织市场购买者购买行为分析

企业的营销对象除了消费者，还包括生产企业、商业企业、政府机构等组织。它们构成了原材料、零部件、机械设备、各类供给和企业服务的庞大市场，我们称之为组织市场。为更好地满足组织市场的需求，企业必须深入了解组织市场及购买者的行为。

## 4.2.1　组织市场概述

### 1. 组织市场的构成

组织市场是指由各种组织、机构形成的对企业产品和服务需求的总和。它可分为三种类型：产业市场、中间商市场和政府等非营利性组织市场。

（1）产业市场

产业市场又称生产者市场或业务市场，是指由购买产品和服务并将其用于生产其他产品或服务，以供销售、出租或供应给他人的个人和组织组成的市场。产业市场包括农业、林业、水产业、制造业、建筑业、通信业、金融业和保险业市场等。产业市场的主体包括原材料供应商、产品制造商和服务提供商。它们通过组织购买行为以维持自身的生产经营活动。

（2）中间商市场

中间商市场是指由通过购买商品和服务并将之转售或出租给他人，以获取利润为目的的个人和组织组成的市场。中间商不从事直接的生产活动，其位于最终消费者和生产者之间，作为商品流通和商品信息传递的媒介，通过商品买卖之间的差额来获取利润。

（3）政府等非营利性组织市场

政府市场是指为了执行政府职能而购买或租用产品的各级政府和下属部门所构成的市场。政府市场是组织市场中的重要组成部分。除了政府外，非营利性组织市场的主体还包括学校、医院、博物馆、慈善机构、行业协会等。

**2. 组织市场的特征**

与消费者市场相比，组织市场具有如下主要特征。

（1）组织市场上的购买者数量少且购买量大

组织市场上购买者的数量远比消费市场上的消费者数量少，但购买量大。这是因为所有的产品都要经过组织购买者才能进入最终的消费市场。为了维持生产、销售或提供服务，组织购买者往往一次购买的数量很大而且金额很高，有时一张订单的金额就能高达千万元甚至是上亿元。

（2）组织市场需求是派生需求

派生需求又称衍生需求，是指上一层级的需求由下一层级的购买、消费或使用情况所决定。组织市场最终服务于消费者市场，组织需求总是间接或直接地源自最终消费者的需求。例如，生产厂商购买原材料，连锁超市采购各类商品等，都是为了满足下一层级消费者的需求。

（3）组织市场的需求波动性大

组织市场的需求是由消费者对最终产品的需求所引发的。当消费品需求发生微小变动时，会通过产业链传导到组织市场，导致生产该消费品的组织市场需求发生较大变动。这种现象被称为乘数效应或加速原理，它放大了组织市场需求的波动性。

> **课堂讨论**
>
> 　　为什么当消费品需求发生微小变动时，会通过产业链传导到组织市场，导致生产该消费品的组织市场需求发生较大变动？

（4）组织市场的需求缺乏价格弹性

在组织市场上，购买者对产品和服务的需求受价格变动的影响不大，这种情况在短期内尤为明显。首先，组织市场需求是派生需求，只要消费者的需求不变，组织市场的需求也不会发生变化。如果企业因生产资料价格变化而增加或减少采购量，就很容易导致生产过剩或供应不足的情况。其次，为保证正常的生产经营，企业必须不断地补充生产资料，所以即使生产资料的价格上涨，企业也不会因此减少采购数量。例如，汽车生产企业不会因为轮胎的价格上涨而减少购买量，否则就很难完成既定的生产计划。

（5）组织市场的购买者是专业的采购人员

组织市场的购买者一般都是具有相关产品技术知识和购买谈判技能的专业采购人员。他们能够广泛收集和准确判断采购品的真实信息，并能熟练执行购买的流程。而个体消费者往往不具备这些专业的购买知识和技能。

（6）组织市场购买的参与者众多

组织购买活动是一个组织成员集体参与的过程。除了专业的直接购买者，所购产品的使用人员，组织的各层管理人员都会影响购买决策，由此形成了"组织购买中心"。

（7）组织市场的购买流程较为规范

个人消费品的购买一般较为随意，不会设立和依照某个购买步骤来进行，其决策、协商和购买几乎同时发生。但组织购买则会按照正式的购买流程分步骤执行，其决策过程更加理性化和复杂化。大笔的商业购买通常需要经历确立产品需求——收集供应商信息——确立订单条件——签署合同——购后评估的流程。

（8）交易双方关系密切而稳定

在组织市场中，购买企业与营销企业之间经常会建立一种长期合作的关系，从而提高整条行业链的竞争力。卖方会依据买方的特殊要求供应定制化的产品和服务，并在准确的时间和地点将符合约定数量和质量要求的产品送达。一般情况下，组织市场的买卖双方不会轻易更换交易对象，因而双方的交易关系不仅密切而且非常稳定。

## 4.2.2 组织购买决策

由于组织购买金额大且对组织的正常运营影响较大，相对于消费者的购买决策而言，组织购买决策更为严谨和规范。下面分别从组织购买决策的执行过程、类型以及组织购买中心3个方面对组织购买决策进行介绍。

### 1. 组织购买决策的执行过程

组织购买决策不是一个简单的二选一或多选一的瞬间活动，而是包括多个阶段。总的来说，组织购买决策的执行过程主要包括以下 8 个阶段，即识别需求，对需求进行概括性描述，详细说明所需产品的规格要求，搜寻供应商信息，分析和评估供应商，选择供应商，执行订购，交易评估和信息反馈，如图 4-5 所示。

（1）识别需求

识别需求是组织执行购买决策的开始。影响组织识别需求的因素可以分为两大类：第一类是内部因素，主要是指企业因设备损坏或者自身产品的老化，需要更换设备或者开发新的产品线，从而产生了对新设备的需求，或者是组织内部管理人员对组织进行变革之后所带来的对生产设备的新需求；第二类因素是外部因素，主要是指组织外部人员的营销活动（如销售活动、广告活动），通过证明组织购买某一特定产品或者设备能提高组织运营效率而激发的组织购买需求。

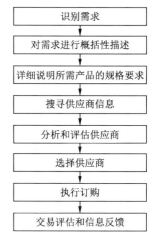

图 4-5　组织购买决策的执行过程

（2）对需求进行概括性描述

在识别需求之后，组织需要对购买品的种类、特征和需求量从总体上加以确定。对标准化的产品来说，确定总体需求的过程相对简单，但是对具有一定技术含量的复杂性产品而言，这个过程较为复杂。采购人员应该根据内部技术人员甚至外部技术顾问共同分析的结果，确定最佳的购买品。

（3）详细说明所需产品的规格要求

在这一阶段，组织需要详细说明所需产品的规格、性能、型号等技术指标，以便找到合适的供应商。因为一旦确定了所需产品的规格要求，供应商的选择范围将会大大缩小，从而大大减少下一阶段搜寻供应商信息的工作量。

（4）搜寻供应商信息

在这一阶段，组织的采购人员将按照已确定的产品规格要求来搜寻供应商的信息。搜寻供应商信息的途径有很多，除了传统的查询厂商名录、产品说明书，参加产品展销会等之外，当前更多的是利用互联网进行搜寻。

经过初步筛选之后，组织一般会派出采购人员接触不同的供应商，以获得更为全面、准确的信息。在这一阶段，供应商为了达成交易，一般都会积极主动地配合组织采购人员的工作。

（5）分析和评估供应商

在此阶段，组织采购部门需要对不同供应商所提出的方案进行分析和评估。一般来说，在评估过程中，采购人员会对不同考核指标进行打分，最后利用权重分析法对供应商进行分析。虽然不同产品的考核指标有差异，但基本上涉及供应商的技术能力、生产能力、渠道、交货、服务和产品价格等。当然，评估的形式是多样化的，既可以是组织购买者通过阅读供应商提供的纸质材料进行评估，也可以是组织采购人员直接到供应商的经营场所进行实地考察。

（6）选择供应商

在评估结果的基础上，组织需要选择最终的供应商。这一决策非常关键和重要，所以往往会由组织的高层管理人员来做出。在这个阶段，组织会确定最终的供应商名单和购买品的数量。由于担心单一供应商在缺乏竞争压力的情况下会降低服务标准，以及可能会出现货源紧张等情况，为了降低风险，组织往往不会只选择一家供应商与之合作。当然，组织一般也不应选择过多数量的供应商，否则不仅会打击供应商的积极性，还会增大管理的难度。

（7）执行订购

在这个阶段，组织会向供应商发出订单申请，并详细列出对产品的质和量的要求，产品的技术说明书，交货的时间和地点，付款方式和手续以及退货政策等。供应商在收到订单之后会组织货源并及时发货，从而完成购买的过程。目前，大多数的订购行为都是通过网络平台完成的，既便捷高效又能大大降低沟通成本。交货方式则有多种选择，既可以是采用自营物流配送，也可以是采用第三方物流配送。供应商会在综合考虑多种因素后做出决策。

（8）交易评估和信息反馈

在交易完成之后，组织应及时安排评估和反馈活动，以便总结经验和教训，为今后进一步提高采购水平提供有价值的信息。

**2. 组织购买决策的类型**

组织购买决策的分类方法较多，常见的是按照购买的复杂程度，将组织购买决策分为直接再购买决策、修正性再购买决策和新任务购买决策。

（1）直接再购买决策

这是指组织对经常需要的产品进行的例行性购买的决策。因此，直接再购买决策很容易做出，一般不需要高层管理人员参与。

（2）修正性再购买决策

这是指组织对产品的规格、价格、交货条件等要素进行修正，并重新选择更合适的供应商所做的决策。这种购买决策的重要性和复杂性有所提高，决策需要由高层管理人员做出。

（3）新任务购买决策

这是指组织根据新的需求，做出的首次购买的决策。新任务购买决策是三种购买决策中最复杂、最具风险性的一种，因为既无先例可循，也无恰当的标准可供参考。这类购买决策要由高层管理人员做出，并且在决策过程中需要多个部门共同参与。

**3．组织购买中心**

对于个体消费者而言，其本身就是决策主体，可以根据自己的动机、兴趣、收入等来做出购买决策。而组织购买决策则要复杂得多，往往需要多个部门的紧密配合才能完成。组织购买中心就是在这样的背景下产生的。

组织购买中心是一个非正式的跨部门组织，通过获取、传递、分享和处理组织的购买信息来做出购买决策，并承担决策带来的风险。

组织购买中心一般由生产部门、研究和开发部门、工程部门、营销部门、采购部门和管理层组成。每个部门在购买决策过程中的职能有所不同，如表 4-2 所示。

表 4-2　组织购买中心的组成部门及决策职能

| 部门 | 组织购买决策中的职能 |
| --- | --- |
| 生产部门 | 识别需求、交易评估和信息反馈 |
| 研究和开发部门 | 对需求的概括描述，详细说明对所需产品的规格要求 |
| 工程部门 | 详细说明对所需产品的规格要求，搜寻供应商信息，分析和评估供应商 |
| 营销部门 | 识别需求，对需求的概括描述，交易评估和信息反馈 |
| 采购部门 | 识别需求，搜寻供应商信息，分析和评估供应商，选择供应商，选择并制定订购程序 |
| 管理层 | 分析和评估供应商，选择供应商 |

## 4.2.3　影响组织购买行为的因素

在组织购买的全过程中，有多种因素影响着组织购买者作出最终决策。对于供应商而言，只有了解这些因素，才能更加有针对性地对组织购买者开展营销活动。总的来说，影响组织购买行为的因素有 4 类，分别是环境因素、组织因素、人际因素和个人因素。

**1．环境因素**

影响组织购买者购买决策的环境因素主要包括政治因素、经济因素、技术因素、法律因素和社会文化因素等，其中影响最大的是经济因素和技术因素。

（1）经济因素

经济的波动会给组织市场带来巨大的影响。它往往会影响一个组织的购买能力和购买意愿。例如，利率的波动会影响房地产市场，从而影响对水泥和钢材的购买量。需要注意的是，随着经济发展日益全球化，供应商在开展营销活动时还需要注重世界经济局势对购买者的影响。例如，国际石油价格的上扬势必提高国内诸多企业的生产成本，从而影响企业的经营现状，组织购买行为也会随之发生改变。

（2）技术因素

新技术的引入往往会引起组织在采购产品、采购方式、供应商和采购渠道等方面的变化。例如，随着互联网技术的蓬勃发展，电子商务已经成为一种常见的商务模式，很多企业利用电子商务这一平台搜寻供应商信息，分析和评估多家供应商，以及开展采购活动。另外，一个行业的技术变化速度会影响组织购买中心的构成。例如，目前，组织的技术部门在采购过程中发挥着越来越重要的作用，因为技术更新很快，组织需要专业的技术人员来指导具体的购买行为。

当然，政治因素、法律因素和社会文化因素也会影响组织购买行为。例如，在某些国家，政府可能出台新的环保法规，要求企业减少有害物质的使用，这将直接影响到组织购买者对于原材料的选择和供应商的筛选标准。

**2. 组织因素**

组织因素中，影响组织购买决策的内部因素主要包括组织的目标和采购组织的地位。

（1）组织的目标

组织的目标会影响组织采购团队的工作方式和行为。这是因为在组织购买活动中，购买决策必须与组织的目标高度匹配。供应商只有把握了组织购买者的目标重点，才能更好地为其提供服务。

（2）采购组织的地位

采购组织的地位主要体现为此类组织在供货企业发展过程中的战略重要性。与过去相比，大多数企业提升了采购组织的地位。因此，企业营销人员应尽快了解并熟悉采购组织的机构设置、具体职能以及采购决策流程等，以便更好地达成与采购组织之间的交易。

**3. 人际因素**

人际因素主要是指组织内部不同成员及其相互关系，对购买决策会产生影响。组织购买是一个比较复杂的过程，加上组织在面对不同的购买类型时做出的决策有所不同，所以企业营销人员一定要根据不同的组织购买决策类型采取应对之策。例如，在直接再购买情境下，做出决策的一般是采购部门的人员，做出决策一般是依据过往的经验，不需要考虑其他因素。但是对于新任务购买情境，购买决策可能是由组织购买中心中的不同部门协助高层管理人员做出的。营销人员一定要弄清楚组织购买的决策者是谁，只有这样，才能开展有针对性的营销活动。

**4. 个人因素**

虽然说组织购买决策往往是群体决策的结果，但终归是人在做决定，所以决策者的个人因素也会影响组织的购买行为。这里的个人因素主要包括决策者个人的动机、感知、个性和购买风格，而这 4 个方面又受到其他不同因素的影响，如决策者职务、年龄、受教育水平、性格特点、职业规划等。因此，营销人员需要通过信息搜寻了解不同决策者的行为特点和偏好，从而制订针对不同决策者的营销策略。

## 本章实训

**1. 实训目标**

熟悉消费者行为的调查与分析方法，掌握构建消费者画像的技能。

**2. 实训内容及步骤**

（1）通过市场调查，收集大学生消费者的人口统计特征、生活方式特征、线上及线下行为特征、社交行为特征等数据。

（2）对调研数据进行分析，构建大学生消费者用户画像。根据构建的大学生消费者用户画像，分析大学生消费群体的消费需求和消费痛点，挖掘潜在的市场机会，并探讨如何根据大学生消费者用户画像开展有针对性的市场营销活动，如个性化推荐、精准广告投放等。

（3）将实训过程、方法和结果整理成一份详细的实训报告。报告内容应包括对数据收集与处理的详细描述，大学生消费者用户画像的构建过程，大学生消费者用户画像分析结果，以及根据大学生消费者用户画像所制定的营销策略。

### 3. 实训成果

实训作业——《大学生消费者用户画像构建报告》。

## 本章习题

### 一、单选题

1. （　　）是指消费者要经过挑选，并对其适用性、质量、规格、价格、式样等做比较后，才决定购买的消费品。

　　A. 限购品　　　　　B. 奢侈品　　　　　C. 选购品　　　　　D. 廉价品

2. 消费者购买行为过程的第一个阶段是（　　）。

　　A. 方案评估　　　　B. 搜寻信息　　　　C. 购买行为　　　　D. 问题确认

3. 我国历来有南甜、北咸、东辣、西酸的食品调味传统，这体现了亚文化中的（　　）。

　　A. 民族亚文化　　　B. 宗教亚文化　　　C. 地理亚文化　　　D. 年龄亚文化

4. 产业市场的主体包括原料供应商、产品制造商和（　　）。

　　A. 产品批发商　　　B. 产品零售商　　　C. 服务提供商　　　D. 政府机构

5. 影响组织购买者购买决策的环境因素有多种，其中影响最大的两个因素是经济因素和（　　）。

　　A. 政治因素　　　　B. 地理因素　　　　C. 法律因素　　　　D. 社会文化因素

### 二、多选题

1. 参与购买决策的成员大体上可以分为（　　）等角色。

　　A. 发起者　　　　　　　　B. 影响者　　　　　　　　C. 决策者

　　D. 购买者　　　　　　　　E. 使用者

2. 决定社会阶层的三个变量是（　　）。

　　A. 经济变量　　　　　　　B. 环境变量　　　　　　　C. 社会互动变量

　　D. 政治变量　　　　　　　E. 技术变量

3. 亚文化有许多类型，其中对消费者购买行为影响较大的有（　　）。

　　A. 财富亚文化　　　　　　B. 民族亚文化　　　　　　C. 宗教亚文化

　　D. 地理亚文化　　　　　　E. 种族亚文化

4. 构成家庭的最重要的两个因素是（　　）。

　　A. 婚姻关系　　　　　　　B. 血缘关系　　　　　　　C. 地缘关系

　　D. 学缘关系　　　　　　　E. 合作关系

5. 组织市场需求具有的特征有（　　　）。
　　A. 属于派生需求　　　　　　B. 需求波动小　　　　　　C. 需求波动大
　　D. 缺乏价格弹性　　　　　　E. 价格弹性大

### 三、名词解释

1. 消费者市场　　2. 消费者购买行为　　3. 社会阶层　　4. 参照群体　　5. 组织购买中心

### 四、简答及论述题

1. 消费者购买行为的特点主要有哪些？
2. 消费者购买行为受哪些个人因素的影响？
3. 影响组织市场购买行为的因素有哪 4 类？
4. 试论述消费者购买行为的过程。
5. 试论述组织购买决策的类型。

 **案例讨论**

**"Z 世代"的消费行为趋势**

　　酱香拿铁以及茅台跨界的破圈，以"Z 世代"为代表的年轻人的消费力再次成为社会关注的热点。

　　通常来说，"Z 世代"是指在 1995 年至 2009 年出生的人。他们又被称为网络世代、互联网世代，统指受到互联网、即时通讯、智能手机和平板电脑等科技产物影响很大的一代人，在我国约有 2.51 亿人。

　　"Z 世代"出生在中国国力不断提升的年代，他们的爱国情怀和民族自豪感亦无比强烈，乐于投身社会为国家奉献自己的力量。他们对国货有着更为强烈的包容性和支持意愿，国潮文化以其独具特色的识别性受到了他们的认可与追捧，从而使"Z 世代"将国潮文化推崇为先锋青年的流行时尚。他们热爱二次元，特立独行的同时也想在自己所偏好的社群中展现自己，"粉丝经济"在他们的带动下也变得更加壮大。

　　根据南都湾财社 2023 年 11 月 17 日发布的《2023 年度 Z 世代消费趋势洞察报告》，62.31% 的受访者月收入低于 5000 元，超八成受访者每月支出在 5000 元以下。在购物方式方面，绝大多数受访者偏好在线购物，占比为 89.01%，56.54% 的受访者表示每月在线购物 4～10 次。在信息获取渠道方面，互联网广告是受访者主要的信息获取渠道，占比为 84.82%。其次，社交平台上 KOL（Key Opinion Leader，关键意见领袖）带货推荐是受访者获取商品信息的另一大渠道，占比为 54.45%。

　　DT 研究院和美团外卖联合 2003 年发布的《当代青年消费报告》中也显示，"Z 世代"在消费上更加理性。65.4% 的受访者认同"量入为出，消费应该量力而行"，47.8% 的受访者认为消费时"不浪费，需要多少买多少"。在理性消费主义理念支持下，在购物前，为了让每分钱都花得"物有所值"，约有 63.6% 的受访者会注重做攻略，51.0% 的受访者会主动寻找商品的优惠券，49.0% 的受访者会选择与人拼单购买商品。

　　资料来源：南方都市报。

　　**思考讨论题：**

　　结合本案例，请谈谈企业如何针对"Z 世代"开展营销活动？

# 第 5 章
# 市场机会识别与目标市场战略

## 本章导读

为了在竞争激烈的市场上赢得一席之地，企业应在识别市场机会的基础上开展市场细分、目标市场选择和市场定位工作。本章主要讲述市场机会的寻找与评估方法，市场细分的标准与原则，目标市场战略以及市场定位的程序原则与策略等内容。通过对本章的学习，读者可以对市场机会识别与目标市场战略有一个较为全面的了解。

## 知识结构图

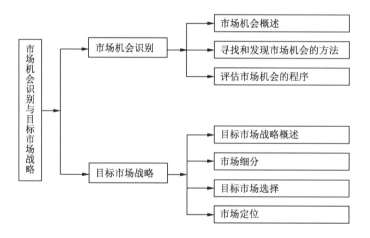

## 开篇引例

### 霸王茶姬的精准市场定位

近年来，茶饮市场竞争愈发激烈。霸王茶姬作为其中的新锐品牌，凭借精准的市场定位脱颖而出。

霸王茶姬洞察了茶饮市场需求，发现现代消费者对健康、文化、品质等方面的追求日益强烈。基于这一洞察，霸王茶姬将目标市场细分为喜欢现代东方文化，追求健康茶饮的消费者群体，并明确了自己的市场定位——"现代东方茶"。

为了契合这一市场定位，霸王茶姬在产品创新上下足了功夫。企业结合传统茶文化，推出了一系列具有现代东方特色的茶饮产品，如融入中国传统茶元素的奶茶、果茶等。同时，霸王茶姬注重产品的健康属性，使用高品质原料，减少添加剂的使用，以满足消费者对健康茶饮的需求。

霸王茶姬通过"健康战""奥运战"等一系列营销活动，使"现代东方茶"的理念深入人心。例如，在 2024 年巴黎奥运会期间，霸王茶姬推出了一系列与奥运主题相结合的茶饮产品，既彰显了品牌的文化底蕴，又借势奥运热点提升了品牌知名度。

问题：结合案例，请谈谈企业如何进行市场定位？

# 5.1　市场机会识别

## 5.1.1　市场机会概述

### 1. 市场机会概念

市场机会是指市场上存在的、尚未被充分满足的消费需求或未被有效开发的商业潜力，企业通过识别和利用这些机会，有助于实现业务增长、获取盈利及赢得竞争优势。

### 2. 市场机会的分类

按照市场机会的性质、显示程度、所属产业或行业、时间，以及涉及范围等的不同，企业的市场机会可以分为以下几种类型。

（1）环境机会与企业机会

环境机会是指随着环境的变化而客观形成的各类未被满足的需求，如新市场的开发，竞争对手的失误以及新产品、新工艺的采用等。企业机会是指环境机会中那些符合企业战略目标的要求，并且有利于企业发挥优势的、可以利用的市场机会。市场营销人员需要通过分析和评价环境机会来选出合适的市场机会，并采取有效的策略加以利用。

（2）显性市场机会与隐性市场机会

显性市场机会是指在市场上明显没有被满足的现实需求。隐性市场机会是指市场上那些尚未为人们所意识到的需求。显性市场机会易于被发现和识别，同时利用这种市场机会的企业较多，因而难以取得机会效益（即先于其他企业进入市场所取得的竞争优势和超额利润）。隐性市场机会虽然不易被发现和识别，但能够抓住和利用这种机会的企业也较少，因此机会效益比较高。企业应注意发现和利用隐性市场机会。

（3）行业市场机会与边缘市场机会

行业市场机会是指在某一个特定行业内出现的市场机会。这种机会通常与行业的发展趋势、市场需求变化、技术创新等因素相关。例如，随着新能源汽车行业的快速发展，相关的电池技术研发、充电桩建设、汽车零部件制造等领域就出现了大量的行业市场机会。行业市场机会相对较为明显，企业对其关注度较高，因为它与企业自身的行业背景和专业能力密切相关，发现、寻找和识别的难度系数较小。然而，也正因如此，行业内的竞争往往较为激烈，企业要想从众多竞争对手中脱颖而出，概率相对较低。

边缘市场机会是指在不同行业之间交叉或结合的部分所出现的市场机遇。比如，人工智能与医疗行业的结合，产生了智能医疗诊断系统、医疗机器人等边缘市场机会；文化产业与旅游产业的融合，形成了文化旅游项目、主题公园等新的市场领域。边缘市场机会通常能够体现企业的某些竞争优势，其相对隐秘，不易被多数企业察觉和发掘，因此成功利用此类机会的企业往往能获得显著的竞争优势。不过，寻找并识别边缘市场机会并非易事，需要企业的市场营销人员具备丰富的想象力和强烈的创新意识。

（4）当前市场机会与未来市场机会

在当前市场环境中出现的未被满足的需求，称为当前市场机会；在当前市场中仅仅表现为一部分人的消费意向或少数人的需求，随着环境变化和时间流逝，在未来的市场上发展成为大多数人的消费意向和大量的需求，称为未来市场机会。企业寻找和正确评价未来市场机会，提前开发产品并在机会到来之时迅速将其推向市场，易于取得市场领先地位和竞争优势，机会效益较好，但这其中也隐含着一定的风险。企业重视未来市场机会并不意味着可以轻视当前市场机会，否则将失去经营的现实基础；而对未来市场机会缺乏预见性和迎接的准备，企业的发展也会非常不利。

（5）全面市场机会与局部市场机会

全面市场机会是指在大范围市场中出现的未被满足的需求，局部市场机会是指在小范围市场中出现的未被满足的需求。前者体现着整个市场环境变化的趋势，后者则体现局部市场环境的变化及有别于其他市场环境的特殊发展趋势。区分这两种市场机会，有助于企业具体地测定市场规模，了解需求特点，从而有针对性地开展市场营销。

（6）大类产品市场机会与项目产品市场机会

大类产品市场机会指市场上对某一大类产品存在着的未被满足的需求，项目产品市场机会则是指市场上对某一大类产品中某些具体品种存在着的未被满足的需求。前者体现着市场上对某一大类产品的市场需求的一般发展趋势，后者则体现着社会上对某一大类产品的市场需求的具体指向。了解前者，对于企业规定任务，明确业务发展的总体方向，制定战略计划具有重要意义；了解后者，对于企业明确怎么干才能实现战略目标，制订市场营销计划，做好市场营销工作具有重要意义。

**3．市场机会的特征**

市场机会作为特定的市场环境，具有以下几个特征。

（1）利益性

市场机会可以给企业带来经济效益或社会效益。市场机会的利益性意味着企业在确定市场机会时必须分析该机会能否真正为企业带来利益，能带来什么样的利益以及利益的多少。

（2）针对性

市场机会的针对性是指市场机会往往是针对特定的市场需求、特定的目标客户群体、特定的产品或服务领域，以及特定的区域而存在的。例如，随着人们健康意识的提高，对于低糖、低脂、低盐等健康食品的需求日益增长，食品企业如果能针对这一特定需求，开发出符合健康标准的食品，就能有效抓住这一市场机会。

（3）时效性

市场机会的时效性是指市场机会的价值会随时间而变化。当前，营销环境变化迅速，企业的市场机会往往稍纵即逝，因此，市场机会的时效性特点非常突出。

（4）公开性

市场机会是某种客观的、现实存在的或即将发生的营销环境状况，是每家企业都可以发现和共享的。与企业特有的技术、产品专利不同，市场机会是公开的，是可以为整个营销环境中所有企业共用的。市场机会的公开性要求企业尽早去发现潜在的市场机会。

市场机会的上述特征表明，在对市场机会的分析和把握中，企业必须结合自身内外部环境的具体情况，市场机会与企业目标、企业能力的统一性等，发挥竞争优势，及时将市场机会转化为企业机会，提高市场占有率。

## 5.1.2　寻找和发现市场机会的方法

市场营销人员可以通过广泛收集市场信息，借助产品/市场矩阵，进行市场细分等方法来寻找和发现市场机会。

### 1. 广泛收集市场信息

市场营销人员可以通过市场调研、大数据分析、物联网数据、参加展销会及行业会议、与上下游企业或研究机构共享数据等方式来寻找、发现或识别未被满足的需求和新的市场机会。企业在收集市场信息时，除了要关注外部信息，也要充分重视企业内部的信息。其中外部信息包括宏观环境信息、行业发展信息、消费者信息、竞争对手信息、营销渠道信息等，内部信息包括销售信息、库存与供应链信息、与销售相关的财务信息、客户关系管理信息、运营反馈信息等。

### 2. 借助产品/市场矩阵

市场营销人员可利用产品/市场矩阵（图 5-1）来寻找、发现增长机会。

以某服装企业为例，在现有市场渗透方面，可通过促销活动、会员体系提升复购率，扩大现有服装销量；在市场开拓方面，可进入海外市场推广现有产品；在产品开发方面，可推出环保面料服装或

|  | 现有产品 | 新产品 |
|---|---|---|
| 现有市场 | 市场渗透 | 产品开发 |
| 新市场 | 市场开拓 | 多角化经营 |

图 5-1　产品/市场矩阵

改良经典款式实现升级；而在多角化经营方面，则可依托品牌影响力延伸至家居软装或美妆领域。

### 3. 进行市场细分

市场细分是识别具有不同需求的消费者群体的过程。企业通过市场细分可以寻找和发现更好的市场机会，满足特定消费者群体的需求。

## 5.1.3　评估市场机会的程序

一个市场机会能否成为企业的营销机会，要看它是否适合企业的发展目标和资源。只有那些既能够发挥企业优势，又符合企业的发展目标，也具备成功条件的市场机会才能转化为企业的营销机会。在评估市场机会之前，企业必须做好对市场的全面分析。

### 1. 分析宏观环境

企业需要对目标市场上的人口环境、经济环境、法律环境、社会文化环境、科技环境、自然地理环境进行详细的调查和分析。

### 2. 分析目标消费者

在分析目标消费者时，企业首先要确定影响消费者购买行为的主要因素。这些因素涵盖文化、社会、个人及心理等多个层面。接下来企业要深入探讨以下几个关键问题：消费者是

在何时开始熟悉本企业的产品的？消费者的品牌意识达到了何种程度？消费者对本企业产品的喜爱程度如何？消费者在面对众多品牌时是如何做出选择的？以及消费者评价满意度的具体标准是什么？等等。

### 3．分析区域竞争状况

（1）对区域市场上分销商的数量及其差异进行分析，也就是要分析"行业结构"的具体类型（如完全独占、垄断、垄断竞争、完全竞争等）。

（2）识别企业在目标市场上的主要竞争者，找出企业在目标市场上的主要竞争者。

（3）判断竞争者的目标，如竞争者的市场份额目标、市场覆盖率目标等。竞争者的目标是由多种因素共同影响和确定的，包括它们的历史、经营管理状况等。

（4）评估竞争者的优势和劣势。通常，企业需要收集竞争者的业务数据（销量、市场份额、毛利、投资回报率、现金流量、投资动态等），或通过二手资料、个人经历、传闻等方式来了解竞争者的优势和劣势。

（5）评估竞争者反应模式。通常，根据竞争者反应模式，竞争者有从容型竞争者、选择型竞争者、凶狠型竞争者、随机型竞争者4种。例如，许多小企业由于缺乏明确的竞争策略和稳定的资源支持，容易成为随机型竞争者。相比之下，实力强大的企业则更有可能成为凶狠型竞争者或选择型竞争者。

（6）选择竞争者以便进攻或回避。目标市场上的竞争者通常可分为强竞争者与弱竞争者，近竞争者与远竞争者，良性竞争者与恶性竞争者等。在获得充分的竞争资料以后，企业能较容易地制定相应的区域市场竞争战略。

### 4．分析行业状况

（1）目标市场容量分析。如果市场容量太小，则该市场不值得开发或不值得投入太多。

（2）市场成长分析。快速成长的市场会吸引更多的企业加入其中。对增长缓慢的市场，企业需要保持高度谨慎，这种市场要么竞争已经异常激烈，要么尚处于培育阶段。

（3）行业成长周期分析。企业主要分析该行业在目标市场上是处于初始发展阶段、快速成长阶段、成熟阶段、停滞阶段，还是处于衰退阶段。

（4）竞争产品或服务分析。企业主要分析自身产品或服务与竞争产品或服务的差异化程度等。

（5）分销渠道分析。企业主要分析渠道的类型及其效率等。

### 5．分析企业资源

企业资源包括自身资源和市场资源。前者包括人才资源、财务资源、产品资源和开发资源等，后者包括品牌资源、客户资源、机会资源等。此外，企业还需要考虑能够在目标市场上投放的资源的数量，因为这将直接影响目标市场的开发力度。

通过对上述5个方面的分析，企业可能会发现一些潜在的市场机会。此时若能针对各种可行机会加以评估，如评估市场规模及市场的发展潜力，则可进一步分析得出最佳机会。

# 5.2　目标市场战略

## 5.2.1　目标市场战略概述

### 1. 目标市场战略的含义

目标市场战略是指企业根据自身资源、能力以及市场环境，通过市场细分，选择具有特定需求和特征的消费者群体作为目标市场，并针对这些目标市场制定和实施相应的营销策略，以最大化地满足特定消费者的需求，为企业带来最佳效益。目标市场战略的重要性如表 5-1 所示。

表 5-1　目标市场战略的重要性

| 重要性体现 | 具体描述 |
| --- | --- |
| 精准定位 | 通过目标市场战略，企业可以更加清晰地定位自身产品或服务在市场中的位置，更好地满足特定消费者的需求 |
| 优化资源 | 通过针对特定市场进行资源分配，企业可以更有效地利用资源，提高资源利用效率 |
| 提升利润 | 通过满足特定消费者的需求，企业可以更好地制定定价策略和营销策略，从而实现利润最大化 |
| 增强竞争力 | 明确的目标市场有助于企业形成独特的竞争优势，通过差异化策略在竞争中脱颖而出 |

### 2. 目标市场战略的实施步骤

目标市场战略的实施步骤如下。

第一步，市场研究与分析。企业需要对整体市场进行深入的研究和分析，了解市场需求、竞争状况、消费者行为等，为市场细分和目标市场选择提供依据。

第二步，市场细分。企业根据消费者的需求、偏好、购买行为等因素，将整体市场划分为若干具有差异化特征的细分市场。

第三步，目标市场选择。企业根据自身的资源、能力、市场定位以及竞争状况等，从细分市场中选择一个或多个目标市场。

第四步，市场定位。企业在目标市场中树立独特的品牌形象和定位，通过差异化策略突出自己的产品或服务与竞争对手的区别。

第五步，营销策略制定与实施。企业根据目标市场的特点和需求，制定相应的营销策略，包括产品策略、价格策略、分销策略和促销策略等，并付诸实施。

## 5.2.2　市场细分

### 1. 市场细分的概念

市场细分的概念是由美国著名市场学家温德尔·F.史密斯（Wendell F Smith）于 1956 年率先提出的一个重要概念，是指企业根据市场上不同消费者对产品或服务的需求欲望、购买行为与购买习惯的差异，把整个市场划分为若干个相似的细分市场的过程。每一个需求特点大体相同的消费者群就是一个细分市场、子市场或者"亚市场"。

### 2. 市场细分的理论依据及其作用

（1）市场细分的理论依据

市场细分的理论依据是消费者需求的异质性理论和企业资源的有限性理论。

消费者需求的异质性理论认为，消费者的需求天然存在着差异，这就是需求的异质性。所以，消费者需求的满足也是不同的。基于这一理论，市场可以分为同质市场和异质市场。同质市场是指消费者对企业产品或服务的要求和对营销策略的反应大致相同的市场。异质市场是指消费者对企业产品或服务的要求和对营销策略的反应具有较大差别的市场。进行市场细分的主要依据是异质市场中需求一致的顾客群，实质就是在异质市场中求同质。

企业资源的有限性理论认为，由于市场外部环境的不可控性和企业资源的有限性，任何一个企业都不可能满足市场上所有消费者的需求。即使是一个在市场上处于领导地位的大企业，也不会在市场营销的全过程中占有绝对优势。

（2）市场细分的作用

市场细分能够帮助企业认识市场，研究消费者和竞争对手，为企业选择合适的目标市场、制定正确的营销策略提供依据。

此外，市场细分的作用还包括以下几点：一是有利于企业发掘市场机会，开拓新市场；二是有利于企业集中人力、物力投入目标市场，增强在某一特定市场上的竞争优势。

**3. 市场细分的标准**

消费者市场和组织市场是两个不同性质的市场，因此在划分市场细分的标准时应将两者区别开来。

（1）消费者市场细分的标准

消费者市场细分的标准包括地理细分、人口细分、心理细分和行为细分。下面分别予以介绍。

① 地理细分。地理细分是指按照消费者所处的地理位置、自然环境来细分市场，包括国家、地区、城市规模、不同地区的气候及人口密度等变量。处于不同地理位置的消费者对同一产品往往会表现出不同的爱好和要求，对价格、分销渠道、广告宣传表现出不同的反应。企业可以而且必须根据不同地区的需求差别制订营销方案。

② 人口细分。人口细分变量包括消费者的年龄、性别、家庭规模、收入、职业、受教育程度、宗教信仰、民族、家庭生命周期、社会阶层等。仅用一个特征变量如以收入进行市场细分，称为单变量细分。单变量细分通常不能将各细分群体明显区别开来，群体内部的各种特征也难以趋同，因此许多企业通常采取"多变量细分"，即利用多个特征的组合变量进行市场细分。多变量细分可以提供更为详细的细分市场信息，有利于企业针对特定细分市场的消费者开发出更为精确的营销组合，但不利于营销人员识别，所以用这种方法需要在营销人员的识别性与企业的目标市场定位之间进行平衡。

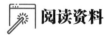 **阅读资料**

### 资生堂细分"岁月"

20世纪80年代以前，资生堂实施的是无差异营销策略，然而面对日益崛起的个性化需求，到了20世纪80年代中期，资生堂市场占有率不断下降。1987年，公司经过认真反省以后，决定将原来的无差异营销转向差异化营销，即根据不同的消费者需要将市场细分，推出不同的品牌。自1989年以来，资生堂提出"体贴不同岁月的脸"的口号，将其化妆品细分为适合不同年龄层次和性别的不同品牌，并为不同年龄层次的消费者设立专卖店。

资生堂根据女性消费者的年龄进行细分，针对不同年龄段的消费者提供不同品牌的系列产品。例如，为十几岁少女提供的是 Reciente 系列，为二十岁左右的年轻女性提供的是艾杜纱（Ettusais）系列，为四五十岁的中年妇女提供的是怡丽丝尔（Elixir）系列，为五十岁以上的妇女提供的则是防止肌肤老化的悦薇（Rivital）系列。

由于市场细分准确，营销策略得当，资生堂的产品在每一个细分市场上均获得了成功。

③ 心理细分。心理细分就是按照消费者的心理特征（包括个性、购买动机、价值观念、生活方式等）来细分消费者市场。

个性是指个体较稳定的心理倾向与心理特征，会导致个体对所处环境做出相对一致和持续不断的反应。通常，个性会通过个体的自信、自主、支配、顺从、保守、适应等性格特征表现出来。因此，个性可以按这些性格特征进行分类，从而为企业细分市场提供依据。不少企业常常使用性格变量来细分市场，为产品赋予品牌个性，以契合相应的消费者个性。不同性格类型的消费者需求特点如表 5-2 所示。

**表 5-2　不同性格类型的消费者需求特点**

| 性格类型 | 消费者需求特点 |
| --- | --- |
| 习惯型 | 偏爱、信任某些熟悉的品牌，购买时注意力集中，定向性强，反复购买 |
| 理智型 | 不易受广告等外部因素影响，购买时头脑冷静，注重对商品的了解和比较 |
| 冲动型 | 容易受商品外形、包装或促销的刺激而购买，对商品评价以直观为主，购买前并没有明确目标 |
| 想象型 | 感情丰富，善于联想，重视商品造型、包装及命名，以自己丰富想象去联想产品的意义 |
| 时髦型 | 易受相关群体、流行时尚的影响，以标新立异、赶时髦为荣，购物注重引人注意，或显示身份和个性 |
| 节俭型 | 对商品价格敏感，力求以较少的钱买较多的商品，购物时精打细算、讨价还价 |

④ 行为细分。所谓行为细分，就是企业按照消费者的购买行为细分市场，包括消费者进入市场的程度、使用频率、偏好程度等变量。行为细分被认为是市场细分的最佳起点。

**课堂讨论**

假设你是一家新兴咖啡连锁品牌的市场经理，面对竞争激烈的咖啡市场，你如何进行有效的市场细分，以找到具有潜力的细分市场？请讨论你的细分标准、细分过程及最终确定的细分市场，并分析这些细分市场的特点和潜在市场机会。

（2）组织市场细分的标准

消费者市场细分的一些标准也适用于组织市场细分，但组织市场是派生需求市场，与满足最终需求的消费市场有很大的差异。因此，组织市场细分的标准具有一定的独特性。根据托马斯·波罗玛（Thomas Bonoma）和本森·夏皮罗（Benson Shapiro）的观点，产业市场应按照客户情况、经营特点、采购方式、形式因素、个性特征等标准来细分，如表 5-3 所示。

**表 5-3　产业市场的细分标准**

| 客户情况 | 行业：应将重点放在哪些行业上？ |
| --- | --- |
| | 公司规模：应将重点放在多大规模的公司上？ |
| | 地域：应将重点放在哪些地域上？ |

| 经营特点 | 技术：重点应放在哪些顾客关心的技术上？ |
| --- | --- |
| | 使用者与非使用者地位：重点应放在处于什么地位的使用者上？ |
| | 顾客能力：重点应放在需要什么服务的顾客上？ |
| 采购方式 | 采购职能组织：是选择采购组织高度集中化的公司还是选择采购组织高度分散化的公司？ |
| | 权力结构：应将重点放在技术人员占主导地位的公司上还是放在财务人员占主导地位的公司上？ |
| | 现存关系的性质：是重点服务已经建立可靠关系的公司还是重点服务寻求更理想的客户？ |
| | 总的采购政策：应将重点放在乐于采用租赁的公司、重视服务的公司上，还是放在系统采购的公司上，还是放在秘密投标的公司上？ |
| 形式因素 | 紧迫性：是否将重点放在要求迅速交货或突然要货（服务）的公司上？ |
| | 特殊用途：是否将重点放在产品的某些用途上，而不是重视全部的用途上？ |
| | 订货量：应将重点放在大宗订货上还是放在少量订货上？ |
| 个性特征 | 买卖双方的相似性：是否将重点放在与本公司的人员组成及价值观相似的公司上？ |
| | 对待风险的程度：应将重点放在敢于冒险的公司上还是避免风险的公司上？ |
| | 忠诚度：是否将重点放在对供应商忠诚的公司上？ |

这里需要注意的是，波罗玛和夏皮罗的市场细分标准针对的是组织市场中的产业市场，如果要细分政府等非产业组织，上述细分标准可以作为参考依据，但须适当调整变量。

**4. 市场细分的原则**

一般而言，有效的市场细分应遵循以下原则。

（1）可衡量性

可衡量性是指各个细分市场的购买力和规模能被衡量的程度，可以用人口统计学、情感价值数据、行为方式数据等描述。如果细分后的市场太过模糊，企业对该细分市场的特征、客户特性、数量都一无所知，就无法界定市场，这种细分就失去了意义。

（2）可进入性

可进入性是指企业所选定的细分市场必须与自身状况相匹配，企业有优势占领这一市场。可进入性具体表现在信息进入、产品进入和竞争进入三个层面。考虑市场的可进入性，实际上是研究企业营销活动的可行性。

（3）差异性

差异性指细分市场能在观念上被区别开来并对不同的营销组合因素和方案有不同的反应。

（4）效益性

效益性指企业新选定的细分市场容量足以使企业获利。

## 5.2.3 目标市场选择

目标市场（Target Market）是指企业在市场细分的基础上，以未满足现实需求或潜在需求的消费者和用户作为经营对象，依据企业自身的经营条件而选定或开拓的具有特定需求的市场。简言之，目标市场是指在市场细分的基础上，企业要进入的最佳细分市场。

**1. 目标市场选择标准**

一般而言，企业考虑进入的目标市场应符合以下标准。

（1）有一定的发展潜力

企业进入某一市场，当然是期望能够有利可图的。如果市场狭小或者趋于萎缩状态，企业此时应审慎考虑，不宜轻易进入。当然，企业也不宜以市场规模作为唯一进入市场的标准，应力求避免"多数谬误"，即与竞争企业遵循同一思维逻辑，将市场规模最大的市场作为目标市场。大家共同争夺同一个消费者群体的结果是过度竞争，社会资源无端浪费，同时使消费者一些本应得到满足的需求被忽视。

（2）具有可进入性和可持续性

企业应评估目标市场的进入门槛，包括注册资本、执照和许可证、技术标准、人员资质等要求，确保企业有能力进入市场并运营。

（3）符合企业的发展目标

某些细分市场虽然有较大吸引力，但不能推动企业实现发展目标，甚至会分散企业的精力，使之无法完成其主要目标，这样的市场应考虑放弃。另外，企业还应考虑自身的资源条件是否适合经营某一细分市场。只有选择那些企业有条件进入、能充分发挥资源优势的市场作为目标市场，企业才能立于不败之地。

**2．目标市场选择模式**

企业在对不同细分市场评估后，就必须对进入哪些细分市场和为多少个细分市场服务做出决策。一般来说可采用的目标市场选择模式有 5 种，如图 5-2 所示。

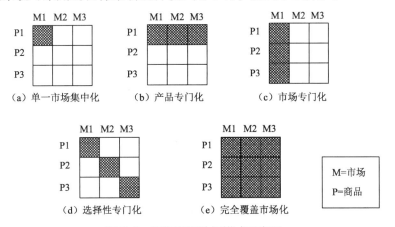

图 5-2　目标市场选择模式示意图

（1）单一市场集中化

单一市场集中化又称产品-市场集中化，即企业选择一个细分市场，集中力量为之服务。较小的企业通常以这种模式填补市场的某一部分空白。这种模式下的集中营销，可使企业深刻了解该细分市场的需求特点，采用有针对性的产品、价格、分销渠道和促销策略，从而获得有利的市场地位和良好的声誉。但这同时隐含着较大的经营风险。对某些特定的细分市场，一旦消费者在该细分市场上的消费意愿下降或其他竞争者进入该细分市场，那么企业将面临较大的风险。

（2）产品专门化

产品专门化是指企业集中生产一种产品，并向所有消费者销售这种产品。产品专门化的优点是企业可以专注于某一特定产品的生产，能够产生规模经济效应并形成技术和品牌优势，同时确保产品的质量和生产的稳定性。其缺点是产品过于单一，市场风险高。

（3）市场专门化

市场专门化是指企业专注于为某一特定的消费者群体提供所需的各种产品和服务。这种策略要求企业深入了解目标消费者的特点和需求，制订个性化的产品和服务方案，以满足目标消费者的多样化需求。市场专门化的优点是，通过专注于某一特定的消费群体，企业能够深入了解其需求，树立良好的品牌形象，从而成为新产品销售的有效渠道，进而提高市场占有率和投资收益率，同时降低交易成本。其缺点是目标市场过于集中，风险较大，企业可能因此错失其他市场机会，且对目标市场的依赖性较强，可能削弱企业的议价能力和市场应变能力。

（4）选择性专门化

选择性专门化是指企业选择几个细分市场，每一个细分市场对企业都有一定的吸引力，但各细分市场之间只有很少或根本没有任何联系。这种模式能分散企业的经营风险，即使其中某个细分市场失去了吸引力，企业还能在其他细分市场盈利。

（5）完全覆盖市场化

完全覆盖市场化是指企业力图用各种产品满足各种消费者群体的需求，即以所有的细分市场作为目标市场。一般来说，只有实力较强的大企业才可能采用这种模式。例如，可口可乐公司在饮料市场开发了众多的产品，以满足各种消费群体的需求。

**3．目标市场选择策略**

（1）无差异市场策略

无差异市场策略是指面对细分市场，企业看重各子市场之间在需求方面的共性而不注重它们的个性，不是把一个或若干子市场作为目标市场，而是把各子市场重新集合成一个整体市场，并把这个整体市场看作自己的目标市场。企业向整体市场提供标准化的产品，采用单一的营销组合方式，并通过强有力的促销吸引尽可能多的消费者。这样不仅可以加深消费者对产品的印象，也会使管理工作变得简单而有效率。

这种策略的优点是产品单一，容易保证质量，能大批量生产，可降低生产和销售成本。美国的可口可乐公司从1886年问世以来，一直采用无差异市场策略，生产一种口味、一种配方、一种包装的产品来满足世界多个国家和地区的需求。可口可乐被称作"世界性的清凉饮料"，成为一个全球性的超级品牌。但如果同类企业也采用这种策略，市场上必然会形成激烈的竞争。

（2）差异化市场策略

差异化市场策略是指企业面对已经细分的市场，选择两个或两个以上的子市场作为目标市场，分别为每个子市场提供针对性的产品和服务，同时制定相应的营销策略并实施。

宝洁公司是实行差异化策略的典型代表，以洗发水产品为例，宝洁公司旗下有海飞丝、飘柔、潘婷、沙宣、伊卡璐等多个品牌，每个品牌的产品都有不同的功能和特点。海飞丝宣传的是去头屑功能，"头屑去无踪，秀发更出众"；飘柔突出"飘逸柔顺"；潘婷则强调"营养头发，更健康更亮泽"；沙宣的功能则是专业美发；伊卡露强调是草本精华产品，以天然成分为主要特色，能够为消费者带来清新的感受。

（3）集中性市场策略

集中性市场策略是指企业选择一个细分市场，并对其开展密集的营销活动。这种策略特别适合资源有限的企业。如果采用这种策略，企业将放弃一个市场中的小份额，而去争取一个或几个子市场中的大份额。

这种策略的优点是：目标市场集中，企业能够深入地了解市场的需求，使产品更加适销对路；有利于树立和提升企业形象，在市场上巩固地位；由于实行专业化经营，可以节省成本和营销费用，增加盈利。

## 5.2.4 市场定位

**1. 市场定位的含义**

市场定位是指企业根据目标市场的竞争状况和自身条件，树立企业及其产品在消费者心目中特定的形象和地位的过程。

**2. 市场定位的原则**

市场定位应遵循差异性、顾客导向、可行性、稳定性和可盈利性原则，以确保定位策略的有效性和可持续性。

（1）差异性原则

市场定位应强调企业产品或服务与竞争对手的不同之处，突出自身的独特卖点。通过差异化，企业可以在消费者心中建立独特的品牌形象，从而吸引特定目标群体的注意。

（2）顾客导向原则

市场定位应以满足消费者需求为中心，企业应深入了解目标市场的消费者偏好、购买行为和消费习惯。企业应根据消费者的需求来调整产品或服务的设计、价格、促销等策略，以确保市场定位与消费者需求相契合。

（3）可行性原则

市场定位应考虑企业的实际资源和能力，确保定位策略具有可行性。企业应评估自身的技术、资金、人才等资源状况，以及市场环境的机遇和挑战，制定出既符合市场需求又符合企业实际的市场定位策略。

（4）稳定性原则

市场定位应具有一定的稳定性，避免频繁更改导致消费者认知混乱。一旦确定了市场定位，企业应保持一致性，通过持续的营销活动来强化这一定位，逐渐在消费者心中形成稳定的品牌形象。

（5）可盈利性原则

企业进行市场定位，应考虑企业的盈利目标，确保定位策略能够带来足够的收益以支持企业的持续发展。企业应评估不同市场定位下的潜在收益和成本，选择最具盈利潜力的定位策略。

**3. 市场定位的策略**

在营销实践中，企业可供选择的市场定位策略有很多种，但常采用的定位策略主要有以下 4 种。

香奈儿 5 号的
市场定位策略

（1）避强定位策略

避强定位策略是指企业力图避免与实力强大的竞争者直接竞争，而是另辟蹊径，根据自身条件及相对优势，在尚未被竞争者发现或关注的目标市场上突出自身产品与众不同的特色，以确立相对的竞争优势的市场定位策略。采用避强定位策略，企业可避开与实力强劲的竞争者的正面交锋，因而风险较小，适用于实力有限的中小企业。例如，吉利汽车在创立之初，致力于提供"中国人坐得起的汽车"，因其价格较低，迎合了不少囊中羞涩又拥有汽车梦想的消费者的需求。由于定位准确，吉利汽车大获成功。

（2）迎头定位策略

迎头定位策略是指企业不畏惧强劲的竞争者，与市场上居于支配地位的竞争者"对着干"，力求与之平起平坐甚至取而代之的市场定位策略。企业采用这种定位策略，必须具备下列条件：①目标市场还有很大的需求潜力；②目标市场未被竞争者完全垄断；③企业具备进入市场的条件和与竞争者"平分秋色"的营销能力。采用这种市场定位策略的企业自身实力一般都比较强，如百事可乐与可口可乐、肯德基与麦当劳等。

（3）补缺定位策略

补缺定位策略是指企业通过识别市场中尚未被竞争对手满足的空白需求，开发具有独特差异化的产品或服务，从而占据这一细分市场的策略。其核心目标是避开主流竞争，通过填补市场空缺获取竞争优势。例如，瑞典噢麦力集团针对乳糖不耐受人群，率先运用酶解技术，推出以燕麦为基底，模拟牛奶口感的不含乳糖成分的燕麦奶，填补了市场空缺。

（4）重新定位策略

重新定位策略是指企业改良原有产品，突出新的产品特色，以改变该产品在消费者心目中的原有形象，使消费者对改良后的产品有一个新的认识的市场定位策略。当企业的经营战略和经营目标发生变化，市场上的竞争加剧，以及消费者的偏好发生变化时，企业就应考虑重新定位策略。重新定位策略是以退为进的策略，目的是使新的定位策略更加有效。

## 案例分析

### 通过两次重新定位，安吉尔实现飞跃

2000年之前，安吉尔作为饮水机的开创者，年销售额就已经突破10亿元，当时的主要产品是饮水机，SKU（Stock Keeping Unit，最小存货单位）有数百个。

2013年底，为了把握住市场对饮水质量要求越来越高的大趋势，安吉尔与特劳特公司合作，从传统的饮水机市场切入净水器大市场，并重新定位公司为"高端净饮水专家"。之后几年内，安吉尔逐步将在售的数百个SKU缩减，聚焦所有资源，打造了一款高端净水器A6，价格直接定在3499元，拉开了与行业中998普及风暴产品的差距。2019年，安吉尔把握住全场景净水趋势，从传统的"净饮水设备制造商"转型为"净饮水解决方案服务商"，对接更广阔的消费者群体和商用需求。企业销售规模和利润持续提升。

从以饮水机为主营业务，到"高端净饮水专家"，再到"净饮水解决方案服务商"，随着公司定位的不断升级，安吉尔也在通过对"上不封顶"的技术研发的持续投入，推动产品和技术创新，保证市场领先地位。

**案例分析：** 安吉尔的市场定位战略体现了公司的灵活应变与持续创新。起初，作为饮水机的开创者，安吉尔稳固了其在饮水机市场的地位。但随着市场对饮水质量的要求提升，安吉尔敏锐

洞察趋势，通过与特劳特公司合作，重新定位公司为"高端净饮水专家"，聚焦高端净水器市场，通过缩减 SKU、集中资源打造爆款 A6，成功拉开与竞品差距。随后，安吉尔再次把握全场景净水趋势，转型为"净饮水解决方案服务商"，拓展了消费者和商用市场需求。这一系列定位升级措施，伴随着对技术研发的持续投入，不仅保证了安吉尔产品和技术的领先，也推动了其销售规模和利润的持续提升，展现了安吉尔精准把握市场趋势，不断创新定位战略的能力。

总之，市场定位策略要求企业在选择目标市场的基础上，研制开发并推出能满足目标市场需求的产品或服务，并为产品或服务树立特定的市场形象，进而使目标消费者形成特定的偏好，保障企业营销目标的最终实现。

## 本章实训

### 1．实训目标

熟悉市场细分与目标市场选择的方法，掌握目标市场营销策略的制定和应用。

### 2．实训内容及步骤

（1）选择某一具体产品或服务（如智能手机、健身课程、在线教育平台等），通过市场调查，收集关于该产品或服务在不同市场细分（如年龄、性别、收入水平、地理位置、兴趣爱好等）中的需求情况、消费者购买行为、消费者品牌偏好及竞争态势等数据。

（2）对收集到的数据进行深入分析，识别并划分出不同的市场细分。利用 SWOT 分析（优势、劣势、机会、威胁）评估各细分市场的吸引力，确定目标市场。基于目标市场的特征，分析消费者的具体需求、购买动机及决策过程，识别市场中的机会与挑战。

（3）根据目标市场的分析结果，制订针对性的市场营销计划，包括产品定位、品牌策略、价格策略、推广渠道选择（如社交媒体营销、内容营销、线下活动等）以及销售策略等。特别关注如何利用数字营销工具（如 SEO、SEM、社交媒体广告等）实现精准营销，提高市场渗透率和客户满意度。

（4）将实训过程、分析结论及营销策略整理成一份详尽的实训报告。报告内容应涵盖市场调查的方法与过程，市场细分的依据与结果，目标市场的选择与评估，竞争环境分析，市场营销计划的详细内容，以及预期的市场反应和效果评估方法。

### 3．实训成果

实训作业——《XX 产品/服务市场细分与营销策略报告》。

## 本章习题

### 一、单选题

1．（　　　　）是指在不同行业之间的交叉或结合部分出现的市场机会。

A. 行业市场机会 B. 边缘市场机会

C. 全面市场机会 D. 局部市场机会

2. 消费者市场的四个主要细分标准是（ ）。

A. 行为、利益、人口、心理 B. 人口、地理、心理、行为

C. 时机、态度、人口、利益 D. 气候、收入、态度、个性

3. （ ）是指企业选择一个细分市场，集中力量为之服务。

A. 产品专门化 B. 市场专门化

C. 选择性专门化 D. 单一市场集中化

4. （ ）是指面对已经细分的市场，企业选择两个或者两个以上的子市场作为市场目标，分别对每个子市场提供针对性的产品和服务，以及制定相应的营销策略。

A. 差异化市场策略 B. 无差异化市场策略

C. 集中化市场策略 D. 专门化市场策略

5. （ ）是指企业通过识别市场中尚未被竞争对手满足的空白需求，开发具有独特差异化的产品或服务，从而占据这一细分市场的策略。

A. 避强定位策略 B. 迎头定位策略

C. 补缺定位策略 D. 重新定位策略

## 二、多选题

1. 市场机会作为特定的市场环境，具有以下几个特征（ ）。

A. 利益性 B. 针对性 C. 时效性

D. 公开性 E. 模糊性

2. 企业资源包括自身资源和市场资源，其中市场资源包括（ ）。

A. 财务资源 B. 品牌资源 C. 机会资源

D. 人力资源 E. 客户资源

3. 产业市场细分的标准包括（ ）。

A. 客户情况 B. 经营特点 C. 采购方式

D. 形式因素 E. 个性特征

4. 有效的市场细分应遵循的原则有（ ）。

A. 效益性 B. 可衡量性 C. 可进入性

D. 差异性 E. 定位性

5. 所谓行为细分，就是企业按照消费者的购买行为细分市场，包括（ ）等变量。

A. 偏好程度 B. 价值观念 C. 使用频率

D. 生活方式 E. 消费者进入市场的程度

## 三、名词解释

1. 市场机会 2. 目标市场战略 3. 市场细分 4. 目标市场 5. 市场定位

## 四、简答及论述题

1. 市场营销人员可以通过哪些方法来寻找和发现市场机会？

2. 目标市场战略的实施步骤是什么？

3. 企业考虑进入的目标市场应符合哪些标准？

4. 试论述目标市场选择的策略。

5. 试论述市场定位的策略。

 **案例讨论**

小红书：打造年轻人的生活方式社区与消费决策平台

在数字化时代，年轻人的消费习惯与生活方式发生了深刻变革。他们追求个性化，注重品质，热爱分享，并倾向于在社交平台上寻找消费灵感与决策依据。小红书，作为近年来崛起的社交电商平台，精准捕捉到了这一市场趋势，将自己定位为"年轻人的生活方式社区与消费决策平台"，成功吸引了数亿年轻用户的青睐。

小红书精准地将自己定位为"年轻人的生活方式社区与消费决策平台"，深度契合了18—35 岁年轻人群的消费习惯与生活需求。它构建了一个多元化、高质量的内容生态，鼓励用户分享美妆、时尚、旅游、美食等多领域的真实体验，营造出一个积极向上、互相帮助的社区氛围，让年轻人在探索未知，追求美好生活的同时，找到消费灵感与决策依据。通过算法推荐、话题标签、热门榜单等智能化手段，小红书帮助用户高效发现感兴趣的内容与商品，并引入 KOL（Key Opinion Leader，关键意见领袖）和 KOC（Key Opinion Consumer，关键意见消费者）的评测与推荐，为用户提供专业、可信赖的消费建议，从而降低了决策成本。同时，小红书将内容与电商紧密结合，形成从种草到拔草的闭环，让用户在享受内容盛宴的同时能直接购买心仪的商品，享受一站式购物体验。精准的市场定位，不仅提升了用户体验，也为小红书赢得了数亿年轻用户的青睐，成为他们发现新生活、新品牌、新产品的首选平台，展现了强大的市场吸引力和商业价值。

**思考讨论题：**

1. 小红书如何精准识别并满足 18—35 岁年轻人群的核心需求，从而成功确立其"年轻人的生活方式社区与消费决策平台"的市场定位？

2. 在市场定位不断被其他平台模仿和挑战的情况下，小红书是如何持续创新以保持其市场领先地位的？

# 第6章
# 市场营销战略

 **本章导读**

市场营销战略是企业实现营销目标的总体规划和指导方针，是企业整体战略的重要组成部分。本章在阐述市场营销战略的含义、意义与特点的基础上，分析营销战略与营销策略的区别，并重点介绍企业在市场营销活动过程中可以选择的市场发展策略、市场竞争策略，以及处于不同竞争地位的企业营销战略。

**知识结构图**

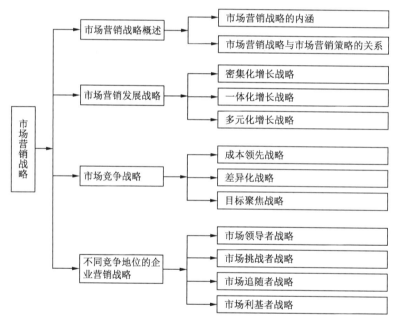

**开篇引例**

### 美的：全产业链领军者，多领域拓展新边界

在全球家电行业，美的已成为全球少数实现白色家电及小家电全品类覆盖，并具备完整产业链能力的领军企业之一。更难能可贵的是，美的大多数家电产品的市场占有率是数一数二的，在中国市场乃至全球市场排名第一的产品不在少数。比如，美的的电磁炉、电暖器、饮水机、洗碗机、电水壶等全国销量第一，电风扇、电饭煲、电压力锅等的销量则多年稳居

全球第一。

美的还在机器人与自动化、数字化服务、智能物流、智能楼宇、新能源汽车零部件、照明、医疗等领域进行了大量投资，不断扩展企业经营的边界。

美的采取的是"横向扩张+纵向延伸"的业务发展路线。横向扩张是指发展多品类，致力于通过资源协同推动产业规模的最大化；纵向延伸则主要是进入家电业的上游——核心零部件领域，这样既能提升美的产业链的整体竞争力，也能扩大产业规模。

资料来源：经理人杂志官方搜狐号。

问题：案例中美的实施了哪些市场营销战略？这些战略的特点是什么？

# 6.1　市场营销战略概述

## 6.1.1　市场营销战略的内涵

### 1. 市场营销战略的含义

市场营销战略（Marketing Strategy）是指企业对市场营销全局性的、高层次的、重大问题上的筹划和指导，是企业制定的在未来某个时期内所要实现的营销活动目标，以及为了实现这一目标而决定采取的长期的、全局的行动方案。企业在制定营销战略时要充分考虑内外部环境因素的影响，要确保营销战略目标符合企业的整体战略目标，同时还要确保为实现这一目标而制订的行动方案切实可行。

总体上，市场营销战略可分为发展战略和竞争战略两大类型。其中每一种战略又可细分为若干子战略。本书将在下文进行阐述。

### 2. 市场营销战略的意义

市场营销战略为企业未来的活动指明了方向，能够帮助企业与不断变化的市场机会建立和维持最佳的匹配关系，因而在企业的经营活动中具有重要的意义。

首先，市场营销战略有利于保证企业营销工作稳定、持续地开展。市场营销战略的制定为企业未来的营销管理工作指明了目标、路径、方式与方法，对企业未来的营销运作思路做好了规划，为企业今后营销运作的平稳与持续提供了保障。

其次，市场营销战略有利于企业利用现有资源培育核心竞争力。市场营销战略使企业在充分考虑内部资源与能力，以及外部环境等与营销相关的多因素的基础上，更为有效地培育企业的核心竞争力，以实现收益最大化的目标。同时，市场营销战略也有利于企业全面增强竞争优势。市场营销战略的制定，可以让企业在开展营销活动的过程中，从全局的角度进行思考，能够充分发挥企业内部各个部门的协同能力，从而全面提升企业的竞争力。

再次，市场营销战略有利于增强企业营销活动对动态环境的适应性。当前，市场营销环境的动态性越来越显著，市场营销战略的制定不仅可以使企业更好地适应环境变化，还能使企业通过市场营销活动影响环境，从而获得良性发展。

最后，市场营销战略有利于企业从整体上对营销成果进行评估和考核。企业可以将战略预期目标作为评估和考核营销工作成果的标准，从而判断相应时期内企业营销工作的优劣，为下一步营销工作的改进和完善奠定基础。

### 3．市场营销战略的特征

市场营销战略是企业在市场上开展营销活动的指南与纲要。只有在市场营销战略的引导下，企业才能有针对性地制定相应的营销策略，才能使企业的运营方向得到保证，使企业更有效地利用资源，实现利润最大化的最终目标。通常，企业的市场营销战略具有以下特征。

（1）目标性

市场营销战略的构建、设计、运作、调整或修订都是围绕企业总体目标进行的。战略是为目标服务的，有何种目标，就对应何种战略。

（2）全局化

市场营销战略是企业站在一定的高度，从企业整体视角出发制定的。它全方位地规划了企业未来运行的目标和路径。

（3）前瞻性

市场营销战略的着眼点不是短期或中期的市场营销结果，所以具有前瞻性。市场营销战略应对企业市场营销结果做出预先估计，对企业市场营销的路径、方法等予以预先设计。

（4）指导性

市场营销战略是对企业未来营销活动运作的总体规划，因而对企业的各项具体营销活动的开展有着指导意义。企业通常会根据市场营销战略制定一系列策略和战术，并依此安排营销活动。

（5）动态化

市场营销战略的设计、运作是一个不断完善、不断调整的过程。因为市场环境是处于变化之中的，而且随着科技等的高速发展，这种动态化会越来越显著。而市场营销战略是企业基于某一时刻环境的具体情况进行分析而制订的长远经营规划，因此企业在制定市场营销战略时要注重战略对环境的动态适应性。

（6）竞合性

企业制定的市场营销战略不仅应该具有竞争性，而且应该具有合作性。企业要将竞争与合作相结合，学会在竞争中求生存，在合作中谋发展。企业不仅要运用"博弈"的竞争模式，还要努力创造"共赢"的局面，从而打造出有序的竞争环境。

## 6.1.2　市场营销战略与市场营销策略的关系

市场营销战略和市场营销策略的概念很容易被混淆。事实上，两者还是有很大差异的。因为战略主要解决的是全局性的重大问题，而策略主要解决的是执行和落实营销战略的各种战术性问题。一般来说，有关市场细分、目标市场选择、市场定位、业务的价值与效用、市场地位、营销资源等的决策被归入营销战略，有关价格、产品、分销、促销等的决策则被归入营销策略。在实际工作中，市场营销战略与市场营销策略是密不可分的。

虽然从理论上可以对市场营销战略和市场营销策略严格区分，但在实际工作中，两者是可以相互转化的。只要某一问题成为事关营销全局的重大问题，有关该问题的决策就是战略决策，而做出的选择也就构成了营销战略的重要内容。反之，如果某项战略决策下降为短时间、小范围内的次要决策，则该战略决策也将转换为策略决策。

# 6.2　市场营销发展战略

市场营销发展战略是指企业为了实现其长期市场目标和愿景，所制定的一系列关于产品、市场、品牌和竞争的综合规划与决策。它既包括利用现有产品开拓新市场的策略，也涵盖开发新产品以扩大现有市场或进入新市场的策略。市场营销发展战略关注企业在市场中的整体布局和长远发展。通过实施市场营销发展战略，企业旨在提升市场竞争力，扩大市场份额，实现可持续的盈利增长。市场营销发展战略可进一步细分为3种类型，即密集化增长战略、一体化增长战略和多元化增长战略。

## 6.2.1　密集化增长战略

密集化增长战略也称专业化成长战略，是指企业将所拥有的全部资源集中于最具优势或最为看好的某种产品或服务上，力求将其做大做强。具体策略是企业在保持原有产品或业务项目不变的基础上，通过扩大生产经营规模，开拓新市场，渗透老市场，开发新产品等来增大竞争优势。密集化增长战略又可分为市场渗透战略、市场开发战略和产品开发战略3种形式。

（1）市场渗透战略

市场渗透战略是指企业通过加大营销投入，提高其产品或服务在目标市场上的销量和市场份额，通过规模效应获得更强的竞争实力的一种营销战略。实施市场渗透战略的途径有以下3种：一是刺激现有顾客更多地购买企业现有的产品或服务；二是吸引竞争对手的顾客，提高现有产品的市场占有率；三是刺激潜在顾客产生购买动机，促使其尝试并加入购买行列。企业可采取的具体做法包括增加销售人员，增加广告投入，加大营业推广力度，加强公关宣传等。

（2）市场开发战略

市场开发战略是指企业将现有产品或服务打入新的地区市场或开发新的顾客群体，扩大市场覆盖面，从而得到更多的顾客，进而增加企业的产品或服务的销量，扩大经营规模，提高收入水平和盈利水平的一种营销战略。企业实施该战略，具体做法包括开拓新的地区市场，进入新的细分市场，开发产品的新用途，从而找到新的顾客群体。例如，日本松下公司将本国市场已经饱和的黑白电视机和老型号的彩色电视机推向国外市场，采用的就是市场开发战略。

（3）产品开发战略

产品开发战略是指企业通过改进和改变技术，开发更新、更优的产品或服务来增加产品销量，从而获取更多的市场份额的一种营销战略。例如，华为公司通过强大的研发实力率先推出5G智能手机，赢得了市场先机，采用的就是产品开发战略。

## 6.2.2　一体化增长战略

一体化增长战略是指企业充分利用自身在产品（业务）上的生产、技术和市场等方面的优势，沿着产品（业务）生产经营全链条的垂直方向或水平方向，不断地增大其生产经营的深度和广度，以扩大经营规模，提高收入水平和利润水平，使企业发展壮大的战略。

一体化增长战略具体又可分为 3 种战略，即前向一体化战略、后向一体化战略和横向一体化战略。其中，前向一体化战略和后向一体化战略合称纵向一体化战略，又叫作垂直一体化战略。

前向一体化战略是指企业以初始生产经营的产品（业务）为基准，将生产经营范围扩展到产业链的下游，使企业的业务活动更加接近最终用户的战略。

后向一体化战略是指企业以初始生产经营的产品（业务）为基准，将生产经营的范围向产业链的上游延伸的战略。

横向一体化战略也称为水平一体化成长战略，是指企业与处于相同行业，生产同类产品或工艺相近的企业实现联合的战略。其实质是资本在同一产业和部门内的集中，目的是扩大生产规模，降低产品成本，巩固市场地位。横向一体化战略可以通过契约式联合，合并同行业企业来实现。

### 6.2.3　多元化增长战略

多元化增长战略又称多样化成长战略，是指企业的发展、扩张是通过在现有产品（业务）的基础上增加新的产品或业务来实现的战略。根据产品或业务的关联情况，多元化增长战略又可分为同心多元化战略、横向多元化战略和混合多元化战略 3 种类型。

（1）同心多元化战略

同心多元化战略是指企业扩展的产品（业务）项目与现有产品（业务）项目之间，在生产、技术、市场营销等方面具有高度的相关性和同质性，从而使这些产品（业务）在价值链上形成有价值的战略匹配关系，以共用企业的某类经营性"资产"或共同从事某一价值活动的营销战略。例如，美的公司原是生产电风扇、空调等产品的，后来逐步将生产经营范围扩展至电饭煲、微波炉等多种家用电器，各类产品在物资采购、生产技术、管理、市场营销方面具有高度的相关性或同质性，并可共用许多资源。

同心多元化战略能够充分发挥企业在原有设备、技术和市场营销上的优势，风险较小，比较容易取得成功。

（2）横向多元化战略

横向多元化战略又称水平多元化战略，是企业充分挖掘现有市场的潜在需求，采用不同的技术和营销资源来开发新产品，增加产品种类，扩大业务经营范围，从而寻求新的发展的一种营销战略。

（3）混合多元化战略

混合多元化战略又称集团多元化战略，是企业通过收购、兼并其他行业的企业，或者在其他行业投资，把业务扩展到其他有发展前途的行业中的一种营销战略。在这种战略下，企业通过收购或兼并而获得的新产品、新业务与企业的现有产品、技术、市场可能毫无关系，因而这种战略被称为混合多元化战略。

## 6.3　市场竞争战略

市场竞争战略是指企业为适应竞争环境的不断变化而制定、实施的夺取或保持市场领先地位或竞争优势的战略。市场竞争战略包括成本领先战略、差异化战略和目标聚焦战略这3种类型。其中目标聚焦战略又可进一步细分为成本集中战略和别具一格集中战略。

微课堂

市场竞争战略

## 6.3.1　成本领先战略

成本领先战略是指企业通过有效途径降低运营成本，使总成本低于竞争对手，甚至成为行业中的成本最低者，从而赢得竞争优势的一种战略。其核心逻辑在于企业以低成本为竞争优势，而非依赖产品差异化。成本领先战略的优势包括：①企业掌握定价主导权，既能以行业最低价格挤压竞争者，又能在经济下行时吸引价格敏感客户；②驱动市场份额自然扩张，通过性价比虹吸大众市场；③有助于形成"规模扩大→成本下降→竞争力增强→规模再扩大"的良性循环。

成本领先战略是企业获得并保持持久竞争优势的有效战略，但也存在局限性，具体体现在以下两个方面。

第一是成本领先地位难以保持。实行成本领先战略的企业面临的最大挑战是必须始终保持产业内最低的成本水平，但要做到这一点，比获得成本领先地位更加困难。一方面，处于成本领先地位的企业通常拥有相对先进与完善的技术体系。其竞争对手深知，基于现有技术体系来开展竞争难以取得突破性进展，因此会谋求新的技术体系以取代旧的技术体系。一旦某产业的技术体系发生质变或部分质变，原有领先企业在技术领域的投资与掌握的经验将大大贬值，成本优势将不复存在。另一方面，企业要想维持成本领先地位，必须不断降低成本以保持相对于竞争对手的成本优势。但随着技术及产业的成熟，企业降低成本的空间及幅度日渐狭小，企业成本优势的维持也日渐困难。

第二是成本优势难以弥补差异化的劣势。在市场上，成本领先企业的优势一般表现为产品的价格优势，而其劣势就是产品缺乏个性。当企业产品的价格优势难以弥补其差异化劣势时，企业也会将市场优势拱手让于实施差异化战略的企业。一般而言，实施成本领先战略的企业都过度关注企业内部经营效率的提高，缺乏对顾客需求的准确把握，当顾客需求发生变化时，即使企业仍然能够保持产品的价格优势，但由于已无法满足顾客需求，原有的市场也将被实施差异化战略的企业抢占。

 **阅读资料**

### 格兰仕集团的成本领先战略

格兰仕集团（以下简称"格兰仕"）的前身是梁庆德在1979年建立的广东顺德桂洲羽绒厂。1991年，羽绒服装及其他制品的出口前景不佳，格兰仕决定转移到一个成长性更好的行业。经过市场调查，格兰仕确定以微波炉作为进入小家电行业的主导产品（当时，国内微波炉市场刚开始发育，生产企业只有4家，整个市场几乎被外国产品垄断）。1996—2000年，格兰仕先后5次实施产品大幅度降价，每次降价幅度均在20%以上，每次都能使自己的市场占有率总体提高10%以上。

格兰仕在微波炉及其他小家电产品市场上采取的是成本领先战略。格兰仕的规模经济首先表现在生产规模上。据分析，100万台是当时其他工厂微波炉生产的规模，格兰仕在1996

年就达到了这个规模。其后，它每年以近乎 2 倍于上一年的速度扩大生产规模。2000 年年底，格兰仕微波炉的生产规模达到 1200 万台，居全球首位，是生产规模位居全球第二位企业的 2 倍多。生产规模的迅速扩大带来了生产成本的大幅度降低，成为格兰仕实施成本领先战略的重要手段。格兰仕的生产规模每上一个台阶，价格就大幅下调，当生产规模达到 125 万台时，格兰仕就把出厂价定在生产规模为 80 万台的企业的成本价以下了。此时格兰仕还有利润，而生产规模低于 80 万台的企业，多生产一台就多亏一台。竞争对手只有形成显著的品质技术差异，才可能在某一细小的利基市场获得微薄盈利。但基于同样的技术来源，连年亏损的竞争对手又怎么做出差异来?当生产规模达到 300 万台时，格兰仕又把出厂价调到生产规模为 200 万台的企业的成本价以下，使对手丧失追赶其生产规模的机会。格兰仕这样做的目的是构成行业壁垒，摧毁竞争对手的信心，将资质不够的小企业淘汰出局。格兰仕虽然利润水平极低，但是凭借价格构筑了经营的安全防线。

## 6.3.2 差异化战略

差异化战略是指企业通过在产品或服务中融入顾客需要的独特性而使产品或服务在顾客心中升值，赢得顾客的消费偏好，从而以较高的产品或服务价格占领市场，赢得超过产业平均水平的收益的营销战略。实施差异化战略的企业，在顾客广泛重视的某些方面力求独树一帜。差异化的手段因产业而异，可以建立在产品或服务本身的基础上，也可以以产品或服务销售的交货系统、营销手段及其他因素为基础。一个能够取得和保持其差异化形象的企业，如果其产品或服务溢价超过了为做到差异化而产生的额外成本，就会成为产业中的佼佼者。

> **课堂提问**
>
> 企业实施差异化战略要具备哪些条件? 你所知道的成功案例有哪些?

实施差异化战略的企业，立足市场的关键是独特价值的提供与因此而形成的顾客消费偏好。具备独特价值的产品或服务通常需要企业进行大量的投资与长时间的努力，而这必然引起企业成本的增加。因此，企业实施差异化战略的风险主要有以下两类。

第一类是差异化优势的丧失。对于那些具有差异化优势的企业，竞争对手会想方设法地学习和模仿，以改进自己的产品或服务，达到缩小或弥补差异化劣势的目的。因此，竞争对手的模仿是企业差异化优势丧失的重要原因之一。已获得差异化优势的企业既要注意对差异化优势的保护、维持与强化，又要不断寻求新的差异化优势。差异化优势丧失的另一个重要原因是顾客对产品或服务独特性的不认可。产品或服务的独特性只有满足顾客所重视的需求时，才能被顾客认可，从而为企业带来差异化优势。

第二类是差异化优势无法弥补成本劣势。通常情况下，顾客愿意为所获得的独特性价值支付一定的溢价，但是溢价的幅度不能超过顾客的承受能力。因此，实施差异化战略的企业在成本过高时，将面临两难的选择：如果大幅提高产品或服务的价格以弥补成本，就会失去大量的顾客；如果价格不变或小幅提高以求保住市场份额，就会失去大量利润甚至出现亏损。从长远来看，这两种选择都会影响企业的发展。

### 6.3.3　目标聚焦战略

第三种市场竞争战略是目标聚焦战略。采用目标聚焦战略的企业，会选择一个产业里的一部分或一个细分市场，通过完善适合其目标市场的战略，谋求在并不拥有全面竞争优势的目标市场上的竞争优势。目标聚焦战略有两种不同的形式：企业着眼于在其目标市场上取得成本优势的战略为成本集中战略，而着眼于在其目标市场上取得别具一格形象的战略为别具一格集中战略。

目标聚焦战略的这两种形式都是以企业在某一产业中的目标市场与其他市场的差异为基础的。目标市场上必须拥有具有非同寻常的需求的顾客，采用目标聚焦战略的企业可以通过专门致力于为这部分市场服务而取得竞争优势。如果目标市场与其他市场并不存在任何差异，那么采用目标聚焦战略就无法成功。

> **课堂讨论**
>
> 在华莱士，消费者花 27.99 元就能买到"吃货六件套"套餐，包括一个香辣鸡腿堡、一个辣味鸡肉卷、一份黑椒鸡块、一份薯条与两杯可乐；花 17.80 元就能买到包括一个香辣鸡腿堡、一个辣味鸡肉卷及一杯可乐的单人套餐。相比汉堡王、肯德基与麦当劳动辄超过 30 元的套餐价格，华莱士凭借其低廉的价格与精准的受众定位，快速占领了中低端快餐市场。
>
> 问题：华莱士实施了哪种市场营销战略？这种营销战略蕴含着哪些潜在风险和挑战？华莱士应如何应对？

## 6.4　不同竞争地位的企业营销战略

### 6.4.1　市场领导者战略

市场领导者是指占有最大市场份额，在价格变化、新产品开发、营销渠道建设和促销战略制定等方面对本行业其他企业起着领导作用的企业。占据市场领导者地位的企业常常是竞争对手有意挑战、模仿或躲避的目标。要击退其他企业的挑战，保持领导者优势，市场领导者必须在扩大总需求，保持现有市场份额，扩大市场份额 3 个方面展开努力。

**1. 扩大总需求**

市场领导者占有的市场份额最大，在市场总需求扩大时受益也最大，促进产品总需求量不断增加是市场领导者保持竞争优势而采用的积极手段。扩大总需求的主要途径有开发产品的新顾客，寻找产品的新用途，增加顾客的使用量。

（1）开发产品的新顾客

开发产品的新顾客包括 3 种途径。一是转变未使用者，即说服那些尚未使用本产品的人使用，把潜在顾客转变为现实顾客。二是进入新的细分市场。企业在原细分市场的需求饱和后可设法进入新的细分市场，扩大原有产品的适用范围，说服新细分市场的顾客使用本产品。三是扩展新的营销区域，将产品拓展至尚未使用本产品的地区。例如，近年来，电商企业市场下沉，逐步由城市市场向农村市场拓展。

在开发产品的新顾客上，一个典型的例子是美国庄臣公司的婴儿洗发露。美国于 20 世纪 60 年代以后出生率下降，婴儿用品市场逐步萎缩。为摆脱困境，美国庄臣公司决定针对成年人发动一场广告攻势，向成年人推销婴儿洗发液，并取得了良好效果。不久后，该品牌的婴儿洗发液就成为整个洗发液市场的领导者。

（2）寻找产品的新用途

寻找产品的新用途是指企业设法找出产品的新用法和新用途，以增加销量。美国杜邦公司的尼龙就是一个典型案例。每当尼龙进入产品生命周期的成熟阶段，杜邦公司就会设法找出其新用途。尼龙首先是用作降落伞的合成纤维；然后是用作女袜的纤维；接着成为衬衫的主要原料；再后来成为汽车轮胎、沙发椅套和地毯的原料。每项新用途都使产品开启一个新的生命周期，这一切都归功于该公司为发现尼龙新用途而不断进行的研究和开发。顾客也是发现产品新用途的重要主体，如凡士林刚问世时是用作机器润滑油的，但在使用过程中，顾客发现凡士林还有许多用途，如可用作润肤脂、药膏和发蜡等。因此，公司必须注意顾客对本公司产品使用的情况及反馈。

（3）增加顾客的使用量

增加顾客的使用量，主要可以采取 3 种方法。一是提高产品使用频率。企业应设法使顾客更频繁地使用产品。例如，牙膏生产厂家劝说人们每天不仅要早晚刷牙，最好饭后也要刷牙，这样就提高了牙膏的使用频率。二是增加产品每次使用量。例如，宝洁公司提醒顾客，每次洗发时，洗两遍比只洗一遍效果更好。三是增加产品使用场所。例如，彩电生产企业宣传有条件的家庭在客厅和卧室分别安装彩电，更方便观看，可避免家庭成员之间产生冲突。

## 2. 保持现有市场份额

市场领导者要维护现有的领导地位，保持现有的市场份额，就必须防止和抵御其他企业特别是竞争对手的进攻。最好的防御方法是发动有效的进攻，不断创新，在新产品开发、成本降低、营销渠道建设、顾客服务等方面始终保持行业领先地位；持续增加竞争效益和顾客让渡价值，同时针对竞争对手的薄弱环节主动出击。即使不发起主动进攻，企业至少也要加强防御、堵塞漏洞，不给竞争对手以可乘之机。市场领导者可采用的防御战略主要有以下 6 种。

（1）阵地防御战略

阵地防御战略是指企业围绕目前的主要产品和业务建立牢固的防线，根据竞争对手在产品、价格、渠道、促销方面可能采取的进攻战略来制定自己的预防性营销战略，并在竞争对手发起进攻时坚守原有的产品和业务阵地。主要措施有：防御性地增加规模经济效应；差别营销，培养顾客忠诚度；封锁营销渠道入口；提高顾客的转换成本；延伸产品线；占领技术制高点等。阵地防御是防御的基本形式，是静态的防御，在许多情况下是有效的、必要的，但单纯依靠这种防御会患上"营销近视症"，因为企业更重要的任务是更新技术，开发新产品和扩展业务领域。

（2）侧翼防御战略

侧翼防御战略是指企业在自己主阵地的侧翼建立辅助阵地，以保卫自己的周边和前沿，并在必要时将其作为反攻基地的营销战略。采取侧翼防御战略的企业，一般都会努力填充相关产品或服务的空白点，不让竞争对手在侧面有机可乘。

（3）先发防御战略

先发防御战略是一种更积极的防御战略，即企业在竞争对手对自己发动进攻之前，就抢先攻击。具体做法是，当竞争对手的市场占有率达到一定水平，威胁到企业时，企业就对它发动攻击；或者是对市场上的所有竞争对手进行攻击，使竞争对手人人自危。有时，这种以攻为守着重进行的是心理攻击，并不一定付诸行动。例如，市场领导者可发出市场信号，迫使竞争对手取消攻击，如一家大型制药厂是某种药品的市场领导者，每当它听说一个竞争对手要建立新厂生产这种药时，就放风说自己正在考虑将这种药降价，并且考虑扩建新厂，以此吓退竞争对手。当然，企业如果享有强大的市场资产——品牌忠诚度高，技术领先等，面对竞争对手的挑战就可以沉着应战，不轻易发动进攻。

（4）反攻防御战略

当市场领导者面临竞争对手的降价或促销攻势，或改进产品、市场渗透等进攻时，不能只是被动应战，应主动反攻。领导者可选择迎击对方的正面攻势，迂回攻击对方的侧翼，或发动钳式进攻，阻断从其"根据地"出发的攻击部队等战略。例如，当美国西北航空公司最有利的航线之一——明尼阿波利斯至亚特兰大航线遭到另一家航空公司的降价和促销进攻时，美国西北航空公司采取的手段是将明尼阿波利斯至芝加哥航线的票价降低。由于这条航线是对方的主要收入来源，结果对方不得不停止进攻。

（5）运动防御战略

运动防御战略要求市场领导者不但要积极防守现有阵地，还要扩展可作为未来的防御和进攻中心的新阵地，以使企业在战略上有较多的回旋余地。市场扩展可通过两种方式实现：市场边界扩展（Market Broadening）和市场多角化（Market Diversification）。市场边界扩展是指企业基于客户核心需求延伸业务范畴，通过技术研发构建满足该需求的完整解决方案体系，例如，石油公司转型为能源公司，意味着业务边界从原油扩展到煤炭、核能等全能源品类，但需遵循需求相关性（扩展业务服务于同一核心需求）和能力匹配（新业务匹配企业技术优势）原则。实施市场边界扩展必须控制范围，否则将违背目标原则（确保方向明确）和优势集中原则（避免资源分散）。市场多角化则指企业向不相关行业扩展市场，实行多角化经营。

（6）收缩防御战略

有时，企业在所有市场阵地上进行全面防御会力不从心，从而顾此失彼。在这种情况下，企业最好实行收缩防御战略，即放弃某些薄弱的市场，把力量集中于优势的市场。

**3. 扩大市场份额**

市场领导者设法提高市场占有率，也是增加收益，维持领导地位的一个重要途径。如果单位产品的价格不降低且经营成本不增加，企业利润会随着市场份额的扩大而增加。不过，企业切不可认为在任何情况下市场占有率的提高都意味着收益率的提高，因为收益率是否提高还要看为提高市场占有率企业采取了怎样的营销战略，有时为提高市场占有率所付出的代价会高于由此获得的收益。因此，企业在追求更大的市场份额时，还应考虑以下 3 个因素。

（1）经营成本

实证研究表明，提高市场份额与增加利润之间往往存在倒"U"型关系。当市场份额持续扩大而未超过某一限度时，企业利润会随着市场份额的扩大而增加；当市场份额超过某一限度时，经营成本的提高速度就会大于利润的增加速度，企业利润反而会随着市场份额的扩大而减少，主要原因是用于扩大市场份额的费用增加过快。

（2）营销组合

如果企业在扩大市场份额时采用了错误的营销组合，市场份额的扩大也会导致利润下降。例如，过分降低商品价格，过多地支出公关费、广告费、渠道拓展费、销售人员和营业人员奖励费等费用，或承诺过多的服务项目而导致服务费大量增加等。

（3）引起反垄断诉讼的可能性

为维护市场公平竞争，防止出现市场垄断，许多国家制定了反垄断法。企业在市场占有率超过法定标准时，就有可能受到反垄断诉讼和制裁。这种风险的存在，会削弱企业通过追求市场份额而获利的意愿。

## 6.4.2　市场挑战者战略

### 1．市场挑战者的含义

市场挑战者是指积极向市场领导者或其他竞争者发动进攻，以扩大其市场份额的企业。这类企业可以是仅次于市场领导者的大公司，也可以是那些规模较小但充满活力的企业。市场挑战者通过制定有效的竞争战略，向市场领导者或其他竞争者发起攻击。

### 2．市场挑战者战略的目标及攻击对象

市场挑战者战略的主要目标是提高市场占有率，进而达到提高投资收益率和利润率的目标。挑战者在明确战略目标时，必须确定谁是主要竞争对手，并选择合适的攻击战略。市场挑战者战略的攻击对象可分为3种类型，如表6-1所示。

表6-1　市场挑战者战略的攻击对象

| 攻击对象 | 攻击条件 |
| --- | --- |
| 市场领导者 | 市场挑战者需要拥有一种持久的竞争优势，如成本优势或创新优势，以抵消市场领导者的其他固有优势 |
| 与自身实力相当的企业 | 当市场出现新的增长点或趋势时，市场挑战者可以通过攻击实力相当的企业来抢占先机，获取更大的市场份额。另外，为了保持市场份额和竞争优势，市场挑战者也会主动攻击与自身实力相当的企业 |
| 实力较弱的企业 | 当某些中小企业出现经营困难时，市场挑战者可以通过兼并、收购等方式，夺取这些企业的市场份额，以壮大自身的实力和扩大市场占有率 |

### 3．市场挑战者战略的选择

在确定了战略目标和挑战对象之后，市场挑战者下一步所要做的就是选择进攻战略。可供选择的市场挑战者战略主要有以下5种类型。

（1）正面进攻战略

正面进攻战略是指企业集中优势兵力向市场领导者或其他竞争对手的主要市场阵地正面发动进攻，即进攻竞争对手的强项而不是它的弱点。市场挑战者需要在产品、价格、渠道、促销等各方面具备超越攻击对象的实力，正面进攻战略的实施才更有可能取得成功。

（2）侧翼进攻战略

侧翼进攻战略是指市场挑战者集中优势力量攻击市场领导者或其他竞争对手的弱点。侧

翼进攻可以分为两种。一种是地理性侧翼进攻，即在某一地理范围内针对市场领导者或其他竞争对手力量薄弱的地区市场发动进攻。另一种是细分性侧翼进攻，即寻找还未被市场领导者或其他竞争对手覆盖的细分市场，迅速发起进攻，填空补缺。

（3）围堵进攻战略

围堵进攻战略是一种全方位、大规模的进攻战略，是指市场挑战者在多个战线全面发动攻击，迫使市场领导者或其他竞争对手在正面、侧翼和后方同时防御。围堵进攻战略实施的条件是市场挑战者必须拥有优于市场领导者或其他竞争对手的资源，能够向市场提供比市场领导者或其他竞争对手更多的、质量更优的、价格更廉的产品。

（4）迂回进攻战略

迂回进攻战略是一种间接的进攻战略，避开了对手的现有市场而实施迂回进攻。具体做法有以下三种：一是开发与现有产品无关联的新产品，实行产品多元化经营；二是以现有产品进入新市场，实现市场多元化；三是通过技术创新和产品开发，替换现有产品。

（5）游击进攻战略

游击进攻战略是指市场挑战者以小型的、间断性的进攻干扰对方，使竞争对手的士气衰落，疲于奔命，从而不断削弱其力量。该战略主要适用于规模较小、力量较弱的企业。实施游击进攻战略可采取多种方法，包括有选择地降价，强烈的、突袭式的促销行动等。

市场挑战者的进攻战略是多样的。一个市场挑战者不可能同时运用所有战略，但也很难单靠某一种战略就取得成功。通常需要其设计出一套战略组合，通过实施战略组合来改善其市场地位。

## 6.4.3　市场追随者战略

**1. 市场追随者战略的含义**

市场追随者战略是一种在市场竞争中寻求稳健发展的竞争策略，是指企业不追求市场领导者的地位，而是通过模仿或借鉴市场领导者的创新产品或经营模式，力求占领部分市场，实现企业的平稳发展和盈利。市场追随者战略的核心在于"追随"，即企业不主动发起市场挑战，而是跟随市场领导者的步伐，通过模仿和借鉴来降低进入市场的风险和成本。

**2. 市场追随者战略的优点**

市场追随者战略的优点包括以下 4 点：一是能够降低风险，避免与市场领导者正面竞争，从而减少市场风险。二是节约成本，无需投入大量资源进行研发和市场推广。三是能够通过模仿市场领导者的成功经验，提升企业的经营管理水平。四是能够快速响应市场变化和消费者需求，灵活调整策略。

**3. 市场追随者战略的类型**

市场追随者战略通常可以分为以下 3 种类型。

（1）紧密跟随战略

紧密跟随战略是指市场追随者尽可能地在各个细分市场和营销组合领域效仿市场领导者。这种市场追随者有时像市场挑战者，但只要它不从根本上危及市场领导者的地位，就不会与市场领导者发生直接冲突。有些市场追随者会表现出较强的寄生性，因为很少刺激市场，总是依赖市场领导者的市场而生存。

（2）有距离的跟随战略

有距离的跟随战略是指市场追随者在目标市场、产品创新、价格水平和分销渠道等方面都追随市场领导者，但仍与市场领导者保持若干差异。这种市场追随者易被市场领导者接受，同时它可以通过兼并同行业中的弱小企业而使自己发展壮大。

（3）有选择的跟随战略

有选择的跟随战略是指市场追随者在某些方面紧跟市场领导者，而在其他方面则保持独立和创新。也就是说，它不是盲目追随，而是择优追随，在追随的同时发展自己的独创性，但会避免与市场领导者发生直接竞争。

## 6.4.4　市场利基者战略

市场利基者战略也称市场补缺者战略。几乎每个行业都有些小企业，它们致力于满足市场中被大企业忽略的某些细分市场的需求，在这些细分市场上通过专业化经营来获取最大化的收益。这种有利的市场位置就称为"利基"（Niche），而所谓市场利基者，就是指占据这种位置的企业。

一个企业取得利基的主要战略是专业化。企业必须在市场、顾客、产品或渠道等方面实行专业化经营，主要包括以下类型：按最终用户专业化，即专门致力于为某类最终用户服务，如书店可以专门为爱好或研究文学、经济、法律等的读者服务；按垂直层次专业化，即专门致力于为生产—分销循环周期的某些垂直的层次经营业务服务，如制铝厂可专门生产铝锭、铝制品或铝质零部件；按顾客规模专业化，即专门为某一种规模（大、中、小）的顾客服务，许多利基者专门为大公司忽略的小规模顾客服务；按特定顾客专业化，即只为一个或几个主要顾客服务，如美国一些企业专门为西尔斯百货公司或通用汽车公司供货；按地理区域专业化，即专为国内外某一地区或地点服务；按产品或产品线专业化，即只生产一大类产品，如日本的 YKK 公司只生产拉链产品；按顾客订单专业化，即专门按顾客订单生产其预订的产品；按质量与价格专业化，即选择在市场的底部（低质低价）或顶部（高质高价）开展业务；按服务项目专业化，即专门提供一种或几种其他企业没有的服务项目，如美国一家银行专门承办电话贷款业务，并为顾客送款上门；按分销渠道专业化，即专门服务于某一类分销渠道，如生产适合在超级市场销售的产品。

市场利基者要承担较大风险，因为利基市场本身可能会枯竭或受到攻击，因此，在选择利基市场时，营销人员通常会选择两个或两个以上市场，以确保企业的生存和发展。

### 本章实训

**1．实训目标**

了解企业多元化战略的实施动因，掌握多元化成长战略的制定方法。

**2．实训内容及步骤**

（1）将全班同学划分为若干任务团队，各团队选出负责人，领导成员完成实训活动。在实训开始，团队成员阅读案例《格力电器的多元化战略》，详见二维码。

（2）各团队根据案例材料回答如下问题：格力电器实施多元化战略的动因是什么？格力电器的多元化战略遇到了哪些问题？该如何解决？

（3）各团队将问题答案上传至班级课程学习群，供全体同学讨论。

（4）课代表根据各团队上传的案例分析答案及同学们的讨论结果撰写本次实训结论。

（5）完成本次案例分析，交由授课老师批阅。

**3．实训成果**

实训作业——《格力电器的多元化战略案例分析》。

阅读分析材料

格力电器的多元化
战略

## 本章习题

**一、单选题**

1．（　　）是指企业将所拥有的全部资源都集中于最具优势或最为看好的某种产品或服务上，力求将其做大做强。

    A．一体化增长战略　　　　　　　　B．密集化增长战略

    C．多元化增长战略　　　　　　　　D．市场领先者战略

2．（　　）是指企业将现有产品或服务打入新的地区市场或开发新的用户群体，扩大市场覆盖面，从而得到更多的顾客，进而扩大企业的产品或服务的销量，扩大经营规模，提高收入水平和盈利水平的一种营销战略。

    A．产品开发战略　　B．市场开发战略　　C．市场渗透战略　　D．市场利基战略

3．密集化增长战略不包括（　　）。

    A．市场渗透战略　　B．市场开发战略　　C．人员开发战略　　D．产品开发战略

4．市场领导者扩大总需求的途径不包括（　　）。

    A．开发产品的新顾客　　　　　　　B．寻找产品的新用途

    C．增加顾客的使用量　　　　　　　D．保持现有市场份额

5．（　　）是一种全方位、大规模的进攻策略，是指市场挑战者在多个战线发动全面攻击。

    A．正面进攻战略　　B．围堵进攻战略　　C．迂回进攻战略　　D．侧翼进攻战略

**二、多选题**

1．市场追随者战略通常可以分为（　　）这3种类型。

    A．紧密跟随战略　　　　　　B．高效跟随战略　　　　　　C．无差异跟随战略

    D．有选择的跟随战略　　　　E．有距离跟随战略

2．市场挑战者可选择（　　）。

    A．正面进攻战略　　　　　　B．侧翼进攻战略　　　　　　C．围堵进攻战略

    D．游击进攻战略　　　　　　E．迂回进攻战略

3．同心多元化策略能够充分发挥企业在（　　）上的优势。

    A．原有设备　　　　　　　　B．技术　　　　　　　　　　C．市场营销

    D．人员　　　　　　　　　　E．制度

4. 差异化战略的风险主要包括（　　　）等。
　　A. 差异化优势的丧失　　　　　B. 差异化优势无法弥补成本劣势
　　C. 丧失成本领先地位　　　　　D. 成本的优势不能弥补差别化的劣势
　　E. 差异化容易造成利润损失

5. 作为市场利基者的企业，取得利基的主要策略是在（　　　）等方面实行专业化经营。
　　A. 市场　　　　　　　　　B. 顾客　　　　　　　　　C. 产品
　　D. 渠道　　　　　　　　　E. 管理

### 三、名词解释

1. 市场营销战略　　2. 市场渗透战略　　3. 市场开发战略　　4. 成本领先战略　　5. 差异化战略

### 四、简答及论述题

1. 企业制定市场营销战略的意义有哪些？
2. 何谓一体化增长战略？该战略具体包括哪几种形式？
3. 何谓目标聚焦战略？该战略具体包括哪几种形式？
4. 试论述市场营销战略与营销策略的关系。
5. 试论述市场追随者战略的类型。

 **案例讨论**

#### 比亚迪高速增长的逻辑

2022 年，比亚迪汽车全年累计销量达到 186.85 万辆，同比增长 152.5%，一举超越一汽大众，登上全品牌乘用车销量冠军宝座，结束了中国车市销售冠军近 40 年被合资品牌霸榜的历史。

2024 年，比亚迪销量达到 427.21 万辆，同比增长 41.26%。其中，乘用车销量为 425.04 万辆，同比增长 41.1%；乘用车海外销量达 41.72 万辆，同比增长 71.9%。

作为全球销量冠军，比亚迪最近几年的增长逻辑，总结下来主要有以下两个：一是纵向一体化，二是技术突破。

所谓纵向一体化，简单理解就是整合上下游，自己做。这种模式的好处是，可以节约大量资源成本和时间成本。而成本越低，和对手进行价格博弈就越从容。此外，实施纵向一体化还能防止关键部件被"卡脖子"，从而降低经营的风险。

如果说，纵向一体化本质上是战略上的成功，那么比亚迪在刀片电池、DM-i 混合动力系统、造车平台 e3.0 上的三大技术突破，则是支撑产品卖点的三大抓手。

比亚迪通过自主研发电池、电机、电控（"三电系统"）及 IGBT 芯片等核心部件，实现了关键技术的垂直整合。这种全产业链自主掌控模式，不仅降低了生产成本，更保障了供应链安全，为其高速增长奠定了坚实基础。

思考讨论题：

比亚迪是如何通过实施纵向一体化战略获得竞争优势的？这种战略的适用条件是什么？

# 第7章
# 产品策略

 **本章导读**

产品是实现商品价值交换的基础。没有产品，市场营销就成了"无本之木，无源之水"。在营销活动中，企业需要向市场提供特定的产品或服务以满足消费者的需求，并以此为基础，综合运用多种策略开展与竞争对手的竞争。本章主要介绍产品与产品组合、产品生命周期与营销策略、新产品开发策略、品牌策略、服务营销等内容。通过对本章的学习，读者可以树立整体产品的理念，并掌握产品策略的制定方法。

 **知识结构图**

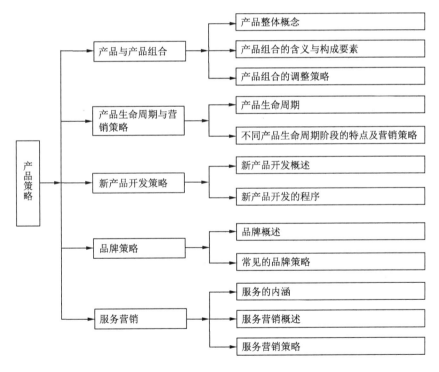

 **开篇引例**

### 比亚迪的产品多样化策略

比亚迪被誉为新能源汽车领域的"六边形战士"，产品线覆盖了从入门级汽车到高端汽车的各个细分市场，包括轿车、SUV、MPV 等多种车型市场，满足了不同消费者的需求。

比亚迪的产品多样化策略体现在多个方面。首先，比亚迪拥有多个品牌矩阵，包括王朝系列、海洋系列、腾势、方程豹系列、仰望等。这些品牌又进一步细分为从小型车至豪华车的多个细分市场品牌。例如，王朝系列主要覆盖 A0 至 B 级车市场，强调科技创新与性价比；海洋系列同样覆盖 A0 至 B 级车市场，但更注重环保智能化；腾势品牌则定位高端豪华，覆盖 B 至 D 级车市场；方程豹系列广泛覆盖各等级汽车，兼具运动性能与豪华；仰望品牌专注于 D 级车市场，提供极致豪华与性能体验。

在 2024 年，比亚迪推出了多款新车型，如"2025 款海豹（纯电版）"和"海豹 07 DM-i（插混版）"，进一步丰富了产品阵容。这些新车型在设计、性能和智能化方面都有显著的提升。例如，"海豹 07 DM-i"不仅采用了先进的混动技术，提供了出色的续航与驾驶体验，还在外观设计上融入了海洋美学设计理念，展现出强烈的运动气息。

比亚迪的产品多样化策略还体现在其不断的产品更新和技术升级上。比亚迪持续加大在研发上的投入，建立了多个研发中心，专注于电动车、智能交通和新能源技术的研发。这种持续的技术创新使得比亚迪能够不断推出具有竞争力的新产品，满足不同消费者的需求。

**问题**：比亚迪的产品多样化策略是如何助其保持市场竞争力的？

# 7.1 产品与产品组合

## 7.1.1 产品整体概念

产品是指能够提供给市场，被人们使用和消费，并能满足人们某种需求的任何东西，包含有形的物品、无形的服务、观念、利益及其组合。现代市场营销理论将产品视为一个整体，其概念已超出了有形实物的范畴。产品整体包含了核心产品、有形产品、附加产品、期望产品和潜在产品等多个层次。这些层次共同构成了产品的价值，满足了消费者的不同需求和期望。

**1. 核心产品**

核心产品是产品整体概念中最基本、最主要的部分，是指消费者购买某种产品时所追求的基本效用或利益。消费者购买某种产品，并不是为了占有产品本身，而是要获得满足某种特定的需求。例如，消费者购买洗衣机，其核心需求是为了解决洗衣的问题。

**2. 有形产品**

有形产品是核心产品的载体，是消费者可以直接观察和感受到的部分。有形产品包含产品的品质、特色、款式、品牌、商标和包装等。以洗衣机为例，其外观设计、品牌标识和包装等都是有形产品的一部分。

**3. 附加产品**

附加产品是指消费者在购买核心产品时所获得的全部附加服务和利益。例如，洗衣机的附加产品可能包含送货上门、安装指导、终身保修等。附加产品能够提升消费者的购买体验，增加产品的价值。

**4．期望产品**

期望产品是指消费者在购买产品时期望得到的与产品密切相关的一整套属性和条件。例如，消费者购买洗衣机可能期望它具有高效的清洁能力，以及低噪音、节能环保等特性。

**5．潜在产品**

潜在产品是指现有产品可能的发展前景或未来可能出现的新功能、新用途等。潜在产品体现了产品的创新性和未来发展方向。仍以洗衣机为例，未来的新产品可能会因技术创新实现更多的智能化功能，如远程控制、自动投放洗涤剂等，这些都是潜在产品的一部分。

## 7.1.2　产品组合的含义与构成要素

### 1．产品组合的含义

产品组合是指某个企业生产或销售的全部产品结构。它包括所有的产品线和每一产品线中的产品项目，反映了一个企业的经营范围。这里的产品线又称产品大类，是指由密切相关的满足同类需求的产品项目构成的某一类产品；产品项目则是指产品线中各种不同的品种、规格、质量、价格、技术结构和其他特征的具体产品。

### 2．产品组合的构成要素

产品组合由宽度、深度、长度和关联度四个要素组成。

（1）产品组合的宽度（Width）

产品组合的宽度又称产品组合的广度，是指企业的产品组合所包括的产品线（或产品系列）的数量。产品线越多，产品组合的宽度就越大。例如，一家生产电视、洗衣机、冰箱、空调和吸尘器的企业的产品组合的宽度为5；而一家仅生产冰箱和空调的企业的产品组合宽度仅为2。产品组合的宽度表明了一个企业经营种类的多少和经营范围的大小。

（2）产品组合的深度（Depth）

产品组合的深度是指产品组合中某一产品线所包含的产品项目数。例如，某空调制造企业包含了中央空调、家用空调、特种空调以及冷冻冷藏设备四个产品项目，那么这家企业空调生产线的深度就是4。产品组合的深度越大，表明企业某个产品线的专业化程度就越高。

（3）产品组合的长度（Length）

产品组合的长度是指产品组合中的产品项目总数，即企业所有产品线中产品项目的总和。例如，某家电企业电视机生产线的产品项目数为5，洗衣机生产线的产品项目数为6，冰箱生产线的产品项目数为8，空调生产线的产品项目数为5，吸尘器生产线的产品项目数为4，则这家电器公司的产品组合的长度就是5+6+8+5+4=28。产品组合的长度反映了企业产品在整个市场中覆盖面的大小。企业的产品组合的长度越大，市场的覆盖面也就越广。

（4）产品组合的关联度（Consistency）

产品组合的关联度是指企业产品组合中各条产品线在最终用途、生产技术、分销渠道或其他方面的相关程度。产品组合的关联度越高，越有利于企业共享资源，从而充分发挥协同作用，提高企业竞争力，为企业带来更多的协同效应和市场机会。

## 7.1.3　产品组合的调整策略

产品组合的调整策略是指企业根据企业资源、市场需求和竞争状况，对产品组合进行适时调整，以达到最佳的产品组合。企业可以根据实际情况采取不同的产品组合调整策略。

**1．扩大产品组合策略**

扩大产品组合策略包括拓宽产品组合的宽度，增加产品组合的长度和深化产品组合的深度，即增加产品线或项目，扩大经营范围，生产经营更多的产品以满足市场的需要。扩大产品组合，可以使企业充分利用人力、物力和财力资源，有助于企业避免风险，增强竞争实力。对生产企业而言，扩大产品组合策略的方式主要有 3 种。

（1）平行式扩展

平行式扩展指生产企业在设备和技术力量允许的条件下，充分发挥生产潜能，向专业化和综合性方向扩展。这种扩展方式的特点是在产品线层次上进行平行延伸，增加产品线，扩大企业经营范围。

（2）系列式扩展

系列式扩展是指企业产品向多规格、多型号、多款式方向发展。这种扩展方式通过增加产品项目，使产品组合在产品项目层次上向纵深扩展。这样企业能向更多的细分市场提供产品，满足更广泛的市场需求。

（3）综合利用式扩展

综合利用式扩展指企业生产与原有产品系列不相关的产品，通常与综合利用原材料，处理废物，防治环境污染结合进行。这种扩展的目的主要是企业为了充分利用资源，获得综合经济效益。

**2．缩减产品组合策略**

在市场萧条不景气，特别是原料和能源供应紧张时，许多企业趋向于缩减产品组合策略，即从产品组合中剔除那些获利甚微或已经没有获利希望的产品线和产品项目，以便集中资源经营那些获利较大或经营前景看好的产品线或产品项目。具体做法有：①削减产品线。企业根据市场的变化，集中企业的优势资源，减少产品生产的类别，只保留少数几条产品线。②减少产品项目。企业减少产品线中不同品种、规格和花色产品的生产，淘汰亏损或低利润的产品，尽量生产利润高的产品。

**3．产品线延伸策略**

产品线延伸策略是指企业将现有产品线加长，增加企业的经营档次和范围，部分或全部地改变企业原有产品线的市场地位。产品线延伸的主要原因是企业为了满足不同层次的顾客需要和开拓新的市场。产品线延伸可以分为 3 种形式：向下延伸、向上延伸和双向延伸。

（1）向下延伸

产品线向下延伸是指企业增加对更低档次产品的生产。企业采取向下延伸决策的主要原因有：一是企业发现其高档产品销售增长缓慢，不得不将产品线向下延伸以开拓新的市场；二是企业的高档产品遇到了激烈的竞争，进入低档市场能缓解企业的竞争压力；三是企业当初进入高档市场是为了建立质量形象，在目的达到的情况下，向下延伸可以扩大产品的范围；四是企业为了填补市场空白，否则低档产品为竞争者创造市场机会。

（2）向上延伸

产品线向上延伸指企业增加对更高档次产品的生产。采用这一策略的主要原因，是由于高档产品的市场潜力大，有较大的利润空间，而竞争者实力较弱，且企业在技术和市场营销能力方面已具备进入高档市场的条件；或者是企业想发展各个档次的产品，使自己成为生产种类全面的企业，形成完整的产品线。

（3）双向延伸

双向延伸是指原生产中档产品的企业在取得市场优势后，决定同时向产品线的上下两个方向延伸，一方面增加高档产品，另一方面增加低档产品，力争全方位占领市场。延伸成功后，企业能大幅度提高市场占有率，形成市场上的领导地位。采用这一策略最大的风险是：可能会模糊企业的品牌形象，让消费者对企业的品牌定位产生困惑。

**4. 产品线更新策略**

产品线更新策略是指企业为了保持市场竞争力和满足客户需求，对现有产品线进行持续改进和升级，如采用新设备、新技术和新工艺提升产品线的现代化水平，从而提高生产效率，降低生产成本及提升产品品质等。

# 7.2　产品生命周期与营销策略

## 7.2.1　产品生命周期

产品生命周期是指产品从进入市场到最终退出市场的全过程。它通常被划分为引入期、成长期、成熟期和衰退期 4 个阶段。在产品生命周期的不同阶段，产品的销售量和利润会发生规律性的变化。典型的产品生命周期曲线如图 7-1 所示。

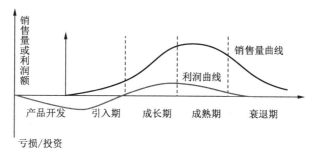

图 7-1　典型的产品周期曲线

产品的引入期是指新产品投入市场的初级阶段。此阶段产品销售量的增长比较缓慢，利润一般为负；产品进入成长期后，市场销售量迅速增长，公司开始盈利；市场销售量在成熟期达到顶峰，但此时的增长率较低，利润在后期开始下降；之后，产品的销售量和利润显著下降，产品将退出市场，这时产品也就处于衰退期。

需要注意的是，产品生命周期的划分不是绝对的。理论上，产品生命周期分为投入期、成长期、成熟期和衰退期 4 个阶段，这 4 个阶段的划分是以产品的销量和利润的变化情况为依据的。但实际上，各种产品生命周期的曲线形状是有差异的。当产品在市场中呈现快速跳过投入期直接进入成长期，或未经成长期便进入成熟期等特殊发展轨迹时，其生命周期曲线会偏离传统的"投入—成长—成熟—衰退"四阶段模型。这类异常形态在营销学中统称为非典型产品生命周期曲线，如表 7-1 所示。

表 7-1　非典型产品生命周期曲线

| 类型 | 特征 | 形成原因 | 案例 |
|---|---|---|---|
| 循环再生型 | 衰退期后因技术/场景创新重新进入成长期 | 怀旧经济/场景再造 | 因复古风潮复苏，黑胶唱片 2022 年全球销量增长 22% |
| 平台延续型 | 通过持续迭代避免衰退，形成长期成熟期 | 持续微创新 | Windows 系统通过版本更新，一直处于成熟期 |
| 陡峭衰亡型 | 技术替代导致快速跳过成熟期，直接衰退 | 颠覆性技术替代 | MP3 播放器因智能手机普及迅速进入衰退期 |
| 双峰波动型 | 经历两次以上成长高峰 | 新需求场景开发 | 因人们对运动健康的需求增加，时隔多年山地自行车销量再度爆发 |
| 常青型 | 导入后长期维持稳定需求 | 刚性需求+品牌护城河 | 可口可乐自 1886 年诞生以来长期畅销 |

## 7.2.2　不同产品生命周期阶段的特点及营销策略

### 1. 引入期的特点及营销策略

引入期是新产品刚刚进入市场的阶段。在这个阶段，产品知名度较低，销售量有限，企业需要投入大量资金进行市场推广和品牌建设。此外，由于生产规模较小，产品的生产成本相对较高，企业在这一阶段很难获利。

微课堂

不同产品生命周期阶段的特点及营销策略

在产品的引入期，企业一方面应尽量完善产品技术性能，尽快形成批量生产能力，另一方面应采取有效的市场营销策略，以缩短产品的引入期。这一阶段可采取的策略主要有 4 种，如表 7-2 所示。

表 7-2　产品引入期的市场营销策略

| 策略类型 | 策略描述 | 适用条件 |
|---|---|---|
| 快速掠取策略 | 企业以高价格和高促销的方式推出新产品，以求迅速扩大产品销售量，并获得较高的市场占有率 | 新产品市场容量大；消费者对新产品不太了解；目标消费者对价格不太敏感；潜在竞争者的威胁大 |
| 缓慢掠取策略 | 企业以高价格和低促销的方式推出新产品，以获得较高利润 | 新产品总体市场规模有限；目标消费者了解新产品并愿意为之支付高价；竞争壁垒高，潜在竞争威胁小 |
| 快速渗透策略 | 企业以低价格和高促销推出新产品，以求快速占领市场 | 新产品市场容量足够大；目标消费者不了解新产品且对价格敏感；潜在竞争激烈；存在规模经济效应 |
| 缓慢渗透策略 | 以低价格和低促销推出新产品，降低营销成本，获取更多早期利润 | 新产品市场容量大；新产品知名度高；价格弹性大，促销弹性小；存在潜在竞争者 |

### 2. 成长期的特点及营销策略

产品在经过市场验证并得到消费者认可后，将进入成长期。这一阶段的主要特点是，产品性能趋于稳定，产品的质量、功能、优点已逐渐为市场所接受；重复购买者增多，新的消费者纷纷涌现，市场逐步扩大；消费者已了解该产品，销售量迅速增长；生产规模扩大，单位产品价格下降，企业利润迅速增长；产品的分销渠道已经建立；大批新的竞争者加入，市场上同类产品增多，竞争开始加剧，同类产品市场价格下降。

在产品成长期，企业可采取的营销策略主要有：①不断提高产品质量和性能，改善产品品质。②努力寻求和开拓新的细分市场，开辟新的分销渠道。③适当改变广告目标。④选择适当的时机降低价格。

### 3．成熟期的特点及营销策略

当产品销售量达到高峰并趋于稳定时，即表明产品进入了成熟期。在这一阶段，市场竞争变得更加激烈，产品同质化现象加重。具体表现为：产品销售量增长缓慢，在达到最高峰之后开始缓慢下降；市场竞争十分激烈，市场上同类产品和仿制品越来越多；企业利润开始下降；销售量主要来自老客户的重复购买，只有少数迟缓购买者进入市场。通常情况下，成熟期是产品生命周期中最长的一个阶段。

在产品成熟期阶段，企业可采取的营销策略包括市场改良策略和市场营销组合改良策略。

（1）市场改良策略

市场改良策略不是要改变产品本身，而是要发现产品的新用途或改变产品营销方式，以使产品的销售量得以扩大。产品销售量主要受品牌的使用人数和每个使用者的使用量的影响。因此要扩大产品销售量，企业可以从两个方面入手：扩大产品的使用人数和寻求刺激消费者提升产品使用率的方法。

（2）市场营销组合改良策略

市场营销组合改良策略是指通过改变市场营销组合来延长产品的成熟期。市场营销组合的改良，是企业在成熟期刺激产品销售的有效方法，一般可从以下几个方面入手：①产品改良。企业一方面努力改进产品质量，另一方面也可以扩大产品的使用功能，提高产品使用的安全性、方便性，以吸引那些追求安全、方便的消费者。②采用价格竞争手段。企业可以通过直接降低产品价格，加大价格的数量折扣，提供多种免费服务的项目等手段，保持老顾客或吸引新消费者。③企业可以通过向更多的分销渠道渗透来扩大产品的市场覆盖面，争取新消费者或保持原有的市场份额。④企业采取更加灵活的促销方式，积极开展促销活动，有效地利用广告等宣传方式，来保持产品既有的销售量，甚至掀起新一轮的消费热潮。

### 4．衰退期的特点及营销策略

尽管企业努力延长产品的成熟期，但大多数产品最终还是要进入衰退期。这一阶段的主要特点是：产品销售量急剧下降；价格已经难以维持原有水平，利润也迅速下降直至为零，甚至出现负利润；消费者的消费习惯发生改变或持币待购；市场竞争转入激烈的价格竞争，很多竞争者退出市场。

在衰退期，企业可以选择的营销策略有如下几种。

（1）放弃策略

放弃策略即企业放弃那些迅速衰落的产品，将企业的资源投入到其他有发展前途的产品中。

（2）维持策略

在衰退期，由于不少竞争者退出市场，市场留下一些空白，这时留在市场上的企业仍然有盈利的机会，所以企业可以采用维持的策略。这包括继续沿用过去的营销策略；将企业资源集中于最有利的细分市场，维持老产品的集中营销；等等。

（3）重新定位策略

重新定位策略是指企业通过对产品的重新定位，为产品寻找到新的目标市场和新的用途，使衰退期的产品再次焕发新春，从而延长产品的生命周期，甚至成为一个新产品。这种营销策略成功的关键是企业要正确找到产品的新用途。

# 7.3 新产品开发策略

根据产品生命周期理论，所有产品最终都将进入衰退期。因此，企业必须不断开发新产品，以替代不再具有生命力的产品。

## 7.3.1 新产品开发概述

### 1. 新产品的概念及其分类

营销意义上的新产品与科学技术领域中的新产品的概念有所不同，不仅仅是指发明创造出来的前所未有的产品。营销学领域中，只要产品在功能或形态方面得到改进而与原有的产品有差异，并为消费者带来新的利益，都可被视为新产品。营销学中的新产品大致可以分为以下几种类型。

（1）全新产品

全新产品是指企业采用新原理、新技术和新材料研制出来的市场上从未有过的产品，如汽车、电话、计算机、手机等，第一次出现时都属于全新产品。全新产品的创新程度最高，具有其他类型新产品所不具备的经济、技术上的优势：可取得发明专利权，享有独占权利；能通过其明显的新特征与新用途改变传统的生产、生活方式，取得全新的市场机会，创造需求。但全新产品的研制是一件相当困难的事情，需要技术、资金、时间的保证，企业还要承担巨大的投资风险。

（2）换代新产品

换代新产品是指企业采用新材料、新元件、新技术，使原有的产品的性能有飞跃性提高的产品。换代新产品的技术含量比较高，是在原有产品基础上的新发展成果，因此是企业进行新产品开发，提高竞争能力的重要创新方式。现代科学技术的进步，消费者日益多变的需求，为企业对产品进行更新换代创造了良好条件。

（3）改进新产品

改进新产品是指企业从不同侧面对原有产品进行改进创新而创造的产品。下列情况的产品同属这种产品类型：采用新设计、新材料改变原有产品的品质，降低成本，但产品用途不变；采用新式样、新包装、新商标改变原有产品的外观而不改变其用途；把原有产品与其他产品或原材料加以组合，使其增加新功能；采用新设计、新结构、新零件增加原有产品的用途。改进新产品的技术含量低或不需要使用新技术，是较容易设计的新产品形式。它可以增强企业产品竞争能力，延长产品生命周期，减少研制费用和风险，提高经济效益。

（4）仿制新产品

仿制新产品是指企业未有但市场已有而模仿制造的产品。仿制是开发新产品的快捷途径，风险也较小，只要有市场需求，又有生产能力，企业就可以借鉴现成的样品来开发新产品。但需注意，仿制不能违反相关法律法规。

### 2. 新产品的开发途径

新产品的开发途径主要有自力更生、合作开发和引进开发3种方式。

（1）自力更生

所谓自力更生就是依靠自身力量，自行研究和设计新产品，这是一条非常重要的途径。

因为有些新技术、新设备是无法外取的。新产品开发的自力更生途径可分为三类：一是基础理论导向型，从原始理论突破到商业化全链条研发（如中国高铁 CR450 牵引系统），此途径具有周期长、风险高的特点；二是应用技术突破型，基于成熟理论进行工程技术攻关（如比亚迪刀片电池），此途径具有周期和风险适中的特点；三是迭代开发型，优化现有技术实现产品升级（如小米澎湃 OS），此途径具有周期短、风险低的特点。其中军事等敏感领域（如芯片制造）必须采用自力更生的开发方式。三条开发途径在难度、投入和周期上呈阶梯式递减。

（2）合作开发

合作开发是指企业与其他科研机构、高等院校及外部企业合作研究，开发新产品。这种方式的投入相较自力更生方式的小，对产品的研发能力也更强，但协调上相对要困难些，而且有些新产品因保密要求，也不便进行合作开发。

（3）引进开发

引进开发是指企业通过引进外部先进技术、工艺或生产体系来开发新产品。这一模式适用于研发资源不足的企业，或当外部技术已通过市场验证时，可快速实现成果转化。

**3．新产品开发的风险**

在动态、复杂的市场环境下，企业的持续发展越来越依赖对新产品的开发。但新产品开发难度大、失败率高，企业要面临很大的风险，为此，企业必须针对新产品开发存在的风险，设法提高新产品开发的成功率。新产品开发的具体风险如表 7-3 所示。

**表 7-3　企业新产品开发的风险**

| 风险类型 | 产生原因 |
| --- | --- |
| 市场风险 | 市场需求变化导致新产品定位不符合消费者需求；新产品市场推广难度大，难以打开销路；市场对新产品的接受度低，销售不畅 |
| 技术风险 | 技术难题导致开发进度受阻；技术不够成熟，产品性能不稳定；技术开发能力评估失误，无法实现预期功能 |
| 财务风险 | 新产品开发资金投入过大，导致财务压力增加；成本控制不当，造成项目亏损；收益预测过于乐观，实际回报率低 |
| 竞争风险 | 竞争对手的产品质量和价格更具优势，新产品难以与之竞争；新产品差异化不足，难以吸引消费者；竞争对手采取不正当竞争手段，损害新产品声誉 |
| 生产风险 | 生产工艺复杂，难以实现大规模生产；生产过程中出现质量问题，导致产品合格率低下；生产成本过高，降低产品竞争力 |
| 管理风险 | 新产品开发过程中，团队内部沟通不畅，协作效率低；企业高层对新产品开发重视不足，导致资源支持不够；决策流程烦琐，影响开发进度 |

为了降低上述风险，企业应在开发新产品前进行全面的市场调研和技术研发，以确保新产品符合市场需求。同时，企业还须制定合理的财务规划和预算，加强团队协作，获得高层管理者的支持，以及建立完善的风险管理体系来及时发现和解决风险问题。

## 7.3.2　新产品开发的程序

新产品开发是一项艰苦的系统工程，必须遵循科学的程序。一般来说，新产品的开发始于创意，最终追求的结果是新产品能够批量上市。这个过程一般要包括 7 个阶段。

### 1．创意

创意是新产品开发的起点，也就是开发新产品的设想。任何一个新产品的诞生都离不开大胆而独特的创意。虽然创意并非都能实现，但寻求更多的创意，有助于开发新产品。所以，企业要高度重视创意，积极寻求新的创意。新产品的创意来源很多，如顾客、中间商、科研机构、高校、营销情报机构、咨询公司以及企业自身等。

### 2．筛选创意

在获取创意之后，企业还要对这些创意进行评估和筛选，筛选出与企业战略目标相一致且企业具备开发能力的创意。

### 3．形成产品概念

所谓产品概念是指企业从消费者的角度对产品创意所做的详尽的描述。这个概念不太容易理解，可以通过例子来说明。例如，一家企业有了开发针对老年人保健的产品创意，这只是企业从自己的角度考虑能够向市场提供的产品的构思，对真正开发出新产品来说还远远不够。企业要了解老年消费者对这个保健品概念的理解，对这类保健品的购买意愿，对价格的接受程度等。这就需要企业与目标消费者深入沟通，以形成最终的产品概念。

### 4．商业化分析

商业化分析就是企业对新产品概念进行财务方面的分析，包括对销售额的估计，对成本和利润的估计等，以判断开发产品是否有利可图。

### 5．将产品概念转化为产品

将产品概念转化为产品，需要产品研发部门、工程技术部门、生产部门和市场营销部门的通力合作。这一阶段的具体工作内容包括样品或模型试制，消费者实验，产品价格制定等。

### 6．市场试销

市场试销是在产品小批量生产出来以后，企业选定部分目标市场进行的销售活动。试销的方式有很多，如免费试用、人员推销以及不做任何促销活动的正常售卖等。其目的不是为了盈利，而是企业收集消费者对新产品的反应，为今后改进产品及制定营销策略提供必要的依据。如果试销结果不理想，企业则要进一步分析原因，看是否进一步改进产品，否则终止新产品开发。

### 7．批量上市

在试销之后，企业可以根据试销情况做出最终决策。如果市场反应符合企业预期，企业就可以正式批量生产产品并全面推向市场。新产品上市往往需要大量的营销费用，所以企业一定要制定出周密的市场开发策略和营销组合策略。

# 7.4 品牌策略

## 7.4.1 品牌概述

### 1．品牌的概念

品牌（Brand）俗称牌子，由文字、标记、符号、图案、颜色、设计等要素或这些要素的组合构成，借以识别企业的产品或服务，并与竞争者的同类产品和服务区分开来。品牌是一个集合概念，通常包括品牌名称（Brand Name）、品牌标志（Brand Mark）和商标（Trade Mark）等部分。

**2．品牌的特征**

（1）品牌代表着产品的特色和质量特征

在营销活动中，品牌并非符号、标记等的简单组合，而是产品的一个复杂的识别系统。品牌实质上代表着卖方对交付给买方的一系列产品的特征、利益和服务的一贯性的承诺。

（2）品牌是企业重要的无形资产

品牌是有价值的，良好的品牌形象可以给拥有者带来巨大的收益。品牌资产是一种无形资产，必须通过一定的载体体现价值。直接载体是品牌元素，间接载体则是品牌知名度和美誉度。一些全球著名品牌如"可口可乐""肯德基"等，其品牌价值已超过了企业所拥有的有形资产。但品牌资产的收益具有不确定性，企业需要对品牌进行持续投资（如广告等）并精心维护，以防患"品牌贬值"。

（3）品牌具有一定的个性

品牌具有一定的个性，例如，一提到百事可乐，我们就会联想到有朝气的、年轻的新一代；而一提到奔驰，我们就会与自信的、富有的、成功的这些词汇联系在一起。我国一些知名品牌中，品牌个性也很突出："金利来"一句"男人的世界"传达了一种阳刚、气质不凡的个性；"娃哈哈"则象征着一种幸福、安康，一种希望。所以，企业在创造品牌过程中，一定要注意品牌个性的塑造，赋予品牌一定的文化内涵，满足广大消费者对品牌文化品位的需求。

（4）品牌具有专有性

品牌成为知名品牌，特别是品牌商标一经注册成为注册商标后，就具有维护专用权利的防御性作用，品牌的拥有者就对该品牌享有专有权，其他企业不得再用。一件产品可以被竞争者模仿，但品牌是独一无二的。品牌在其经营过程中，通过良好的质量，优质的服务建立起良好的信誉，这种信誉一经消费者认可，很容易形成品牌忠诚，这也强化了品牌的专有性。

**3．品牌定位**

品牌定位的实质是企业确定产品与服务的特色，突出自身的个性，以便与竞争者的同类产品和服务加以区别。品牌定位是品牌战略的重要组成部分。品牌建设是企业一种长远的、永续的规划，而品牌定位就是企业实现长久占领市场目标的工具。品牌定位的运作应从以下几方面考虑。

第一，品牌定位要强调品牌的核心价值。品牌的典故、功能、个性、风格都可能成为品牌定位的依据，但是，通常一个品牌理论上只能有一种真正意义上的定位。所以，在进行品牌定位时，企业应该在最擅长的领域找到品牌的价值核心，并加以强化。

第二，品牌定位要有清晰的概念。品牌传递清晰的市场定位，能够先声夺人，帮助消费者进行购买决策。例如，同为饮料，可口可乐传递的概念是"经典、传统"，百事可乐的则是"新一代的选择"，七喜的则是"非可乐"。三者给人的概念迥然不同，非常易于消费者识别和选择。

第三，品牌定位推广要有鲜明的口号。简洁、明了、富有感染力的品牌口号既表达了品牌的基调和特征，又反映了品牌与目标顾客群体的关系，而且易于推广、传播，很容易为目标消费者所接受。例如，海尔的"真诚到永远"、小天鹅的"全心全意小天鹅"、雅芳的"比女人更了解女人"等品牌推广口号早已深入人心，人们一提起这些口号，就会联想到它们对应的品牌。

## 7.4.2　常见的品牌策略

品牌策略（Brand Tactics）是增强企业产品市场竞争力的重要策略之一。选择正确的品牌策略是企业搞好市场营销，提高企业经济效益的一项重要策略。常见的品牌策略主要有以下几个。

**1. 品牌有无策略**

顾名思义，品牌有无策略是指企业是否对产品冠以品牌的策略。一般有两种选择：品牌化策略和非品牌化策略。

当前，越来越多的企业意识到了品牌的重要性，像原材料、蔬菜、水果等过去从不使用品牌的产品，也被冠以品牌销售。品牌化策略的优点主要有：便于企业订单处理和存货管理；帮助企业更好地进行市场细分；有助于吸引更多的品牌忠诚者；品牌具有排他性，能够与竞争对手的产品区别开来，从而帮助企业树立良好的产品和企业形象。

尽管品牌化策略具有上述优点，但仍有一些企业采用非品牌化的策略。因为要使一个品牌成功地打入市场，企业要在建立、维持、宣传推广和保护品牌等方面花费较高的费用，从而导致成本的增加。而且万一经营失利，还会影响企业的声誉。因此对于一些使用品牌意义不大的产品，企业可以采用非品牌化策略。一般来说，下列情况可以不使用品牌。

① 商品本身同质性很高，在加工过程中无法形成一定特色的商品，主要是一些未经加工的原料产品、农产品，如电力、原油、木材、玉米、棉花等。

② 生产简单，选择性不大，消费者在购买时只看重产品的式样和价格而忽视品牌的商品，主要是一些小商品，如火柴、纸张、针线等。

③ 企业临时性或一次性生产经营的商品。

**2. 品牌归属策略**

品牌归属策略是指企业在品牌化决策中关于品牌所有权分配的战略选择。其本质是供应链权力结构在品牌维度的体现，涉及制造商、中间商与消费者三方的价值博弈。根据著名品牌专家凯文·莱恩·凯勒（Kevin Lane Keller）的品牌权益理论，所有权归属直接影响品牌资产积累路径。品牌归属策略的基本类型及适用条件如表 7-4 所示。

表 7-4　品牌归属策略的基本类型及适用条件

| 策略类型 | 品牌所有权归属 | 适用条件 |
| --- | --- | --- |
| 制造商品牌 | 100%制造商 | 制造商具有核心技术或专利；<br>品牌资产价值 > 渠道价值；<br>行业集中度高 |
| 中间商品牌 | 100%中间商 | 中间商市场覆盖率 > 60%；<br>产品同质化严重；<br>制造商为新进入者 |
| 混合品牌 | 制造商+中间商共用 | 渠道渗透与品牌溢价需平衡；<br>市场细分明确 |

### 3. 品牌统分策略

企业决定所有的产品使用一个或多个品牌，或是不同产品分别使用不同的品牌，就是品牌统分策略。其大致有 4 种策略：个别品牌策略、统一品牌策略、分类品牌策略、个别品牌名称与企业名称并用策略。

（1）个别品牌策略，也称品牌多样化策略，即企业决定对每个产品分别使用不同的品牌的策略。企业采用个别品牌策略，为产品寻求不同的市场定位，有利于增加产品销量和对抗竞争对手，还可以分散风险，使企业的整个声誉不致因某种产品表现不佳而受到影响。例如，宝洁公司在中国生产的洗衣粉使用了"汰渍""碧浪"品牌；生产的肥皂使用了"舒肤佳"品牌；生产的牙膏使用了"佳洁士"品牌；生产的洗发用品分别采用了"海飞丝""飘柔""潘婷"品牌等。

个别品牌策略的主要优点是：便于区分高、中、低档类型产品，以适应市场上不同消费者的需要；某一产品的失败不致影响其他产品，可提高企业整体在市场竞争中的安全性。

个别品牌策略的最大缺点是：增加了产品的促销费用，使企业有限的资源分散，在竞争中处于不利地位；每一个品牌都需花费大量的设计及命名、注册与续展、宣传和推广费用，会增加企业的营销成本。此外，企业品牌过多，也不利于企业创立名牌。

（2）统一品牌策略，也称家族品牌策略，是指企业的所有产品都使用同一品牌，各种产品都以统一的品牌进入市场的策略。例如，特斯拉公司的所有产品均采用"Tesla"这一品牌。对于品牌形象良好、市场声誉较高的企业而言，统一品牌策略不仅有助于借助已有产品的市场影响力推动新产品的上市，还能大幅降低推广成本，并进一步强化消费者对品牌的认知；若企业的现有形象一般甚至不佳，则不宜采用此种策略。此外，若不同产品在品质上差异较大，同样不适合使用统一品牌，否则容易造成品牌定位模糊，不利于企业建立鲜明的市场形象。

统一品牌策略的主要优点是：企业可以运用多种媒体集中宣传一个品牌，充分利用其品牌效应，还有助于新产品快速进入目标市场，而不必为在市场中建立新的品牌认知和偏好花费大量的广告费。但是，采用统一品牌的各种产品应注意具有相同的质量，否则会影响品牌信誉，特别是会损害较高质量产品的信誉。

（3）分类品牌策略，是指企业生产经营的各类产品采用不同的品牌进入市场的策略。例如，西尔斯公司的器具类产品用"肯摩尔"品牌、妇女服装类产品用"瑞溪"品牌、家用设备类产品用"家艺"品牌。这很好地解决了公司生产经营品种截然不同的产品的品牌问题。企业使用这种策略，一般是为了区分不同大类的产品，然后一个产品大类下的产品使用共同的家族品牌，以便在不同大类产品领域中树立各自的品牌形象。

（4）个别品牌名称与企业名称并用策略，是指企业对不同类别的产品分别采取不同的品牌名称，且在各种产品的品牌名称前还冠以企业的名称或公司的商号的策略。例如，海尔集团推出了海尔"大力神"冷柜、海尔"小神童"洗衣机。江中制药厂推出的江中健胃消食片、江中草珊瑚含片、江中蚓激酶肠溶片、江中痔康片。

这种策略的本质是"杠杆借力"与"精准打击"的结合，即用企业品牌降低决策风险，用子品牌打开细分市场。但企业采用这种策略时需严格满足"主品牌足够强势＋子品牌差异显著"的条件，否则可能适得其反。

### 4. 品牌延伸策略

品牌延伸（Brand Extensions）策略，亦称品牌扩展策略或品牌拓展策略，是指企业利用已具有市场影响力的成功品牌来推出改良产品或新产品的策略。例如，以雀巢咖啡成名的"雀巢"商标，被扩展使用到奶粉、巧克力、饼干等产品上。企业实施品牌延伸策略并非只借用表面上的品牌名称，而是对整个品牌资产的策略性使用。

企业采用品牌延伸策略的优点是可以利用现有品牌的无形资产获得更大的收益。新产品使用企业原有的成功品牌，不仅能够降低市场推广费用，还容易被消费者认可，从而减少新产品的市场风险。

企业实施品牌延伸策略，要注意以避免几点：一是要避免把品牌延伸到与之毫不相干或互不相容的新产品上。例如，将某汽车品牌延伸至食品上，就会给人一种不伦不类的感觉。二是要避免把强势品牌延伸到与原有产品在档次和质量上相差悬殊的新产品上，这样做会破坏原有品牌在市场上的良好形象。因此，企业运用品牌延伸策略时，一定要根据具体条件谨慎行事。

### 5. 多品牌策略

多品牌策略是指企业在同一类别产品上同时使用两个或两个以上相互竞争的品牌的策略。这种策略由宝洁公司首创。实施多品牌策略的优点是：使企业渗入到多个不同的细分市场，从而提高市场占有率，降低市场风险；借助不同品牌的产品特性满足不同消费者的需求；有利于促进企业内部不同品牌之间的竞争，增强企业活力。其缺点是增加了品牌推广成本，造成企业资源的浪费，同时增加了品牌管理难度。

### 6. 更换品牌策略

所谓更换品牌策略是指企业在提供的产品或服务不变的情况下，用新品牌替代老品牌的策略。企业实施更换品牌策略的原因是多方面的，但主要有两点：一是原品牌已不能反映企业现有的发展状况；二是为了使品牌适应新的观念、新的时代、新的环境、新的需求。

### 7. 合作品牌策略

合作品牌策略，也称为双重品牌策略，是指将两个或更多的品牌在一个产品上联合起来使用的策略。每个品牌都期望另一个品牌能强化整体的形象或消费者购买意愿。例如，芯片巨头英特尔与全球知名计算机制造商在品牌方面合作，在这些品牌计算机上标识"Intel Inside"。

### 8. 新品牌策略

新品牌策略是指企业在权衡各种利弊的基础上，为新产品设计出新的品牌的策略。例如，格力集团以生产空调著称，当企业在推出冰箱产品时，以"晶弘"命名冰箱品牌。这是因为格力品牌的空调早已深入人心，为了保持品牌的专业性和清晰度，所以企业使用了新的品牌名称来区分空调和冰箱产品。这样做可以避免潜在的品牌稀释效应，即当一个品牌在多个不同的领域进行扩展时，可能会导致消费者对品牌的专业性和品质产生疑虑。

## 7.5 服务营销

按照现代营销理论，产品包括有形产品和无形产品两大类。两者在产品形态和营销策略上存在着巨大的差异。二十世纪五六十年代，学术界兴起了针对无形产品营销的研究，由此诞生了一个新的营销学研究分支——服务营销。

## 7.5.1　服务的内涵

### 1．服务的概念

根据美国市场营销学会的定义，服务是指可以被区分界定的，无形的，可使欲望获得满足的活动。它并不需要与其他产品或服务的出售联系在一起。生产服务时，可能需要也可能不需要利用实物，即使需要借助某些实物协助生产服务，也不涉及实物的所有权转移问题。这一定义将有形产品同无形服务进行了明确区分。

在现实的经济活动中，服务通常是与有形产品相结合进入市场的，在市场交换中很难把服务从有形产品中分离出去。按照服务在有形产品中所占比例划分的产品—服务组合类型，如表 7-5 所示。

表 7-5　产品—服务的组合类型

| 组合类型 | 服务比例 | 特征 | 示例 |
| --- | --- | --- | --- |
| 纯有形产品 | <5% | 产品功能完全通过物理实体实现，服务仅含基础物流/售后 | 瓶装水、一次性餐具 |
| 附带服务的有形产品 | 6%～20% | 产品为主，服务增强用户体验 | 格力空调+安装服务 |
| 混合型产品 | 21%～50% | 产品与服务共同创造核心价值 | 小米生态链产品+米家 App |
| 附带产品的服务 | 51%～95%[①] | 服务为核心，产品为交付载体 | 教育机构的课程服务+教材 |
| 纯服务 | >95% | 无实体产品交付 | 心理咨询、云计算服务 |

### 2．服务的特征

与有形产品相比，服务具有以下几个基本特征。

（1）无形性

有形产品（实体产品）是有形的，而服务通常是无形的。服务的无形性可从两个不同的层次来理解。首先，与有形的消费品或工业用品比较，消费者在购买服务之前，对此服务是看不见、摸不着、听不到、嗅不着的。服务的特质及组成服务的元素是无形无质的，消费者无法触摸或用肉眼看见其存在。其次，随着企业服务水平的日益提高，附加的服务往往与消费品或生产用品一起出售。对消费者而言，在购买实体产品时，亦同时购买了其所承载的服务或者效用。因此，"无形性"是服务最重要也是最基本的，区别于有形产品的特征，是其他特征的基础。

（2）不可分离性

服务的不可分离性也称为同时性，指的是服务的生产过程和消费过程同时存在、同时进行、不可分离的特性。即提供服务的人在向消费者提供服务之时也正是消费者消费服务的时刻。服务提供开始之时，消费也同时进行；服务结束，消费也告完成，消费者只有参与到服务的生产过程中才能最终消费服务。

---

① 其中服务比例在 80%～95%的，为高附加值服务。特征是：服务占绝对主导，产品为一次性消耗品。例如，医疗手术（服务+耗材）。

（3）差异性

差异性是指服务的构成及质量水平经常变化，很难统一界定。同一种服务的构成、质量、效果等会由于服务提供者的不同而呈现出明显的差异。

（4）不可储存性

产品可以事先完成生产，并在一定的时间内存储。然而任何服务都不可能事先生产并存储，然后在需要时进行消费。服务的利益或价值在可以利用的时候如果不被购买和利用，就会消失。例如，在航班起飞前如有座位未被乘客购买，当航班起飞后，本次航班未售出的座位就自然失去了服务的价值。

（5）缺乏所有权

有形产品有"使用权"和"所有权"的问题，其销售意味着所有权和使用权的转移。服务则可同时为一人或多人"使用"（享受、消费），且在消费中所用权不发生转移，表现为服务的公共性。缺乏所有权是指服务在生产和消费过程中不涉及任何的所有权转移。

## 7.5.2 服务营销概述

### 1. 服务营销的含义

服务营销是指服务机构通过实施营销组合策略，即产品策略、价格策略、分销策略、促销策略等来吸引顾客消费，提高服务机构的市场占有率的一系列活动。服务营销的核心理念是顾客满意和忠诚，企业通过获得顾客的满意和忠诚来最终获取长期性的竞争优势。

⊛ 知识拓展

服务营销的三个
研究阶段

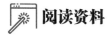

**阅读资料**

服务营销与传统营销的区别

服务营销中，企业营销的是服务，而传统营销中，企业营销的是具体的产品。两者的区别主要有以下 5 点。

1. 研究对象的差异

传统营销学以生产企业的整体营销作为研究对象，服务营销学则是以服务企业的行为和产品营销中的某些服务环节作为研究对象。因此，从服务形态来看，服务企业与生产企业的营销行为存在一定的差异。

2. 分销渠道的差异

服务营销中，服务的生产和销售是同时进行的，其分销渠道与传统营销中的分销渠道完全不同（传统营销中，产品的生产、销售、流通在时空上是分离的）。因此，根据服务的特性，服务营销应匹配与之相适应的营销模式，注重服务过程与服务消费时空的统一性。例如，学校、幼儿园、医院、银行等机构应慎重考虑选址问题。

3. 客户管理的差异

服务营销强调对客户的管理，服务企业在提供服务过程中伴随服务消费，即服务过程与服务消费是同步的，服务提供过程即客户参与过程。因此，服务营销中，必须把对客户的管理纳入服务营销管理的全过程，以客户的需求及期望为营销的依据，开展针对性的营销活动。而传统营销强调的是以市场消费者为中心，其消费者需求具有一般性，因而客户管理中较少个性化体现。

**4. 质量管理的差异**

质量控制问题成为服务营销与传统营销相区别的重要标准之一。其原因在于服务质量很难像有形产品那样用统一的质量标准来衡量，因而服务企业要注重研究服务的过程质量控制，包括建立服务体系、服务规范、服务标准，以及人员的选拔与评估机制，加强与客户的沟通和有效的客户投诉处理机制等。

**5. 产品展示的差异**

无形性是服务营销的基本特征，无形性要求服务营销要研究服务的有形展示问题，包括有形展示的形式、方式、途径、技巧等。而传统营销不涉及这方面的问题。

**2. 服务营销组合模式**

传统的 4P's 营销组合策略主要适用于有形产品的营销，而服务产品的无形性和生产与消费同时进行的特殊性，决定了传统的营销组合策略的不适用。1981 年，布姆斯和比特纳（Booms & Bitner）在 4P's 营销组合策略元素，即产品（Product）、价格（Price）、分销渠道（Place）和促销（Promotion）基础上，增加了人员（People）、有形展示（Physical Evidence）和过程（Process）3 个元素，形成了 7P's 营销组合策略，构成了服务营销的基本框架，介绍如下。

（1）产品

服务营销中的产品指的是企业或机构计划在市场上提供的具体服务内容。对于服务产品而言，必须综合考虑多个因素，包括但不限于服务范围、服务质量、服务水平、品牌建设、顾客保障及售后服务等。不同服务领域内，这些服务构成要素的组合方式差异显著。例如，在医疗服务行业，一家社区医疗门诊部与一家三级甲等医疗机构相比，不仅在服务范围上有所不同，而且在服务质量、服务水平的专业程度以及患者关怀等方面也表现出明显的区别。

（2）价格

服务产品在价格方面主要考虑价格水平、折扣和佣金、付款方式和信用等问题。价格是一种识别信号，在区别一项服务和另一项服务时，顾客可以从一项服务的价格感受到其价值的高低。价格要素会直接影响顾客对产品的预期，并形成对服务质量的预期。此外，顾客在价格与质量之间也会存在某种预期，价格与质量的关系也是服务定价的重要参考因素。

（3）分销渠道

通常，服务销售以直销为主，但也包含其他销售渠道，如借助服务中间商（包含批发商、零售商）、服务代理商、服务经纪人进行分销的各种间接渠道。企业也可通过代销或特许经营的方式进行服务分销。

（4）促销

服务营销中的促销是企业用来推广其服务、吸引新客户、保持现有客户并提高销售量的一种市场营销策略。它包括一系列短期激励措施，旨在加速客户的购买决策过程，增加短期内的需求。促销活动可以通过多种方式进行，常见的促销方式包括价格促销（折扣、限时优惠、免费试用）、增值促销（附加服务、赠品）、体验式促销（服务演示、用户分享体验返现）、会员忠诚计划（积分兑换、会员专属特权）、数字渠道推广（社交媒体互动、精准广告）等。

（5）人员

在服务产品提供过程中，人是一个不可或缺的因素。有些服务产品是由机器提供的（如自动提款机、自动售货机），有些由人员直接提供（如餐饮服务产品的提供，医疗服务的提供）。对于服务来说，提供服务的人本身就是服务产品的一部分，其贡献也和其他销售人员相同。由于大多数服务企业的员工往往承担服务表现和服务销售的双重任务，员工素质就显得极为重要。营销管理者必须重视对员工的选择、培训、激励和控制。一方面，高素质、符合要求的员工的参与是服务提供的一个必不可少的条件；另一方面，员工服务的态度和水平也是决定顾客对企业所提供服务的满意程度的重要因素。尤其是那些经营"高接触度"服务的企业，理想的情况是，员工能够胜任自己的工作，富于同情心，热情而主动，具有独立解决问题的能力，并且对人亲切友好。此外，顾客与顾客之间的关系也应受到重视，因为顾客之间的交流会影响对一项服务产品质量的认知。

 **案例分析**

### 海底捞的温馨服务

一个周末的晚上，刘女士和他的家人第一次去海底捞享用晚餐。他们之前已经听说过海底捞的出色服务，但这次亲身体验让他们更加深刻地感受到了。

刘女士一家刚进入餐厅，服务员就热情地迎接了他们。在点餐之前，服务员主动为他们提供了热毛巾，让他们清洁双手，这一细致入微的服务让刘女士一家倍感贴心。

点餐时，服务员耐心地为他们介绍每种菜品的特色和烹饪方法，并根据他们的口味偏好推荐了一些招牌菜品。同时，服务员特别询问了刘女士一家是否有食物过敏，以及其他特殊的饮食方面的要求。

在刘女士用餐过程中，服务员始终保持微笑着站在旁边，及时回应刘女士一家的服务要求。当刘女士的小女儿不小心将饮料洒在了身上时，服务员立即拿来纸巾，并主动询问是否需要帮助清洗或提供一件干净的儿童围裙，以防止弄脏小女儿的衣服。

此外，服务员还特别注意营造愉快的用餐氛围：主动与刘女士一家进行互动，询问他们对菜品的满意度，并分享了一些有趣的餐饮知识和海底捞的企业文化。

当晚餐结束时，服务员还为刘女士一家提供了一些小零食作为餐后甜点，并询问他们是否需要帮助叫车等。

这次用餐让刘女士一家感受到了海底捞细致周到且充满人情味的服务，也让他们度过了一个愉快、温馨的周末夜晚。

**案例分析**：海底捞的服务展现了其以顾客为中心的服务理念。从刘女士一家的体验来看，海底捞通过提供热毛巾，详细介绍菜品，关注顾客特殊需求，及时响应服务请求，主动营造愉快氛围以及提供餐后小零食等细节服务，不仅满足了顾客的基本用餐需求，更超越了顾客的期望，创造了温馨、贴心的用餐体验。这种服务不仅体现了海底捞对顾客需求的深刻理解，也展示了其员工的高度责任感和服务意识，成功塑造了品牌良好的口碑和顾客忠诚度。

（6）有形展示

服务是无形的，在服务消费决策中，消费者往往根据其能够感知的有形因素的状况来判断无形服务的质量，进而决定是否消费。作为服务营销的一项重要内容，有形展示起着十分重要的作用。服务企业的有形展示是服务传送的中介，有助于引导消费者对服务质量的合理期望，影响消费者对企业服务的印象，让消费者感受到无形服务能够为其带来的利益，进而激发消费需求。对有形展示进行科学管理，关键在于合理地设计、组合各种有形要素。通常，有形展示包含的要素有：实体环境（如环境的装潢和陈设情况）、服务提供时所需用的基础设施（如办理订票和手续所需的计算机和通信设备）及符号（如图片和标志）等。科学进行有形展示，要求企业对上述各有形要素进行合理的设计，并保证各种有形要素传达统一的信息。

（7）过程

在服务营销中，服务过程指的是企业向顾客提供服务的完整流程，包括从开始到结束的每一个步骤和互动环节。这个过程有三个重要特点：首先，它需要顾客的参与配合；其次，它是由一系列前后衔接的环节组成的；最后，服务过程要在标准化和灵活性之间取得平衡。一个好的服务过程设计需要考虑服务步骤、互动接触、顾客角色和应急方案四个方面，如表7-6所示。

**表 7-6　服务过程设计的要点**

| 设计要素 | 说明 | 示例 |
|---|---|---|
| 服务步骤 | 服务流程的先后顺序设计，确保环节衔接顺畅 | 银行业务：取号→等待→柜台办理→评价 |
| 互动接触 | 服务人员与顾客的关键接触点及互动方式 | 酒店入住：前台微笑问候、快速办理、主动提行李 |
| 顾客角色 | 顾客在服务过程中的参与内容和程度 | 自助火锅：顾客自选食材、调配蘸料、控制火候 |
| 应急方案 | 服务中断或出错时的补救措施和补偿标准 | 外卖延误：主动致歉、赠送优惠券、优先配送 |

## 7.5.3　服务营销策略

服务营销策略是指服务企业在推广、销售和交付服务过程中，为了实现营销目标而采取的一系列有计划、有针对性的市场营销活动。这类策略旨在满足顾客需求，提升服务品牌形象，增加服务销售量，并通过提供优质的服务体验来建立和维持长期的顾客关系。

**1. 服务营销产品策略**

服务的开发和规划是服务营销的起点，根据服务的特性，企业在开发和规划服务时需要注意以下两点。

一是尽量使服务有形化。由于服务的无形性，顾客在购买服务时往往难以事先理解该项服务，而通过服务的有形化，可以增强顾客购买服务的信心，更好地理解服务。例如，医疗机构提供的医疗体检卡，就将医疗服务有形化了。

二是尽量使服务标准化。服务企业提供的是人的服务，由于服务提供人员的不同，服务环境的不同，顾客每次体验的服务感受是不一样的。但是如果服务企业能够使服务标准化，则可使顾客对服务有清楚的认识，进而提高购买欲望，树立企业的品牌形象。

**2. 服务营销定价策略**

服务的定价策略同有形产品的定价策略没有本质上的区别。就基本的定价策略而言，服务的定价方法也可以采用需求导向定价法、竞争导向定价法和成本导向定价法等。常见的服务定价方法主要有以下几种。

（1）固定定价法

固定定价法是指企业不考虑服务对象的差异，预先设定固定的服务单价，如每小时服务价格是多少。这种定价的前提条件是该项服务可以被分割。企业通常根据经验或市场情况来确定服务的价格。

（2）利润最大化定价法

利润最大化定价法是企业为追求当期利润最大化而为服务所制定的价格，但应注意服务定价过高，顾客会寻找替代品，导致服务需求和利润水平下降。

（3）成本导向定价法

这是指服务定价以成本为基础，一般按照成本加成的方式定价的方法。这种定价方式首先需要明确服务的成本，然后在成本基础上加成定出零售价格。成本导向定价法简单明了，适应市场需求状况，可使企业保持合理的利润水平。

（4）竞争导向定价法

竞争导向定价法包括两种，一种是以市场通行价格来定价的方法，即市场通行价格法；另一种是以竞争对手的价格为参照而制定一个竞争性价格的方法。市场通行价格定价法以该种服务的市场通行价格作为定价的基础，避免价格战，价格容易为顾客所接受，企业也可获得利润。后一种方法则是企业为了维持或增加市场占有率，相对于竞争对手获得更多的竞争优势而采取的进取型定价方法。

（5）需求导向定价法

需求导向定价法是指企业根据市场需求状况和顾客对产品的感觉差异来确定价格的定价方法。采用这种定价法的企业着眼于顾客需求的变化，以顾客的消费态度和行为为依据，进行适当的价格调整和变动。

### 3. 服务营销渠道策略

针对目标市场对服务的特殊需求和偏好，服务企业可采用以下两种渠道策略。

（1）直销策略

服务企业直接对顾客提供面对面的服务。因为服务的不可分离性，即服务和服务提供者不可分开，所以服务企业普遍采用直销策略，如医疗机构提供的医疗服务，餐饮店提供的餐饮服务等。

（2）中介营销策略

中介营销策略是指由中介提供的分销策略。根据中介机构形式的不同，服务营销的中介营销策略又可分为以下几种。

① 代理人策略。这是指依据代理合同的规定，中介机构获得服务提供者的授权，成为某一个地区或领域的销售代理人。例如，船运代理人接受运输人的委托，进行订舱、报关等服务等。

② 经纪人策略。在某些市场，服务因传统或习俗约定，必须由中介机构代理。在市场上，经纪人为服务提供者和顾客双方提供信息，充当中介并收取佣金。例如，足球运动员聘请经纪人，通过他办理转会、接洽代言等，经纪人代理费用可由任一方或双方支付。

③ 经销商策略。经销商是指将服务产品买进后再售出，以获取进销差价带来的利润的企业，包括批发商和零售商。批发商以一定的销售规模包销服务企业的服务产品，如旅行社、

旅游公司包销火车票、飞机票等。零售商以门店接受广大顾客的服务订单，从事服务产品的供应，如干洗店、照相馆等提供的服务。

④ 特许经营策略。这是指特许者将自己所拥有的服务商标、商号、产品、专利和专有技术、经营模式等以特许经营合同的形式给予被特许者（加盟者）使用，被特许者按合同规定，在特许者同意的业务模式下从事经营活动，并向特许者支付相应的费用。例如，麦当劳总部授权加盟商使用其全球知名的金色拱门商标、标准化的食品制作流程，以及成熟的经营体系。作为支持，麦当劳总部为加盟商提供从科学选址、员工培训到全球供应链管理的全方位保障。同时，加盟商必须严格遵守统一的操作标准和服务规范，并支付一定的费用给麦当劳。

**4. 服务营销促销策略**

服务的促销是指服务企业为了提高服务产品销售量而加快新服务的引入，加速顾客接受新服务的沟通过程。服务的促销与有形产品的促销相比更为困难，因为服务的无形性和异质性，使其更难以向顾客展示和说明。服务企业任何促销努力的目的都是通过沟通、说服和提醒等方法，最大限度地增加服务产品的销售量。从服务促销的形式来看，服务促销对象不只限于顾客，也包括企业雇员和中间商。具体来说，服务促销组合和有形产品的促销组合一样，包括广告促销、人员推销、销售促进和公共关系促销。

（1）广告促销

企业广告促销的目的是在顾客心目中树立企业良好的形象，增进顾客对企业服务水平的认同，进而促进服务的销售。由于服务具有无形、多样、易逝和不可分割性的特点，顾客在购买服务时往往面临着较大的选择困难和消费风险。因此，服务广告必须遵守特定的指导原则与策略，如表 7-7 所示。

表 7-7　服务广告的指导原则与策略

| 指导原则 | 应用策略 |
| --- | --- |
| 信息明确 | 使用明确的信息，恰当地传达服务的内涵 |
| 有形线索 | 广告中应该使用有形线索作为提示，增强促销效果 |
| 内容连续 | 广告中持续地使用象征、主题、造型或形象，加深受众的印象 |
| 强调利益 | 广告要多强调给顾客带来的实际利益满足 |
| 信守承诺 | 广告只能承诺可提供和顾客能得到的服务 |
| 激励员工 | 在广告中宣传员工形象，激励员工努力表现 |
| 加强合作 | 在广告中争取和维持顾客的配合与合作 |
| 增强信任 | 突出服务的质量，鼓励顾客将服务购买和使用后的收益告知给其他人，消除顾客购买后的疑虑 |

（2）人员推销

服务营销促销活动中，人员推销是一种非常重要的促销方式。这是因为，一方面，推销者本身就是服务的提供者；另一方面，服务是无形的，需要推销人员耐心、专业、细心地解释和介绍。

服务企业人员推销的指导原则主要有：发展与顾客的个人关系，采取专业化导向，利用间接销售，建立并维持有利的形象，销售多种服务而不是单项服务，使采购简单化。

**课堂提问**

服务营销的人员推销方式与传统营销的有何不同？服务营销的推销人员需要具备哪些能力和素质？

（3）销售促进

销售促进是一种促进服务销售的诱导性短期营销行为。服务更需要销售促进，一是服务是无形的，实物形式少，客户购买时很难对服务形成整体的印象，容易产生购买疑虑。二是销售促进可以调节销售的淡旺季，调节销售的高低峰。促销能够调节供需波动，使得服务企业的服务资源被充分利用。三是销售促进还可以形成新的服务特色，赢得顾客的追捧和口碑传播。

从促销的方式来看，销售促进的方式包括赠送、短时期价格折扣、优惠券、礼品赠送、有奖销售、签约返利等。

（4）公共关系促销

在服务营销活动中，与公众、消费者、政府、媒体等建立良好的关系非常必要。服务的无形性使得企业不太容易与公众建立信任关系，因此，企业需要加强公共关系促销，加强宣传，树立可靠的形象，以赢得公众的信任。常见的公共关系促销手段包括举办新闻或产品发布会，邀请社会各界参观，赞助公益事业及体育赛事等。

**5. 服务营销人员策略**

服务的生产与消费紧密交织，服务人员与顾客在服务生产和消费过程中不断互动，直接影响服务水平以及顾客对服务质量的感知。因此，服务企业必须做好对服务人员的选择、培训及激励工作。此外，服务企业还应注意培养服务人员的集体协作意识，并建立合理有效的服务评价机制。

**6. 服务营销有形展示策略**

服务的无形性决定了顾客无法在见到或者接受服务之前认识它、理解它。有形展示策略将无形服务进行有形展示，可以帮助顾客对服务形成初步的印象，从而促进销售。有形展示策略是服务营销中最具特色的一种营销策略。

有形展示是指服务过程中能被顾客直接感知和提示服务信息的有形物。有形展示策略把无形服务有形化，把无形的服务内容、服务质量切实展示在顾客面前，便于顾客评估服务效用和质量，实际上是一种证明服务内容与质量的策略。有形展示策略在服务营销中已成为重要的营销策略。

服务营销有形展示主要有以下 3 种类型。

① 环境展示。利用空气的质量、噪声、气氛、整洁度等环境要素展示服务。

② 品牌展示。利用品牌标识、包装、建筑风格等设计要素进行服务展示。

③ 社交要素展示。利用所有参与服务过程的顾客与员工涉及的社交要素进行服务展示。员工的态度和行为会影响顾客对服务质量的期望和评价，如一位态度和蔼、亲切的员工会让顾客产生好的主观感受，不过会高估所提供的服务质量。

**7. 服务营销过程管理策略**

服务营销过程管理是指企业通过系统化的规划、组织、实施和控制，对服务营销的各个环节进行优化，以确保服务交付的质量、效率和顾客满意度。对于服务企业的顾客来说，其在消费服务中所获得的利益和满足，不仅来自服务本身，而且来自服务的递送过程。研究表明，较好的服务递送可以促进服务企业在管理方面获得更强的营销杠杆效应和促销优势。

营销服务过程管理策略涉及过程管理与控制两方面，即完善服务系统与服务作业程序，以及建立服务监督机制。具体措施有：①通过选拔、培训、激励、考核等方式提高员工的综合素质和服务专业技能，使其具备良好的服务意识，进而提高服务生产效率；②通过采用先进的技术手段，减少人为的主观因素影响，降低服务人员的劳动强度，稳定服务质量，提高劳动生产率；③通过创新，改进服务的生产和传递方式，降低生产成本，提高顾客满意度；④通过设计和提供更多、更好的顾客体验，来吸引并保持顾客在合作过程中的配合；⑤对服务供给与顾客需求进行调节，减少供需波动和相互之间的差距，达到均衡状态。

## 本章实训

**1. 实训目标**

熟悉企业品牌的构成要素，掌握品牌策略的制定与实施方法。

**2. 实训内容及步骤**

（1）将全班同学划分为若干实训团队，各团队推选一名同学作为实训团队负责人。

（2）授课老师讲解实训要点和注意事项。

（3）各团队进行内部分工，并收集案例材料。

（4）各团队认真分析案例，在此基础上撰写分析报告。

（5）各团队制作 PPT 演示文件，推选一名代表在课堂上汇报，授课老师进行点评。

**3. 实训成果**

实训作业——《某企业品牌策略分析》。

## 本章习题

**一、单选题**

1. （　　）是产品整体概念中最基本、最主要的部分，是指消费者购买某种产品时所追求的效用或利益。

　　A. 核心产品　　　B. 层次产品　　　C. 期望产品　　　D. 附加产品

2. （　　）是核心产品的载体。

　　A. 期望产品　　　B. 形式产品　　　C. 附加产品　　　D. 无形产品

3. 产品组合的（ ）是指产品组合中某一产品线所包含的产品项目数。

    A. 长度          B. 深度          C. 宽度          D. 关联度

4. 在产品（ ）阶段，企业可采取的营销策略包括市场改良策略和市场营销组合改良策略。

    A. 引入期        B. 成熟期        C. 衰退期        D. 成长期

5. 服务的（ ）特征表明，消费者只有参与到服务的生产过程中，才能最终消费服务。

    A. 无形性        B. 不可分离性    C. 差异性        D. 不可储存性

## 二、多选题

1. 产品组合的四个组成要素是（ ）。

    A. 宽度               B. 长度                C. 深度

    D. 关联度             E. 高度

2. 产品线延伸策略主要包括（ ）。

    A. 向上延伸策略        B. 向下延伸策略        C. 向左延伸策略

    D. 向右延伸策略        E. 双向延伸策略

3. 产品的四个生命周期阶段是（ ）。

    A. 开发期            B. 引入期            C. 成长期

    D. 成熟期            E. 衰退期

4. 下列属于品牌构成要素的是（ ）。

    A. 文字              B. 符号            C. 图案

    D. 颜色              E. 标记

5. 服务营销有形展示类型包括（ ）。

    A. 环境展示        B. 品牌展示        C. 社交要素展示

    D. 价格展示        E. 产品展示

## 三、名词解释

1. 产品组合    2. 产品线延伸    3. 产品生命周期    4. 品牌定位    5. 服务营销

## 四、问答题

1. 在产品成长期，企业可采取的营销策略主要有哪些？

2. 可供企业选择的产品组合策略主要有哪几种？

3. 新产品开发的风险主要有哪些？

4. 试论述产品生命周期中衰退期的企业营销策略。

5. 试论述服务营销产品策略。

## 案例讨论

### 深圳传音控股股份有限公司在非洲市场的产品策略

    深圳传音控股股份有限公司（以下简称"传音控股"或"传音"）是一家专注于智能终端设计和研发的企业，主要从事以手机为核心的智能终端的设计、研发、生产、销售和品牌运营，致力于成为新兴市场消费者喜爱的智能终端产品和移动互联服务提供商。公司的主要产品包括 Tecno、Itel 及 Infinix 三大品牌手机,以及数码配件品牌 Oraimo、家用电器品牌 Syinix 和售后服务品牌 Carlcare。

传音控股的销售区域主要集中在非洲、南亚、东南亚、中东和拉美等全球新兴市场地区。公司在非洲市场取得了较高的市场占有率,是非洲手机市场的领导者。2023 年传音产品在非洲智能机市场的占有率超过 40%,在非洲排名第一。

传音的成功与其清晰的商业战略密不可分。其通过采用"全球本地化"商业战略,打造了既可以全球销售又可以定制的产品,重点关注非洲消费者的需求。

针对非洲市场的特点,传音旗下品牌 Tecno 专注于改善深色肤色曝光问题,在研发过程中投入了大量资金,通过分析数百万张非洲人的照片,了解当地用户的曝光和色温偏好,最终将这些偏好整合到相机设计中。

在埃塞俄比亚,Tecno 成为首个推出阿姆哈拉语键盘的手机品牌,拓展了全新的客户群。同时,斯瓦希里语和豪萨语键盘也已装配在传音设备中。

非洲的运营商多达几十家,用户普遍拥有多张 SIM 卡,而运营商覆盖范围有限,通话费用高。针对这一市场特点,传音推出了双卡双待和四卡四待手机,满足了当地用户一机多卡的需求,迅速占领了市场。

针对非洲地区独特的气候和使用环境,传音还推出防汗防腐技术,开发了环境温度检测电流控制、防汗液 USB 端口、低成本高压快充技术和超长待机电池等,确保产品能在恶劣条件下长时间稳定运行。此外,传音还研制了可连续使用 21 天的超长待机电池,确保手机待机时间达到半个月以上。

在移动互联网生态构建中,传音依托用户流量和数据资源,致力于开发适应非洲网络环境的移动互联产品,重点在离线模式场景下进行产品技术创新和本地化运营。2023 年 10 月,传音与联合国非洲经济委员会签署合作备忘录,共同推动非洲的数字化转型。

传音与网易、腾讯等国内领先的互联网企业开展出海战略合作,共同开发和孵化移动互联网产品。截至 2023 年底,传音旗下自主与合作开发的音乐类应用 Boomplay、新闻聚合类应用 Scooper 和综合内容分发应用 Phoenix 月活用户数均超过 1000 万。Boomplay 是深耕非洲市场多年的领先音乐流媒体平台,新增了音乐游戏、直播、音乐人赋能平台等功能。Scooper 作为非洲顶尖的信息流与内容聚合平台之一,增设自制节目以提升当地创作者的参与度。Phoenix 则根据用户洞察和本地化能力,推出多项针对新兴市场用户的本地化功能,成为受非洲用户欢迎的综合内容分发应用之一。

资料来源:商学院杂志官方网易号。

**思考讨论题:**

1. 传音公司是如何针对非洲市场的特殊需求,在产品设计和功能上进行创新,以提升其产品在当地市场的竞争力的?

2. 传音公司在非洲市场是如何通过品牌差异化策略来赢得消费者青睐的?

# 第8章
# 价格策略

 **本章导读**

价格策略是市场营销组合策略的重要组成部分。合理的定价有助于激发消费者的购买欲望，提升企业在市场上的竞争力，增加产品销售并提高企业的盈利。本章主要介绍影响企业定价的因素、定价方法、定价策略，以及企业价格调整策略等内容，其中定价方法和定价策略是本章学习的重点。

 **知识结构图**

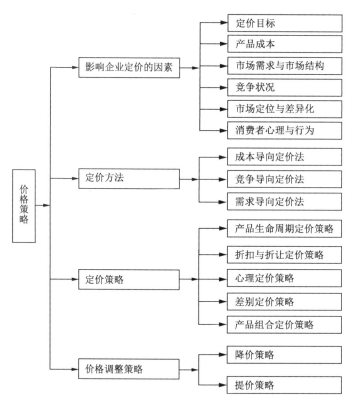

 **开篇引例**

**小米 SU7 定价策略揭秘：短期亏损换长期盈利？**

在新能源汽车赛道上，小米 SU7 的亮相无疑为市场注入了新的活力。然而，伴随着这款新车型的热议，其成本构成和定价策略也引起了公众的广泛关注。根据官方披露数据，小米 SU7 的整车成本高达 30.0024 万元，其中三电系统（电池、电机、电控）成本为 13.182 万元，占比 43.95%，成为最大成本项；车身与底盘成本为 4.388 万元（占比 14.63%），智能网联系统成本为 4.103 万元（占比 13.68%），其他成本占比 27.74%。小米汽车在新品发布会上公布的 SU7 定价与这一成本结构之间存在显著差异，这不禁让人质疑：小米 SU7 卖出一台车，真的在"亏本"吗？

在新能源汽车市场竞争日趋激烈的背景下，小米 SU7 的定价策略显得尤为重要。小米通过亲民的定价策略，积极回应消费者需求。尽管成本是定价的重要影响因素，但小米选择了更具吸引力的定价，以争取更多的市场份额，这无疑是一种策略性的市场行为。

在小米的投资者会议上，雷军宣布了 2024 年小米 SU7 的交付目标是超过 10 万台，并透露了预期毛利率将在 5%～10%。他坦诚地说明了小米 SU7 可能面临的亏损问题，强调在汽车产业中，这样的利润率实际上意味着"每卖出一辆车，公司就会亏损一些"。雷军的表态，反映了小米对市场现实的清醒认识，也展现了其长期发展的坚定信心。

小米的商业模式聚焦于"未来"，这一战略在小米 SU7 车型上得到了体现。初期因高成本和有限销量导致的亏损，是小米预期内的情况。但随着销量的增长，规模效应将降低硬件成本。通过深化供应链合作，小米有望实现成本控制，逐步达到盈亏平衡，进而实现盈利。这种策略反映了小米在产品推广初期愿承受短期亏损，以长期市场渗透和成本优化为基础，追求持续盈利的商业理念。

资料来源：改编自百度百家号。

问题：请对小米 SU7 的定价策略进行评述。

# 8.1 影响企业定价的因素

定价是指企业对某一产品或服务的价格进行设定的过程。影响企业定价的因素很多，除了定价目标外，还包括产品成本、市场需求与市场结构、竞争状况等。下面分别进行介绍。

## 8.1.1 定价目标

定价目标是指企业通过制定特定价格所想要达到的预期目的。定价目标是企业进行价格决策的主要依据和出发点，决定了企业在产品或服务定价时所采取的策略和最终确定的价格水平。企业定价的目标有很多种，在不同时期也会存在差异。但企业定价必须根据目标市场战略和市场定位战略来进行。具体来说，企业的定价目标主要有以下几个。

价格的含义及作用

**1. 维持生存**

维持生存是企业的最低目标，也是迫不得已的目标。当企业产能过剩、库存积压严重，或由于市场竞争激烈，产品大量滞销时，为了能够生存下去，企业必须通过低价来促销产品，（包括服务，下同）以维持正常的运营。

**2. 追求当期利益最大化**

现代企业面临的经营环境瞬息万变，再成功的产品也很难在竞争中维持长期的优势地位。所以，企业在面对有利的市场机遇，如竞争者尚未变得强大、产品受专利保护以及市场需求旺盛而导致产品供不应求时，就可以为产品制定较高的价格，从而获得更高的收益。因此，追求当期利益最大化是企业定价的重要目标之一。

**3．获得更高的市场占有率**

市场占有率对企业的成本和盈利水平有着重要的影响。一般来说，市场占有率高的企业会因为规模经济效应而获得比竞争者更低的成本，同时也会因消费者众多而获得更高的知名度和更大的影响力。所以，不少企业为了获得更高的市场占有率，会为产品制定比竞争者更低的价格。

**4．应对市场竞争**

价格竞争是市场竞争的重要手段之一。企业运用价格竞争策略时，竞争能力弱者多采取略低于强者的定价策略；竞争能力强或在某些方面优于同行者，则会采取高于竞争者的定价策略；竞争能力与竞争者不相上下时，企业可采用与竞争者相同的定价策略。

**5．树立或提升企业形象**

企业形象是企业的无形资产和宝贵财富，是社会对企业的整体感觉、印象和认知，是企业状况的综合反映。为了树立或提升企业的形象，企业在定价时需要考虑3个方面的因素：一是企业的价格水平能否被目标消费者所接受，是否同他们期望的价格水平接近，是否有利于企业整体策略的有效实施；二是企业产品的价格是否使目标消费者感到质价相称、独具特色；三是企业的定价目标是否符合国家宏观经济发展目标，是否符合社会和职业道德规范。

## 8.1.2 产品成本

如果说竞争决定了产品的最高定价，那么成本就决定了产品的最低定价。任何企业的经营行为最终是为了获取利润，所以从长期来看，任何产品的价格都应高于其所发生的成本。生产经营过程中的耗费从销售收入中得到补偿，企业才能获得利润，生产经营活动才能继续进行。可见，产品成本是影响企业定价的基本因素。因此，产品的价格不仅包括所有生产、分销和推销该产品的成本，还包括对企业付出的努力和承担的风险的公允的报酬。

产品的成本可以分为固定成本和可变成本两类。固定成本是指在短期内不随企业产量和销售收入的变化而变化的成本，如厂房设备的折旧费、租金、利息、行政人员的工资等。而可变成本是指随生产水平的变化而直接变化的成本，如原材料费、绩效工资等。企业不开工生产，可变成本就等于零。成本是企业收益的减项，因此降低成本是提高企业经济效益的有效途径之一。

## 8.1.3 市场需求与市场结构

市场需求是影响定价的关键因素。市场需求的大小、稳定性和价格弹性都会对企业的定价策略产生直接影响。在需求旺盛的市场中，企业往往拥有更大的定价空间，可以通过提高价格来增加利润。相反，在需求低迷的市场中，企业可能需要通过降价来刺激消费，扩大市场份额。

此外，市场结构也是影响企业定价的重要因素。按照卖方在市场上的竞争程度不同，市场结构可以分为完全竞争市场、完全垄断市场、垄断竞争市场和寡头垄

延伸学习

价格与需求弹性

断市场 4 种类型。市场结构决定了企业定价的自由度和策略选择，不同类型的市场结构特点及企业定价如表 8-1 所示。

**表 8-1　不同类型市场结构特点及其定价**

| 市场结构 | 定义 | 特点 | 企业定价 |
| --- | --- | --- | --- |
| 完全竞争市场 | 没有任何人为干扰或垄断因素存在的市场 | 市场上存在着众多的买方和卖方，但其中任何单个买方和卖方的定价都不能够影响整个行业的产品价格水平；产品是完全同质的，具有完全的可替代性；企业可以自由地进入或者退出某个行业；生产者和消费者都具有充分和对称的产品知识和市场信息 | 价格是在竞争中由整个行业的供求关系自发决定的，每一家企业只是既定价格的接受者 |
| 完全垄断市场 | 由一家企业完全控制某一部门或行业全部产品的生产和销售的市场 | 市场上只存在唯一的企业，该企业的产销量就是全行业的产销量；该企业提供的产品是独一无二的，市场上没有任何相同或相近的替代品；市场进入壁垒极高，新企业无法加入该行业；卖方掌握较多的市场信息，而买方对市场信息了解较少 | 卖方完全控制了市场，可以在法律允许的范围内随意定价，企业有充分的定价权 |
| 垄断竞争市场 | 既有垄断又有竞争的市场 | 市场上存在较多的企业，企业和企业之间存在着激烈的竞争；企业之间生产和供应的产品既有一定的差别，又有较高的可替代性；企业进入或退出行业较容易，但并非完全自由；交易双方所掌握的信息基本上是充分的 | 企业拥有一定的定价自由，但受市场竞争的影响较大 |
| 寡头垄断市场 | 由少数几家大企业共同控制某一部门或行业产品生产和销售的市场 | 行业内部存在少数几家规模较大的企业，每一家企业的产销量都不分上下，都有足够的能力来影响全行业的供求状况和价格水平；产品同质和异质的情况都有，产品的可替代程度有高有低；企业进出市场都有一定的障碍；交易双方所掌握的信息不完全，也不对称 | 价格不是通过市场供求决定的，而是由几家大企业通过协议或默契形成的，一般较为稳定 |

## 8.1.4　竞争状况

竞争对手的定价策略对企业定价具有重要影响。在竞争激烈的市场中，企业需要密切关注市场竞争状况，关注竞争对手的价格动态，以便及时调整自己的定价策略。如果竞争对手定的价格较低，则企业可能需要通过降价来保持市场竞争力。然而，过度的价格战可能会导致企业利润下降，甚至陷入亏损的境地。

因此，企业在制定定价策略时，需要权衡市场份额和利润之间的关系，一方面，通过合理的定价吸引消费者，扩大市场份额；另一方面，要保证企业的盈利，实现可持续发展。

## 8.1.5　产品定位与差异化

产品定位是指企业根据市场需求和竞争状况，为产品在市场上树立一个独特的形象和地位的过程。产品定位直接影响企业的定价策略。如果企业的产品定位是高端、豪华或专业产品，那么其价格往往较高。相反，如果产品定位是大众、实惠或日常用品，价格则相对较低。

产品差异化是指企业通过产品核心功能差异化、延伸服务差异化、体验场景差异化、品牌形象差异化等方式，使自己的产品与竞争对手的产品产生区别，从而增加自己的产品的附加值和吸引力。差异化程度越高的产品，往往能够获得更高的溢价空间。因此，企业在制定定价策略时，应充分考虑产品的差异化程度和市场接受度。

## 8.1.6　消费者心理与行为

消费者心理与行为是影响企业定价的重要因素。消费者对价格的敏感度、购买习惯、品牌忠诚度等都会影响到企业的定价策略。例如，对于价格敏感度较高的消费者，企业可能需要通过低价策略来吸引他们；而对于品牌忠诚度较高的消费者，企业则可以通过高价策略来维护品牌形象和利润空间。

除此之外，企业定价应考虑的因素还包括宏观经济环境与政策，相关的法律与法规，企业内部人员的意见及竞争对手的反应等。

# 8.2　定价方法

定价方法是指企业为确定产品的售价而采用的具体方法。常见的定价方法有成本导向定价法、竞争导向定价法和需求导向定价法这三种。企业应在定价目标的指导下，综合考虑各种影响因素，选取合适的定价方法。

## 8.2.1　成本导向定价法

成本导向定价法是指企业以产品成本为基础，加上预期利润，并结合销量等有关数据和信息，确定价格水平的定价方法。这是企业最基本、最普遍采用的定价方法之一。成本导向定价法可以分为以下几种具体的形式。

**1. 成本加成定价法**

成本加成定价法就是在产品单位成本的基础上，加上预期的利润作为产品的最终售价。售价与成本之间的差额在这里称为"加成"，实际上就是预期利润，成本加成率即预期利润与产品总成本的百分比。

其公式为：

$$单位产品售价 = 产品单位成本 \times （1 + 成本加成率）$$

例如，某企业生产的某产品单位成本为 15 元，成本加成率为 20%，则该产品的最终售价为 15×(1+20%)=18 元。

这种定价方法的优点是价格能够补偿并满足企业对利润的追求；计算简便，能够简化定价程序；既考虑了成本因素，又考虑了适当的利润率，对买卖双方都比较公平；当同行业中，所有企业都采用这种定价方法时，不会出现恶意的价格竞争。但是，这种定价方法忽视了市场需求、竞争状况以及消费者的心理因素，难以适应复杂多变的市场情况。当市场供求基本平衡，同行间竞争不太激烈，且产品的成本较为稳定时，企业采用成本加成定价法是一种较好的选择。

**2. 目标利润定价法（收益率定价法）**

目标利润定价法是指企业根据预计的总销售收入（总成本+目标利润）和预计销量来制定价格的方法。

其公式为：

$$产品价格 = （总成本 + 目标利润） / 预计销量$$

这种定价方法计算上简便。如果企业能按照所定的价格实现预计的销量，就能达到预期的利润目标。企业在产品销量比较稳定的情况下可以采用这种定价方法。但这种定价方法存在着较为严重的缺陷，即企业以估计的价格来确定销量，而价格恰恰是影响销量的重要因素，这就有些因果倒置了。

**3．损益平衡定价法**

损益平衡价格就是企业的保本价格。损益平衡定价法是企业运用盈亏平衡的原理确定产品价格的一种方法，又称收支平衡定价法、量本利分析法或保本点定价法。这种定价方法基于企业未来生产数量、成本、价格及收益之间的关系分析，在假设企业产品全部实现销售的前提下，通过计算确定使企业达到盈亏平衡的产品最低销售价格。该方法主要用于合理确定产品售价，确保企业既不亏损也不盈利。

其公式为：

$$损益平衡价格=单位变动成本+固定成本/损益平衡的销量$$

损益平衡定价法应用的前提条件是企业生产的产品能全部销售出去，通过在保本点上定价和扩大销售来盈利。损益平衡定价法的优点是企业可以在较大的范围内灵活掌握价格水平，并且计算较简便。这种方法侧重对企业总成本费用的补偿，对于有多条产品线和多个产品项目的企业尤为适用。

**4．边际贡献定价法**

边际贡献定价法也称为边际成本定价法，即仅计算可变成本而不计算固定成本的一种定价方法。其具体做法是在可变成本的基础上加上预期的边际贡献作为产品的定价。

具体计算公式为：

$$边际贡献=价格-单位可变成本$$

将上式进行变换，可得到单位产品售价的计算公式：

$$单位产品售价=单位可变成本+边际贡献$$

边际贡献定价法的原则是，当单位产品售价高于单位可变成本时，就可以考虑使用价格作为产品售价。因为不管企业是否生产、生产多少，在一定时期内固定成本都是要发生的，而单位产品售价如果高于单位可变成本，这时产品销售收入弥补可变成本后的余额可以弥补固定成本，以减少企业的亏损（在企业维持生存时）或增加企业的盈利（在企业扩大销售时）。

如果边际贡献不足以弥补固定成本，那么企业将出现亏损。企业在经营不景气，销售困难，生存比获取利润更重要时，或在企业生产能力过剩，只有降低售价才能扩大销售时，可以采用边际贡献定价法。

## 8.2.2　竞争导向定价法

竞争导向定价法是指企业根据市场上同类产品的竞争状况来确定该产品价格的定价方法。这种定价方法又可进一步细分为随行就市定价法、竞争价格定价法和密封投标定价法。

**1．随行就市定价法**

随行就市定价法是指企业依据本行业通行的价格水平或平均价格水平来定价的方法。它要求企业制定的价格与同行业中的竞争者制定的价格保持一致。这种定价方法常用于下列情形：企业难以估算精确的成本；企业打算与同行和平共处；企业如果另行定价，难以预测消费者和竞争者的反应。

**2. 竞争价格定价法**

与随行就市定价法相反，竞争价格定价法是企业主动求变的定价方法，一般为行业中实力雄厚或产品独具特色的企业所采用。其具体做法是，首先，企业将市场上同类产品的价格与本企业产品的现行价格（或预计价格）进行比较，分出高于、一致和低于3个层次；其次，企业将自身产品与竞争产品在性能、质量、成本、款式、产量、品牌影响力等几个方面进行全方位比较，分析出现价格差异的原因；最后，根据上述分析，企业确定自身产品的特色、优势和市场定位，在此基础上制定相应的产品价格。

**3. 密封投标定价法**

密封投标定价法是指在招标竞标的情况下，企业在分析竞争者报价的基础上制定投标价格的定价方法。因为是密封投标，企业并不了解竞争者的真实报价，只能大致估计，所以企业确定投标价格是一件较为困难的事情。如果定价高于竞争者的定价，就会落标，但如果定价过低，企业就可能无利可图，甚至会亏损。

### 8.2.3 需求导向定价法

需求导向定价法是一种以市场需求强度和消费者感受为主要依据的定价方法，包括理解价值定价法、反向定价法和需求差异定价法。

**1. 理解价值定价法**

理解价值定价法，又称感受价值定价法或认知价值定价法，是指企业根据消费者对产品价值的主观认知（而非生产成本）来制定价格的定价方法。其核心逻辑是价格应反映消费者心中认可的价值，而非简单的成本加成。

**2. 反向定价法**

反向定价法，顾名思义，就是指企业根据消费者能够接受的最终销售价格，逆向推算出中间商的批发价格和生产商的出厂价格的定价方法。这里的关键是企业要根据行业的实际情况确定零售商毛利率和批发商毛利率，然后利用以下公式进行计算。

$$批发价格=零售价格/（1+零售商毛利率）$$
$$出厂价格=批发价格/（1+批发商毛利率）$$

反向定价法的特点是企业在充分考虑市场需求的情况下，保证了中间商的正常利润，有利于加强与中间商的友好合作，从而加速产品渗透市场。

**3. 需求差异定价法**

需求差异定价法是指企业依据消费者需求的不同特性来确定产品价格的定价方法。例如，为同一产品在同一市场上制定两个或两个以上的价格，或使不同产品的价格之间的差额大于其成本之间的差额。实施需求差异定价法的主要依据有消费者差异、时间差异、地点差异和用途差异等。采用这种定价方法，企业可以最大限度地满足市场的需求，从而促进产品销售，使企业获取更多的利益。

# 8.3　定价策略

产品定价策略是企业实现定价目标的重要手段。常见的企业定价策略包括产品生命周期定价策略、折扣与折让定价策略、心理定价策略、差别定价策略、产品组合定价策略。下面分别进行介绍。

## 8.3.1　产品生命周期定价策略

这是一种根据产品在生命周期不同阶段的特点进行定价的策略。

**1. 引入期定价策略**

引入期是指新产品进入市场的初期，其特点是产品制造成本高、促销费用高，但销量少，市场占有率低。针对这些特点，企业可采取以下 3 种策略。

微课堂

产品生命周期
定价策略

（1）撇脂定价策略

撇脂定价策略为新产品制定高价，力求在短期内收回成本，以获取最大利润。这种定价策略就像从牛奶中撇取最上层厚厚的奶油那样，取其精华。根据企业投入促销费用的多少，撇脂定价策略又可分为以下两种。

① 快速撇脂策略。这种策略采用高价格、高促销费用的方式进行产品定价，以求迅速提高产品销量，取得较大的市场占有率。企业采取这种策略必须基于一定的市场环境，如大多数潜在消费者还不了解新产品，已经了解新产品的消费者急于求购，并且愿意按高价购买；企业面临潜在竞争者的威胁，需要迅速使消费者建立起对自己产品的偏好。

② 缓慢撇脂策略。这种策略以高价格、低促销费用的方式进行产品定价，以求获得更多的利润。这种策略可以在市场面比较小，市场上的大多数消费者已熟悉新产品，消费者愿意出高价，潜在竞争威胁不大的市场环境中使用。

撇脂定价策略适用于需求弹性较小的细分市场。这种策略有以下几个优点。

① 新产品上市时，消费者对其无理性认识，利用较高价格可以提高产品身价，迎合消费者的求新心理，有助于开拓市场。

② 主动性高，产品进入成熟期后，价格可分阶段逐步下降，有利于吸引新的消费者。

③ 价格高，抑制需求量迅速增加，使其与生产能力相适应。

撇脂定价方法的缺点是：高价格不利于扩大市场，并会很快招来竞争者，迫使价格下降。

**案例分析**

### 苹果公司的撇脂定价策略

苹果公司是全球知名的科技公司，拥有 iPhone、iPad、Mac 等多款产品，其中以 iPhone 手机最为知名。苹果公司在 iPhone 的定价上采用了撇脂定价策略，即在推出 iPhone 新品时，其定价总是高于市场上其他同类智能手机。得益于苹果强大的品牌影响力，即使新款 iPhone 定价较高，也依然吸引大量消费者购买。这种高定价策略不仅帮助苹果公司快速收回了研发成本，还为其创造了丰厚的利润。随着新款产品的发布和市场竞争的加剧，苹果公司会逐渐下调老款 iPhone 的定价。这种降价策略旨在吸引更多对价格敏感的消费者，进一步提升市场份额。

**案例分析：**苹果公司的撇脂定价策略是其市场成功的重要因素之一。通过高价上市和逐步降价的方式，苹果公司不仅实现了快速盈利和市场份额的扩张，还巩固了其在全球智能手机市场的地位。然而，这种策略也存在一定的风险。例如，若新款产品未能满足消费者的期望，或者定价过高导致消费者流失，都可能对苹果公司的品牌形象和市场份额造成负面影响。此外，老款产品频繁降价也可能损害品牌的长期价值。

（2）渗透定价策略

采用渗透定价策略的企业会在新产品投放市场时，将价格定得尽可能低，以求获得最高销量和最大市场占有率。渗透定价策略又可分为以下两种。

小米手机的渗透
定价策略

① 快速渗透策略。这是一种实行低价格、高促销费用的策略，企业可迅速将产品打入市场，以求取得尽可能大的市场占有率。当市场容量很大，消费者对新产品不熟悉但对价格非常敏感，潜在竞争激烈，企业随着生产规模的扩大可以降低单位产品生产成本时，企业适合采用这种策略。

② 缓慢渗透策略。这是一种以低价格、低促销费用来推出新产品的策略。这种策略适用于市场容量很大，消费者熟悉新产品但对价格敏感，存在潜在竞争者的市场环境。

对于企业来说，是采取撇脂定价策略还是渗透定价策略，需要综合考虑市场需求、竞争、供给、市场潜力、价格弹性、产品特性、企业发展战略等因素。

（3）满意定价策略

满意定价策略，是一种折中价格策略，介于撇脂定价策略与渗透定价策略之间。它是一种新产品投入市场时，企业采用适中的价格进行销售，使买卖双方均感到合理的定价策略。但这种定价策略过于中庸，不适合用于需求复杂多变和竞争激烈的市场环境。

**2. 成长期定价策略**

进入成长期以后，新产品销量迅速增加，成本开始迅速下降，质量逐步提高，市场占有率提高，市场竞争者开始进入。针对这一阶段的特点，企业可利用规模效益，通过适度降价来吸引消费者。当产品进入成长期时，企业的总定价目标是努力提高产品市场占有率。

**3. 成熟期定价策略**

成熟期是产品在市场上已经完全被消费者接受和认可，市场基本达到饱和的阶段。这一阶段的主要特点为：企业产品销量趋于平稳，增幅较小或趋于零；产品市场占有率最大化，利润稳定；市场潜在进入者不多，竞争趋于稳定。在这个阶段，企业必须根据市场条件的变化实行竞争价格策略。当产品进入成熟期时，企业的总定价目标是巩固产品市场占有率。

**4. 衰退期定价策略**

衰退期是产品在市场上逐渐被淘汰的阶段。这一阶段的主要特点是产品销量急剧下降，出现负增长；替代品出现，消费者兴趣转移，竞争者大幅降价销售产品，企业利润降到最低水平。在衰退期，企业可以采取驱逐价格（驱逐价格是指企业有意将产品价格降低到无利可图的水平，以期将竞争者驱逐出市场）和维持价格这两种策略。当产品进入衰退期时，企业的总定价目标是维持现有局面，实现新老产品的顺利交替，尽量减少企业损失。

### 8.3.2　折扣与折让定价策略

折扣与折让定价策略是指企业为鼓励客户及早付清货款、大量购买或增加淡季购买量而酌情降低产品价格的定价策略。折扣与折让定价策略主要有以下几种类型。

**1. 现金折扣策略**

现金折扣策略是指企业对在约定期限内或提前付清账款的客户给予价格折扣的一种策略。其目的是加速企业资金周转，减少收费费用和产生坏账的风险。企业运用现金折扣策略应该注意 3 个要素：折扣率、给予折扣的限制时间和付清货款的期限。例如，交易条款上写到"3/10,2/20,N30"，表明限定 30 天内付清货款，如果 10 天内付清给予 3%的现金折扣，10 ~ 20 天内付清货款给予 2%的现金折扣。

**2. 数量折扣策略**

数量折扣策略是指企业给予那些大量购买产品的客户一定的价格优惠的策略。客户购买数量越多，优惠力度也就越大。企业实施数量折扣策略的目的是鼓励客户购买更多的产品，因为客户的大量购买能够帮助企业降低生产、销售环节的成本费用。数量折扣分为累计数量折扣和非累计数量折扣两种形式。累计数量折扣是指企业规定客户在一定期限内累计购买数量超过规定数量或金额可以获得的价格折扣，目的在于与客户保持长期稳定的合作关系。而非累计数量折扣则指企业按照客户每次购买的数量或金额确定折扣率，所给予的折扣，目的是尽可能鼓励客户一次性大批量购买，以减少产品库存和降低流通费用。

**3. 功能折扣策略**

功能折扣策略是指企业向渠道中间商（批发商、零售商等）提供的额外价格折让，以补偿其承担的特定营销职能的定价策略。企业这样做的目的是促使中间商执行推销、储存和服务等营销功能。此外，通过给予中间商一定的价格折扣，企业可以鼓励中间商大批量订货，从而提高产品销量，与中间商建立长期、稳定、良好的合作关系。折扣的多少可依据中间商在工作中提供的功能数量而定。

**4. 季节折扣策略**

季节折扣策略是指企业在产品销售淡季时给予客户一定的价格优惠的策略。例如，客户在冬天购买空调或在夏天购买羽绒服，都能获得一定的价格优惠。企业实施季节折扣策略的目的是鼓励客户在淡季购买产品，以减少库存，加速资金流动。

**5. 价格折让策略**

价格折让策略是指企业提供另一种类型的价格优惠的策略，包括以旧换新折让、促销折让等。以旧换新折让在人们的日常生活中常见，也很好理解。促销折让一般是指制造商给予参加促销活动的中间商价格优惠。例如，某企业举行大型促销活动，所有产品的终端售价均有优惠，企业为弥补中间商的损失，对其给予进货价格优惠。

### 8.3.3 心理定价策略

心理定价策略是企业为迎合消费者的消费心理而采取的定价策略，主要包括以下几种类型。

**1. 尾数或整数定价策略**

在超市中人们经常可以看到，许多产品的价格都带有尾数，如 128.73 元等。这种定价策略基于消费者的一种微妙的心理感觉，使消费者觉得商家的定价很"实在"，能够精确到"分"，说明商家定价谨慎，没有"忽悠"消费者。另外，如 10.99 元或 9.99 元等的尾数定价会让消费者觉得商品不到 1 元或 10 元，从而产生价格低廉的感觉。相反，有些产品定价采取化零取整策略，不带零头，如定价为 1000 元而不是 999.99 元等，这样的定价能给消费者一种心理上的满足。买一部手机花 1000 元和花 999.99 元，虽然花费几乎相同，但给消费者的心理感觉不一样。前者给人的感觉是买了部千元级别的手机，而后者就不会让消费者产生这样的感觉。

**2. 声望定价策略**

声望定价策略是指企业利用消费者的"好货不便宜，便宜无好货"的心理，为在消费者心目中有良好声望的产品制定比较高的价格的一种策略。采用这种定价策略的目的有两个：一是提升产品的形象，以价格说明其具有较高的品质；二是满足消费者的地位表现欲望，适应消费者的消费心理。有些产品由于企业多年的苦心经营，在消费者中有了一定声誉，消费者对它们也产生了信任感，所以即使价格定得比一般产品的高一些，消费者还是能够接受。这种定价策略特别适合名牌产品和奢侈品，如劳斯莱斯汽车、阿玛尼西服等。

**3. 招徕定价策略**

一些超市和百货商店会将某几种产品的价格定得特别低，以招徕消费者购买正常价格的产品。企业采取招徕定价策略时，要注意两个问题：一是特价产品的确定，这种产品既要对消费者有一定的吸引力，又不能价值过高以致大量产品被低价售出，给企业造成较大的损失；二是数量要充足，保证供应，否则没有买到特价产品的消费者会有一种被愚弄的感觉，会严重损害企业形象。

**4. 习惯定价策略**

习惯定价策略又称固定定价策略和便利定价策略，是企业对在市场上销售多年，已形成固定价格的产品执行既定价格的一种策略。习惯定价策略主要适用于质量稳定、替代品较多、市场需求量大的常用产品。对于这类产品，企业在制定价格时应尽量顺应消费者习惯，不要轻易改变价格，否则会引起消费者的不满，导致购买的转移。

### 8.3.4 差别定价策略

差别定价策略也称歧视定价策略，是指企业根据不同消费者、不同地点和不同时间，对同一产品采取不同的定价的策略。也就是说，企业对同一产品的定价因情境的不同而有所差异，但这种差异并没有反映成本的变化。差别定价策略主要有以下 6 种类型。

**1. 消费者差别定价策略**

消费者差别定价策略是指企业将同一种产品以不同的价格销售给不同的消费者。例如，城市里对老年人提供免费公交车服务，对小学生提供票价优惠等。

**2．产品形式差别定价策略**

产品形式差别定价策略是指企业为不同型号或不同款式的产品分别制定不同的价格的策略。例如，用同种布料做出的服装因款式不同，以及消费者的接受程度不同，所制定的销售价格也不相同。

**3．地点差别定价策略**

地点差别定价策略是指企业为处于不同位置的产品制定不同的价格的策略，尽管这些不同位置的产品在成本上并无差别。例如，火车上的上、中、下卧铺票价不同；体育场的前排座位和后排座位价格也不同。

**4．时间差别定价策略**

时间差别定价策略是指企业根据季节、月、日甚至一天中的不同时段为同一产品制定不同的价格的策略。例如，某健身房单人健身定价为：周一至周五上午 10 元/小时，下午 12 元/小时，晚上 20 元/小时；周六日价格加倍。

**5．渠道差别定价策略**

渠道差别定价策略是指企业为经不同渠道出售的同一产品制定不同的价格的策略。这种策略的目的是保证渠道价格的稳定，保证中间商获得一定的利润。为此，企业为批发商、零售商和最终消费者制定了不同的产品价格。

**6．包装差别定价策略**

包装差别定价策略是指企业为不同规格和形式的产品制定不同的价格，但是不同规格和形式的产品的价格差额和成本费用之间的差额并不成比例的一种策略。这种定价策略多用于化妆品、洗护用品、药品和保健品等的定价。

## 8.3.5　产品组合定价策略

产品组合定价策略是指企业为了实现产品组合的利润最大化，在充分考虑不同产品之间的相互关系，以及某些产品的价格变动对其他产品的影响的基础上，系统地调整产品组合中相关产品的价格的策略。产品组合定价策略主要有以下 5 种类型。

**1．产品线定价策略**

产品线定价策略是指企业针对产品线内的不同产品，根据相关产品之间的成本、产品质量和档次的不同，消费者对相关产品的不同特点的评价以及竞争者产品的情况，分别制定不同的价格的策略。

**2．选购品定价策略**

许多企业在提供主要产品的同时，还会附带提供一些与主要产品密切相关的产品，如饭店里出售的饮料、汽车 4S 店里出售的防盗报警器等。有些饭店的饭菜价格不高，但饮料很贵，这样饭店就可以通过饮料的销售来获得较高的利润。这就是选购品定价策略。

**3．互补品定价策略**

所谓互补品，是指在功能上相互补充，需要配套使用的产品，如打印机与耗材，手机与手机电池，计算机硬件与软件，剃须刀与刀片等。企业实施互补品定价策略，往往将主体产品的价格定得很低，而将互补品的价格定得较高。这样做的目的是通过低价促进主体产品的销售，进而带动互补品的销售，这时互补品的高额利润不仅能够弥补企业因主体产品降价而遭受的损失，还会给企业带来利润。

**4. 副产品定价策略**

肉类加工、石油化工等行业的生产过程往往伴随副产品的产生。如果这些副产品价值较低且处置费用较高，为弥补这一方面的支出，企业就要为主产品制定较高的价格。相反，如果副产品的价值较高，制造商就可以为主产品制定具有市场竞争力的低价，以求占领更多的市场份额，然后通过副产品的高价销售赚取利润。这就是副产品定价策略。

**5. 产品系列定价策略**

企业实施这种策略，可以将相关产品组合在一起，制定一个比分别购买加起来的价格更低的价格，从而进行一揽子销售。采用这种策略时，企业提供的价格优惠应该足以吸引原本只准备购买部分产品的消费者转而购买全套产品。同时，企业也要注意不能进行硬性搭配，这样不但不利于产品的销售，反而会损害企业形象。

# 8.4 价格调整策略

企业所处的经营环境复杂多变，为了更好地适应这种动态的环境，企业需要适时对价格进行调整。价格调整可以是企业主动发起的，也可以是被动为之的。但不管怎样，其形式无外乎降价和提价两种。

## 8.4.1 降价策略

降价策略是企业在经营过程中经常采用的营销手段。产品降价的影响因素很多，不仅包括外部环境因素，也包括企业内部环境因素。企业一般会在发生以下情况时降低产品的价格：一是当企业的生产能力过剩，市场需求不足，导致库存积压严重，企业资金周转困难时，企业会通过主动降价以提高销量；二是当原材料成本下降，企业劳动生产率提高，总体生产成本下降，市场交易价格下降时，企业就随之降低价格；三是企业对现有的市场地位不满意，为了从竞争者手里夺取更多的市场份额，率先发起降价攻势，如当年的长虹公司通过数轮大幅降价，一举坐上了国内彩电市场上行业龙头的位置；四是当竞争者降价或采取变相降价的策略时，企业为了应对而不得已降低产品的价格。

## 8.4.2 提价策略

虽然提价常常会遭到客户、经销商甚至本企业销售人员的反对，同时还要承受市场竞争力减弱，政府干预的压力，但现实中部分企业还是会提高产品的价格。企业提价未必都是为了追求利润的增长，有时也是迫于通货膨胀以及原材料、人工成本及税负上涨的压力等。具体而言，在以下情况下，企业会采取提价策略：一是通货膨胀，物价普遍上涨，企业为了维持正常的利润水平，必须提高产品的价格；二是原材料成本、人工成本及税负上升，企业为消化这些增加的成本而提高产品的价格；三是产品供不应求，提高产品价格使企业有利可图；四是企业实施品牌向上延伸战略，为突出产品形象而提价。

**课堂讨论**

2024 开年，奢侈品牌又掀起新一轮的"涨价潮"。1 月 1 日，爱马仕完成了全产品价格线的上调，其中 Mini Kelly 一代上涨 1 万元至 56 500 元，涨幅达 21.5%，Birkin30 手袋从 92 750 元涨至 105 000 元，突破 10 万元大关。瑞士劳力士公司也在元旦后对其产品进行了全球统一调价，热门钢笔平均涨幅为 2%~5%，金表涨幅在 6%~8%；劳力士公司旗下另一品牌 Tudor 帝舵表也在同期涨价，平均涨幅在 3%左右。

问题：为什么奢侈品牌总是频繁涨价？其动因是什么？奢侈品牌应如何在涨价的同时，通过其他营销策略来平衡消费者心理和维持品牌形象？

企业实施价格调整策略一定要审时度势且要谨慎为之，一旦降价或提价不当，就会给企业带来无法挽回的损失。例如，有些景区在黄金周大幅涨价，引起了游客的极大不满，经互联网的广泛传播，这些景区成为人们出行的"禁区"。景区的经营者本想利用旅游旺季大赚一笔，不想因为提价不当，弄巧成拙反而颗粒无收。

## 本章实训

**1. 实训目标**

熟悉企业的定价方法，掌握企业定价策略的制定与实施。

**2. 实训内容及步骤**

（1）将全班同学以小组为单位组成若干实训团队，每组 5~6 人，各团队推选一名同学作为实训团队负责人。选择一款同学们熟悉的手机品牌为调查对象，调查该手机品牌的定价方法与定价策略。要求采用实地调查与网络调查相结合的调查方法。

（2）各实训团队在充分讨论的基础上，明确调查目的，确定具体的调查方法（包括实地调查和网络调查的具体方法），讨论并确定调查内容，设计调查问卷及访谈提纲，最终制订详细的调查实施方案。

（3）各实训团队按既定方案实施调查。

（4）各实训团队对调查数据进行汇总、整理与分析，并撰写被调查手机品牌的定价方法与定价策略分析报告。

（5）各实训团队制作 PPT，推选一名代表在课堂汇报，授课老师进行点评。

**3. 实训成果**

实训报告——《某品牌手机定价方法与定价策略分析报告》。

注：报告须包含封面、引言、正文（包括调查目的、方法、结果、分析和结论等）以及参考文献，字数不少于 3000 字。

**本章习题**

一、单选题

1. （　　　）定价法是指企业根据消费者对产品价值的主观认知（而非生产成本）来制定价格的定价方法。

    A. 需求差异　　　　B. 理解价值　　　　C. 随行就市　　　　D. 竞争价格

2. 企业针对消费者具有仰慕名牌商品或名店声望所产生的心理，对质量不易鉴别的商品的定价最适宜采用（　　　）。

    A. 尾数定价策略　　B. 招徕定价策略　　C. 声望定价策略　　D. 反向定价策略

3. 采用（　　　）的企业会在新产品投放市场时，将价格定得尽可能低，以求获得最高销量和最大市场占有率。

    A. 渗透定价策略　　　　　　　　　　B. 撇脂定价策略

    C. 尾数定价策略　　　　　　　　　　D. 招徕定价策略

4. （　　　）策略是指企业对在约定期限内或提前付清账款的客户给予价格折扣的一种定价策略。

    A. 数量折扣　　　　B. 价格折让　　　　C. 功能折扣　　　　D. 现金折扣

5. 在投标过程中，投标商对其价格的确定主要是依据（　　　）制定的。

    A. 市场需求　　　　　　　　　　　　B. 企业自身的成本费用

    C. 对竞争者的报价估计　　　　　　　D. 边际成本

二、多选题

1. 影响企业定价的主要因素有（　　　）。

    A. 定价目标　　　　　　B. 产品成本　　　　　　C. 市场需求与市场结构

    D. 经营者意志　　　　　E. 消费者心理与行为

2. 心理定价策略主要有（　　　）。

    A. 声望定价策略　　　　B. 习惯定价策略　　　　C. 尾数或整数定价策略

    D. 基点定价策略　　　　E. 招徕定价策略

3. 下列属于竞争导向定价法的有（　　　）。

    A. 随行就市定价法　　　B. 竞争价格定价法　　　C. 密封投标定价法

    D. 理解价值定价法　　　E. 需求差异定价法

4. 下列属于需求导向定价法的有（　　　）。

    A. 理解价值定价法　　　B. 地点定价法　　　　　C. 反向定价法

    D. 需求差异定价法　　　E. 目标利润定价法

5. 下列属于引入期定价策略的有（　　　）。

    A. 撇脂定价策略　　　　B. 心理定价策略　　　　C. 满意定价策略

    D. 产品组合定价策略　　E. 渗透定价策略

### 三、名词解释

1. 定价目标　2. 成本导向定价法　3. 反向定价法　4. 习惯定价策略　5. 产品组合定价策略

### 四、简答及论述题

1. 企业的定价目标有哪些?
2. 在什么情况下企业会采取提价策略?
3. 试论述折扣与折让定价策略。
4. 试论述需求导向定价法。
5. 试论述产品组合定价策略。

 **案例讨论**

#### 长虹电视的降价策略

长虹电视,作为国内知名的电视品牌,多次巧妙地运用降价策略来应对市场变化,扩大市场份额,提升品牌影响力。早在 1989 年,长虹电视就率先进行了大规模的彩电降价,以优惠的价格迅速售罄了 20 万台彩电。此举不仅大幅提升了长虹电视在彩电行业的地位,还展现了其敏锐的市场洞察力。随后,在 1996 年,面对日本彩电厂商的竞争压力和消费者持币观望的市场环境,长虹电视再次果断采取降价策略,通过在全国范围内的大型商场进行大幅度让利销售彩电,成功"赌"退了洋货,进一步巩固了市场地位,将市场占有率从 17%提升至 27%。

2024 年,长虹电视再次以降价策略应对市场竞争,将欧宝丽 100Z60 型号电视降价 3000元,迅速夺得 100 英寸巨屏电视热销榜首位,展现了长虹对市场动态的敏锐把握和灵活应对能力。这一系列降价策略不仅为长虹电视赢得了市场份额,更彰显了其作为国产电视领军品牌的战略眼光和市场魄力。

**思考讨论题:**

1. 长虹电视的降价策略为何能取得成功?
2. 企业在实施降价策略时应注意哪些问题?

# 第9章
# 营销渠道策略

 **本章导读**

　　营销渠道既是企业实现商品交换的通道，也是传递客户价值，提升经济效益并赢得竞争优势的重要途径。商品只有通过营销渠道交换出去才能实现价值，因此渠道是企业营销体系中不可或缺的部分。本章首先阐述营销渠道的含义、功能、类型等基本内容，并介绍当前营销渠道发展趋势，在此基础上着重探讨企业如何进行最佳营销渠道设计决策，以及营销渠道管理。

## 知识结构图

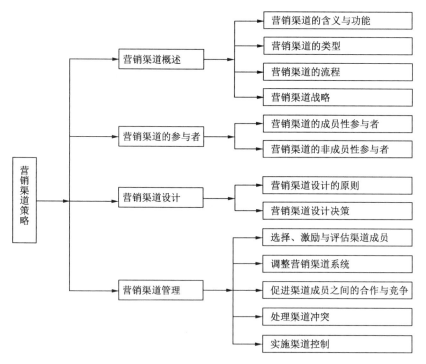

## 开篇引例

### 格力电器积极推进渠道变革

　　格力电器成立于 1989 年，是我国空调行业的龙头企业，主要从事家用空调、中央空调的研发、制造、销售与服务，以及相关核心零部件的进出口业务。2023 年格力实现营收 2050.18 亿元，同比增长 7.8%；实现归母净利润 290.17 亿元，同比增长 18.4%。受益于渠道改革初显成效，公司毛利率提升，主业稳健发展。

格力电器早期实行多层分销的区域销售体系，注重线下渠道。2020 年格力电器开启新一轮渠道改革，通过渠道扁平化，弱化销售公司职能，搭建新零售体系。格力电器积极推进渠道变革，实现渠道多元化、统一化和数字化。在渠道多元化方面，格力电器于 2023 年与直播行业龙头公司、专业网络推广公司等达成年度战略合作，加强与私域达人合作，加大品牌宣传力度。在渠道统一化方面，格力电器通过积极拓展线上渠道和加速体验店的布局，打通线上与线下的闭环销售，把线下的体验店变成用户交互体验中心。在渠道数字化方面，格力电器基于空调产业板块单后勤多财务架构进行 ERP 系统升级，开展供应链升级与重构信息化项目，实现供应链可视化监控和综合绩效分析。

问题：结合家电行业的市场竞争状况，请谈谈格力电器为什么要积极推进渠道变革？

# 9.1　营销渠道概述

渠道是企业市场营销体系的重要组成部分，是企业传递客户价值，提高经济效益，赢得竞争优势的有力武器。人们常说"得渠道者得天下""渠道为王"等，就足以说明渠道在营销活动中的重要地位。

## 9.1.1　营销渠道的含义与功能

### 1. 营销渠道的含义

根据菲利普·科特勒（Philip Kotler）的理论，营销渠道与分销渠道是相关但不同的概念。营销渠道是指参与产品从设计到消费全价值链的所有企业和个人，包括供应商、制造商、中间商、辅助服务机构（如物流公司、广告代理商、市场调研机构等）以及最终消费者；而分销渠道则特指产品从生产者向消费者转移过程中，直接参与所有权转移的所有商业机构，包括制造商、批发商和零售商，但不包括供应商、辅助服务机构和最终消费者。

延伸学习

营销渠道的特征

在商业实践中，与渠道相关的概念很多，如分销渠道、贸易渠道、销售渠道、销售通路等。这些概念经常被混用，尤其是营销渠道与分销渠道。但菲利普·科特勒特别强调，两者最大的区别在于：营销渠道涵盖产品全价值链的各类参与者，而分销渠道仅包含承担所有权转移和库存风险的商业机构。

### 2. 营销渠道的功能

企业通过营销渠道把产品和服务（以下也简称为产品）从生产领域转移到消费领域，解决了产品和服务与使用者之间存在的数量、品种、时间、地点等方面的矛盾。在这个转移过程中，营销渠道发挥了一系列重要功能，如表 9-1 所示。

表 9-1　营销渠道的功能

| 功能类型 | 具体功能 |
| --- | --- |
| 信息功能 | 收集和传播营销环境中潜在和现行的顾客、竞争对手和其他参与者的营销信息 |
| 促销功能 | 发送和传播有关供应物的、富有说服力的、用来吸引客户的沟通材料，联系潜在的购买者 |
| 接触功能 | 寻找潜在的购买者，并与之进行沟通 |
| 交易谈判功能 | 尽力达成有关产品的价格和其他条件的最终协议，以实现所有权或者持有权的转移 |
| 订货功能 | 营销渠道成员向制造商（供应商）进行有购买意图的沟通行为 |
| 配合功能 | 使所提供的产品符合购买者需要，包括制造、分级、装配、包装等活动 |
| 融资功能 | 获得和分配资金以负担渠道各个层次存货所需的费用 |
| 承担风险功能 | 在执行渠道任务的过程中承担有关风险（库存风险、呆账风险等） |
| 物流功能 | 产品实体从原料到最终消费者的连续的运输和储存工作 |
| 付款功能 | 买方向销售者支付账款 |
| 所有权转移功能 | 所有权从一个企业或个人向其他企业或个人的实际转移 |
| 服务功能 | 渠道提供的附加服务（信用、交货、安装、修理） |

## 9.1.2　营销渠道的类型

营销渠道可以分为如下几种类型。

（1）按照企业的营销活动是否有中间商参与，营销渠道可以分为直接营销渠道和间接营销渠道。

直接营销渠道是指生产者不通过任何中间商，直接将产品销售给消费者，即零级渠道。例如，产业市场的产品主要使用直接营销渠道进行销售。

间接营销渠道是指产品从生产者向消费者转移的过程中，需要经过一个或者一个以上的中间商。由于消费者人数众多且较为分散，消费品一般采用间接渠道进行销售。

（2）按照产品流通环节或层次的多少，营销渠道可以分为长渠道和短渠道。

营销渠道的长短主要是依据中间环节数量的多少来确定的。在产品向消费者转移的过程中，不通过或只通过一个中间环节的营销渠道称为短渠道，包括零级渠道和一级渠道；通过两个或两个以上的中间环节的营销渠道则称为长渠道，包括二级及二级以上的渠道。

中间环节数量越多，营销渠道越长。不过，营销渠道的中间环节数量并非没有上限，因为每一个环节的利润加成会累积推高终端价格，从而削弱产品在市场上的竞争力。

（3）按照渠道中每个环节使用同种类型中间商数量的多少，营销渠道可以分为宽渠道和窄渠道。

宽渠道是指企业同时选择两个及两个以上的同类中间商销售其产品，窄渠道是指企业在某一地区或某一产品分类中只选择一个中间商销售其产品。宽渠道和窄渠道各有优缺点，企业一般会根据其产品特点进行选择。一般而言，生活必需品适合使用宽渠道进行销售，而工业品和一部分专业性较强或较贵重的消费品适合使用窄渠道进行销售。

（4）按照企业所采用的渠道类型的多少，营销渠道可以分为单渠道和多渠道。

单渠道是指企业使用同一类型的渠道销售产品，而多渠道是指企业同时使用多种类型的渠道销售产品。

## 9.1.3　营销渠道的流程

营销渠道的流程是指在产品从生产者向消费者转移的过程中，涉及的一系列相互关联的活动和步骤。这包括实体流程、所有权流程、付款流程、信息流程和促销流程。每个流程都扮演特定的角色，共同确保产品能够有效地传递给最终消费者。

（1）实体流程

实体流程也称物流，是指产品从生产领域向消费领域转移过程中的一系列产品实体的运动，既包括产品实体的储存以及一个机构向另一个机构运输的过程，还包括与之相关的产品包装、装卸、流通加工等活动。营销渠道的实体流程如图9-1所示。（注：下图中，为简化流程图，将产业用户和消费者统称为顾客。）

图9-1　营销渠道的实体流程

（2）所有权流程

所有权流程也称商流，是指产品从生产领域向消费领域转移过程中的一系列买卖交易活动。这个交易活动实现的是产品所有权的转移。营销渠道的所有权流程如图 9-2所示。

图9-2　营销渠道的所有权流程

（3）付款流程

付款流程也称货币流，是指产品从生产领域向消费领域转移的过程中所发生的货币运动。一般来说，付款流程与所有权流程正好呈反方向运动。一般是顾客通过银行或其他金融机构将货款付给中间商，再由中间商扣除佣金或差价后支付给制造商。营销渠道的付款流程如图9-3所示。

图9-3　营销渠道的付款流程

（4）信息流程

信息流程是指产品从生产领域向消费领域转移过程中所发生的一切信息收集、传递、加工和处理活动，既包括制造商向中间商及其顾客传递产品、价格、销售方式等方面的信息，也包括中间商及其顾客向制造商传递购买力、购买偏好，以及对产品及其销售状况的意见等信息。与其他流程不同，信息流的运动是双向的。营销渠道的信息流程如图9-4所示。

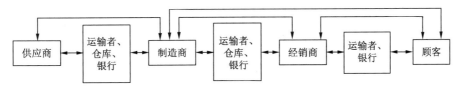

图9-4　营销渠道中的信息流程

（5）促销流程

促销流程是指企业为了产品销售，通过广告、宣传、人员推销、营业推广、公共关系促销等促销活动，对顾客施加影响的过程。营销渠道的促销流程如图 9-5 所示。

图 9-5　营销渠道的促销流程

## 9.1.4　营销渠道战略

### 1. 营销渠道战略的含义

营销渠道战略是指企业为了实现营销目标，对营销渠道所进行的整体规划和布局，主要包括确定渠道的拓展方向，建设和管理分销网络等。营销渠道战略的选择直接影响企业的经营决策，如一家企业采取了密集分销策略，那么该企业的其他营销策略就要随之做相应的调整。

### 2. 营销渠道战略的选择

营销渠道是指由生产者、中间商、消费者及其他辅助商共同构成的完整体系。产品在向消费者转移的过程中，可以选择多条营销渠道。营销渠道战略主要包括以下几种。

（1）单渠道战略和多渠道战略

单渠道战略是指企业仅采用一种特定的营销渠道进行产品销售的战略。企业在产品类别关联度比较高时，采用此战略较为适合。单渠道战略的优点是有助于企业树立形象，培养忠诚消费者，提高产品营销效率；缺点是渠道覆盖面窄，适宜销售的产品类别有限。例如，一些婴幼儿奶粉生产企业专注于医院市场，采用的就是单渠道战略。

多渠道战略是指企业使用多种营销渠道共同销售产品的战略。企业在产品类别较多且不同类别的产品有不同的属性和市场，或产品类别不多但消费者的差异较大时，采取这种战略较为有利。多渠道战略的优点是有利于企业扩大产品的市场覆盖面，提高渠道效率；缺点是容易引起混乱，从而导致渠道冲突。

（2）长渠道战略和短渠道战略

从纵向的角度来看，营销渠道有长短之分。其划分标准很简单，就是看买方和卖方之间的中间环节的数量。

企业采用长短渠道各有利弊，既不是渠道越长越好，也不是渠道越短越好。选择的依据主要是看其是否经济、有效。如果增加营销中间环节能够带来效益的增加，就是好的。当然，企业也要充分考虑其他因素，如是否有利于提高服务水平，是否有利于提高渠道效率，是否有利于提高竞争力等。

企业选择短渠道战略的条件主要有：产品生产者与消费者的距离很近；企业自身实力雄厚，拥有自建渠道的能力；产品的目标消费者比较集中或组织消费者大量采购产品；产品品种繁多，需求变化较大；目标消费者购买产品数量少，产品的单价高；产品不易保存，易腐易损；产品新上市或产品在销售过程中需要提供技术指导和服务。

企业选择长渠道战略的条件是：生产与销售的时空距离较远；产品的目标消费者较为分

散；产品需求或生产随季节变化明显；消费者每次购买的产品数量不多，产品单价较低；产品便于储存和运输，且保质期较长；产品的标准化程度较低；产品的售中与售后不需要技术指导与服务。

在营销渠道管理实践中，企业往往会根据具体情况采用较为灵活的渠道战略，长短渠道共存的情况较为普遍。

（3）密集分销战略、独家分销战略和选择性分销战略

根据营销渠道的宽度（指的是渠道的每一个环节（层次）拥有同种类型的中间商数量的多少）来划分，营销渠道战略可分为密集分销战略、独家分销战略和选择性分销战略 3 种类型。

① 密集分销战略。密集分销战略又叫广泛分销战略，是指企业尽可能多地通过中间商销售其产品的战略。

密集分销战略的优点是市场覆盖面广，消费者购买便利；缺点是由于同一层次的中间商数量较多，企业需要协调的关系较多，增大了渠道管理的难度。

② 独家分销战略。独家分销战略是指企业在一定地区内只选定一家中间商销售其产品的战略。独家分销战略是一种极端的分销战略形式，分销渠道最窄。企业采用独家分销战略的优点是便于加强对中间商的管理和监控，从而掌握渠道的控制权，同时有利于提高销售服务水平；缺点是风险较高，如果企业选择的中间商经营不善或发生意外情况，就会给企业带来较大的损失。

③ 选择性分销战略。选择性分销战略是介于密集分销战略和独家分销战略之间的一种战略，即企业在市场上选择部分中间商来销售本企业的产品。该战略比独家分销战略的渠道要宽，有利于市场开拓，同时比密集分销战略的花费更少，便于管理和控制，加强协作，提高销售水平。

# 9.2　营销渠道的参与者

营销渠道的参与者是指所有在渠道中发挥作用的机构和个人，包括生产者、批发商、零售商、代理商、消费者以及其他发挥某种重要功能的机构。

依据是否涉及产品所有权的转移，营销渠道的参与者可以分为成员性参与者和非成员性参与者两类。前者包括生产者、批发商、零售商、代理商和消费者；后者主要包括媒体与广告代理机构、物流企业、市场调研机构、商业银行及保险公司等。

## 9.2.1　营销渠道的成员性参与者

### 1. 生产者

生产者是创造产品或服务的主体，是渠道的起点和价值的原始提供者。生产者通过研发、设计和制造过程，将原材料转化为具有使用价值的产品，或开发出满足市场需求的服务。生产者在营销渠道中扮演着至关重要的角色。

### 2. 批发商

批发商是营销渠道中的重要成员，是指购进产品并将其卖给零售商或其他批发商的商业

主体。批发商既不生产产品，也不直接将产品卖给最终的消费者，而是作为生产者和零售终端的联结者存在。批发商通常与生产商之间有稳定的合作关系，并可提供仓储、物流服务以及市场信息和销售支持。

批发商可以分为以下几种类型。

（1）按经营产品种类的多少，批发商可分为一般批发商和专业批发商。

一般批发商的特点是经营的产品种类繁多，如百货批发站；专业批发商的特点则是只经营某一类或某几类产品，如五金电器批发公司等。

（2）按服务地区范围的大小，批发商可分为全国批发商、区域批发商和地方批发商。

负责全国性产品批发业务的批发商称为全国批发商；承担一个省级区域范围产品批发业务的批发商称为区域批发商；而只担负某一市、县或更小区域产品批发业务的批发商则称为地方批发商，属于批发商的基层单位。

（3）按是否拥有产品所有权，批发商可分为经销批发商和代理批发商。

经销批发商是指拥有产品所有权的批发商，从生产者处购进产品，再转卖给组织用户、中小批发商或零售商；代理批发商是指不拥有产品所有权的批发商，并不购进产品，而是代生产者行使批发职能。经销批发商是独立的经营者，其利润来自产品的购销差价；而代理批发商的收入则与产品购销差价无关，佣金是其收入的主要来源。

### 3．零售商

零售是指将产品直接销售给最终消费者，以供个人或家庭的非商业性用途的活动。零售功能的有效发挥，对提高营销渠道的服务水平具有重要的意义。零售商是营销渠道中的另一类重要成员，是产品从生产领域向消费领域流通的最终环节。零售商是指以零售活动为主营业务的机构和个人，是相对于生产者和批发商而言的。其类型更为繁多，包括百货商店、超级市场、便利店、折扣商店、仓储式商店、专卖店等。

（1）零售商的特点

① 零售商提供的是终端服务。最终消费者每次购买的产品数量少，而且要求产品花色品种齐全、价廉物美。所以，零售商必须控制进货批量，加快销售过程，提高资金周转率。这就形成了零售商小批量进货、低库存和重视现场促销的经营特点。

② 为了缓解促进销售与品种齐全、购买量小、库存控制严之间的矛盾，适应不同消费者的需求，零售商的经营方式呈现多元化的特点。

③ 与批发商不同，零售商服务的地域范围较小，消费者主要是附近的居民和流动人口。因此，零售商经营地点的选择就成为决定经营成败的关键。

④ 与其他行业相比，零售商之间的竞争尤为激烈，这主要源于零售行业的以下三大核心矛盾：低进入门槛与高淘汰的行业特性、同质化商品与消费者个性化需求的市场错配、刚性成本支出与微薄利润带来的生存压力。叠加当前电商的冲击和信息技术的不断迭代，迫使零售商在选址、库存管理、客户体验等维度进行极限竞争。

（2）零售商的渠道职能

零售商将产品出售给最终消费者，进而使产品的价值得以实现。其渠道职能可概括为以下 5 个方面。

① 直接为最终消费者服务，销售产品。零售商的销售活动主要是通过营业人员与消费

者直接接触，在单独分散的状态下完成的。零售商不是产品的生产者，购进的产品也不是为自己使用，而是为了再卖出。零售商只有顺畅地卖出产品，才能实现经营的良性循环。

② 最终实现产品的价值。通过零售交易，产品最终从流通领域进入消费领域，从而实现其价值。如此生产者的劳动消耗才在真正意义上得到补偿，社会再生产过程才能顺利进行。

③ 分装、整理、仓储、保管产品。一方面，生产者在向零售商寄送产品时，为降低运输成本，总是以整箱、整包或整盒的形式交付，零售商一般要予以拆开、分装、整理或安装后再出售给消费者；另一方面，零售商一般会向生产者或批发商批量采购产品，而销售时则是零散出售的，为了保证消费者能随时买到所需产品，零售商一般要存储一定数量的产品。

④ 生产者和消费者沟通的重要纽带。零售商直接接触最终消费者，对消费者的需求及消费倾向最为了解，反应也最为迅速。生产者通过零售商，一方面可以不断地向消费者传递产品信息；另一方面也可以及时了解消费者反馈的相关信息，以便更好地组织生产经营活动，满足市场需求。

⑤ 提供综合服务。一方面，营业人员的周到服务、温馨舒适的购物环境等能给消费者以美好体验；另一方面，零售商也在努力增加服务项目，提高服务质量，以满足消费者的需求，如主动导购、送货上门、用户回访、售后服务等。有的零售场所还设有中介服务、家政服务、餐饮服务、娱乐设施等。

**4. 代理商**

代理商是指受委托人委托，替委托人采购或销售产品并收取佣金的中间商。代理商只在买卖双方之间扮演促成交易的中间人的角色，不需要投入资金进货，本身并不拥有产品的所有权。

代理商的类别较多。按照所代理的产品来分，代理商可分为采购代理商和销售代理商。按照代理的区域来分，代理商可分为全国总代理商和地区代理商。企业是否选择代理商以及选择何种代理商，需要视具体情况而定。例如，医药企业在开拓新的区域市场或销售全新药品时，具备专业的医药营销知识与技能的代理商是一个较好的选择。

**5. 消费者**

消费者是营销渠道的终点，产品只有销售给消费者才能真正实现其价值。消费者又可分为个人消费者和组织消费者。本书在之前的章节中已经对这两类消费者做过详细的介绍，在此不再赘述。

## 9.2.2　营销渠道的非成员性参与者

产品由生产者生产，通过整个营销渠道最后到达消费者手中。这个过程需要多方的配合与协作，除了前文介绍的批发商和零售商等外，还需要媒体与广告代理机构、物流企业、市场调研机构、商业银行及保险公司的积极参与。上述参与机构统称为营销渠道的非成员性参与者，下面分别予以介绍。

**1. 媒体与广告代理机构**

现代企业的经营活动离不开媒体与广告代理机构的支持，因为它们是企业实现广告目标的重要载体与合作者。这些机构包括电视、广播、报纸、杂志、网站和广告代理商等，其主要活动有帮助渠道中的生产者、中间商进行广告策划和设计，制订广告预算方案，选择广告媒体，刊载和发布广告信息，以及评估广告的效果等。

**2. 物流企业**

从广义上而言，物流不仅仅是实现了产品物理位置的移动，还包括货物的仓储、分拣和配送等活动。物流在现代企业运营体系中发挥着极为重要的作用，是实现产品流通的基本保障。企业的物流可以自行完成（自营物流），也可借助专门的物流企业来完成（第三方物流）。但与自营物流相比，第三方物流具有高效、专业、低成本等优势，是当前企业首选的物流方式。因此，物流企业也是营销渠道中重要的非成员性参与者。

**3. 市场调研机构**

市场调研机构在营销渠道中的职能主要是承担收集市场信息并进行分析，向生产者或中间商提供决策信息。市场调研机构通常接受生产者或中间商的委托，为其提供特定的市场信息并从中获取收益。但一些市场调研机构，如中国互联网络信息中心，也会定期发布一些公益性的市场信息，供有需要的企业使用。

**4. 商业银行及保险公司**

商业银行通过存贷款业务、转账业务，为营销渠道中的各方提供资金，以及从事结算业务。这些活动可以使交易各方突破资金的瓶颈，还可以加速资金的流动，节约资金成本，并且能够使资金更加安全，从而有效降低营销渠道成员的资金使用风险。

保险公司在营销渠道中所起到的主要作用是帮助生产者、中间商以及渠道辅助商（如物流企业）在业务活动中规避和转移可能遇到的风险和造成的损失。在企业的经营过程中，风险无处不在，一次意外就可能使某一家企业蒙受巨额的损失。企业如果事先未向保险公司投保，就要承担全部的损失，甚至可能会因此倒闭，而且会拖累其他渠道成员。

# 9.3　营销渠道设计

营销渠道设计（Marketing Channel Design）是指企业为实现营销目标，对各种备选渠道结构进行评估和选择，从而开发新的营销渠道或改进现有营销渠道的过程。

微课堂

营销渠道设计

## 9.3.1　营销渠道设计的原则

营销渠道设计所追求的目标是低风险、高效益。为了实现这个目标，企业必须遵循以下原则。

**1. 战略性原则**

战略性原则是指企业在设计营销渠道时，应该使其与企业的总体战略保持一致，要为实现企业的战略目标服务。例如，若某企业制定了今后转型为"互联网+"公司的战略发展目标，那么企业的营销渠道设计就应该紧紧围绕着网络渠道来进行。

**2. 适度覆盖性原则**

适度覆盖性原则是指企业要量力而行，充分考虑渠道成本与收益的关系，切不可盲目扩张。企业应该结合自身实力、市场竞争状况、目标市场规模、消费潜力等合理地设计渠道的长度和宽度。

**3. 效率性原则**

效率性原则是指企业在设计营销渠道时，应该以提高流通效率为目的，选择合适的渠道模式。

**4. 互利性原则**

互利性原则是指企业在设计营销渠道时，应该将营销渠道看作一个整体，要充分考虑不同渠道成员的利益，以共赢、互利为目标。

**5. 动态性原则**

动态性原则是指企业应该根据营销环境的变化及时设计新的渠道模式，以适应变化。

## 9.3.2 营销渠道设计决策

营销渠道设计决策的目标是选择最佳的营销渠道。所谓最佳的营销渠道，就是指投入少、效率高，能够快速销售产品并能取得最佳经济效益的渠道。一般而言，营销渠道设计决策应从以下4个方面入手，即确定营销渠道的长度，确定营销渠道的宽度，规定渠道成员的权利和义务，以及对营销渠道设计方案进行评估。

**1. 确定营销渠道的长度**

确定营销渠道的长度是企业进行营销渠道设计决策时首先应该考虑的，对企业的营销效果有很大的影响。企业在确定营销渠道的长度时要思考以下问题：产品是直接销售还是间接销售？如果是间接销售，中间环节的数量是多少？企业在进行营销渠道长度的确定前，应对产品、市场及企业本身的各种因素进行综合分析，以便做出正确的选择。

**2. 确定营销渠道的宽度**

在企业确定与中间商合作后，决策者还必须确定在每一层次上使用的中间商数量，即确定营销渠道的宽度。渠道的宽度主要取决于产品本身的特点、市场容量和需求等。通常，企业可以选择密集分销、独家分销和选择性分销3种不同的分销战略，进而确定出营销渠道的宽度。

**3. 规定渠道成员的权利和义务**

企业在确定了营销渠道的长度和宽度之后，还要通过协议进一步规定渠道成员的权利和义务，涉及的主要内容有价格政策、销售条件、经销区域和特殊服务等。

**4. 对营销渠道设计方案进行评估**

企业在选择营销渠道时，为了从已经拟定的营销渠道设计方案中选出有利于企业实现长期目标的最佳方案，就必须对各种可供选择的营销渠道设计方案进行评估。评估主要涉及3个方面：一是渠道的经济效益；二是对渠道的控制力；三是渠道的适应性。营销渠道设计方案只有在经济性、控制性和适应性等方面都表现得较为优越时，才是最佳方案，也才能够采用。

**课堂讨论**

近年来，移动互联网的飞速发展改变了传统的营销渠道模式，越来越多的企业开始将线上渠道与线下渠道有机融合，以更好地满足消费者的消费需求。

问题：移动互联网时代的到来，对企业的营销渠道设计提出了哪些新的要求？

# 9.4 营销渠道管理

营销渠道管理（Marketing Channel Management）是企业为实现营销目标而对渠道成员进行的选择、激励、评估，以及调整营销渠道系统的过程。此外，营销渠道管理还涉及处理渠道成员之间的关系，如合作、竞争与渠道冲突的管理等。

## 9.4.1 选择、激励与评估渠道成员

### 1. 选择渠道成员

对企业来说，渠道成员的选择至关重要。如果选择不当，轻则影响企业产品销售，重则损害企业声誉，增加企业呆账、坏账，影响企业资金周转，从而造成企业经营困难甚至破产倒闭。在现实生活中，企业因选择渠道成员不当而造成严重后果的案例不胜枚举。

企业在选择渠道成员时，要综合考察其经营时间的长短、成长记录、人员的素质与数量、销售能力、财务实力、清偿能力、合作态度、经销的其他产品大类的数量与性质、客户服务水平、地理位置、运输和储存条件、客户的类型、经营管理能力、未来发展潜力等情况。

要了解渠道成员的上述情况，企业必须收集大量的相关信息。除了充分利用二手资料外，企业还要对被选中的渠道成员进行实地调查，以获取渠道成员的第一手信息。

**阅读资料**

渠道成员选择的原则

1. 目标市场原则

企业应确保所选的渠道成员能够覆盖其目标市场，并有效地满足消费者的需求。这要求企业对目标市场有深入的了解，以便选择出最适合的渠道成员来接触和服务目标市场。

2. 互惠互利原则

在选择渠道成员时，企业应考虑其盈利能力、经营状况和信誉度等因素，确保双方都能从合作关系中获益。这种互惠互利的关系有助于增强渠道成员的忠诚度和合作意愿，从而维护渠道的稳定性和效率。

3. 专业性原则

企业选择具有专业知识和技能的渠道成员，能够更好地满足消费者的需求，并提高产品的附加值。渠道成员的专业性不仅体现在其对企业产品的深入了解上，还包括其有效的市场推广和客户服务能力。

4. 稳定性原则

企业应选择有稳定经营历史和良好信誉的渠道成员，以确保合作关系的长期性和稳定

性。稳定的渠道成员能够提供持续的支持和服务，有助于企业实现长期的市场目标。

5. 竞争性原则

企业选择具有竞争力的渠道成员，能够提高整个渠道的效率和产品市场份额。这些渠道成员通常具备出色的市场推广和销售能力，能够帮助企业在竞争激烈的市场环境中脱颖而出。

6. 可控性原则

企业应选择易于管理和控制的渠道成员，以降低管理成本和风险，并提高运营效率。这要求企业在选择渠道成员时，要充分考虑其合作意愿、沟通能力和执行力等。

**2. 激励渠道成员**

激励渠道成员，也即渠道激励，是指企业为促进渠道成员努力实现分销目标而采取的各种激励措施的总称。企业之所以要对渠道成员进行激励，主要是因为渠道成员与企业之间并非隶属关系，具有不同的价值导向和盈利目标，企业无法用行政手段对渠道成员进行管理。因此，要维护好渠道成员之间、渠道成员与企业之间的良好关系，并使整个营销渠道系统有效协调和运作，企业必须对渠道成员采取有效的激励措施。

激励渠道成员的措施有很多，既可以采取以物质或金钱为刺激的直接激励，也可采取以非物质或非金钱为刺激的间接激励。对于不同的激励对象，企业所采取的激励方法和手段也有所不同。

（1）对中间商的激励措施

对中间商应该采取直接激励与间接激励相结合的方法，具体有以下几种激励措施。

① 根据市场需求生产适销对路的产品，并协助中间商做好相应的市场开发工作。例如，为了促进产品的销售，企业通常要派出专业的市场人员帮助中间商开展对目标市场的销售推广工作。

② 制定合理的产品价格与折扣方案。企业制定产品价格既要考虑企业的成本，还要考虑中间商开拓市场的难度和消费者的承受能力。同时，企业要给予中间商适度的价格折扣，以刺激他们积极销售产品。

③ 设立合理的奖惩制度，鼓励中间商多销货、早回款。例如，企业可以为中间商规定一定的回款期，对在回款期之前回款的中间商给予奖励，而对逾期未回款的实施惩罚。

④ 企业通过提供技术指导，举办产品展示会，指导产品陈列，帮助中间商培训营销人员等来支持中间商开展业务。

⑤ 企业通过建立规范的客户管理制度，对中间商进行科学、动态的管理，及时了解中间商的实际需要，通过良好的沟通建立相互信任、相互理解的业务伙伴关系。

⑥ 企业通过分享管理权来提高中间商的积极性和营销效率，并与之建立长期稳定的合作共赢关系。例如，企业与中间商协商制定销售目标、存货水平、广告促销计划等。

（2）对消费者的激励措施

企业对消费者的激励措施主要有免费试用、买赠活动、累计消费折扣，以及免费向消费者提供产品知识培训等。

**3. 评估渠道成员**

企业除了要做好渠道成员的选择和激励工作之外，还必须做好渠道成员的评估工作，以判定渠道成员的绩效，从而为渠道调整提供科学的依据。

（1）评估渠道成员的内容

对渠道成员进行的评估主要包括以下内容：中间商经营时间长短、成长记录、偿还能力、意愿及声望、产品销售密度及涵盖程度、平均存货水平、产品损坏的处理，以及对企业促销及训练方案的合作程度，应为消费者服务的范围等。如果某一渠道成员的绩效低于既定标准，企业就要找出原因并采取补救方法。企业应通过各种途径了解中间商履行合同的情况，包括推销产品数量，产品的库存，产品售前、售中、售后的服务及回款情况等。企业对中间商进行评估，目的是及时采取相应的监督、控制与激励措施，保证营销活动顺利而有效地进行。

（2）评估中间商绩效的方法

评估中间商绩效的方法主要是将中间商的本期销售绩效与上期销售绩效进行纵向比较，同时与其他中间商及整个渠道的平均销售绩效进行比较。企业应掌握每一个中间商的月度、季度和年度的销售额及回款情况，通过对比找出实际销售绩效与计划要求的差距，认真分析原因，并采取相应措施以保持企业总体销售额的稳定增长。

## 9.4.2　调整营销渠道系统

### 1. 营销渠道系统调整的内容

营销渠道系统的调整主要包括3个方面：一是增减某些渠道成员，二是增减某些营销渠道，三是调整整个营销渠道系统。对营销渠道系统的调整一般是在以下情况下进行的。

（1）合同到期

合同到期是一个重要的时刻，是否续签、是否变更合同、是否中断合作等都是企业应该认真权衡的。一般而言，在找到合适的替代者之前，企业不应该草率终止与渠道成员的合作。

（2）合同的变更和解除

合同的变更是指合同没有履行或没有完全履行前，按照法定条件和程序，由当事双方协商或由享有变更权的一方当事人对原合同条款进行修改或补充。合同的解除是指在合同没有履行或没有完全履行前，按照法定条件和程序，由当事双方协商或由享有解除权的一方当事人提前终止合同效力。

（3）营销环境发生变化

当营销环境发生变化时，企业之前建立起的营销渠道不再适用，这时必须对渠道成员进行调整。

### 2. 营销渠道系统调整的方法

（1）增减某些渠道成员

在营销渠道系统的调整中，最常见的就是增减某些渠道成员。企业在进行这方面的决策时，应注意渠道成员的变化对营销活动的综合影响，要着重弄清增减渠道成员后企业的产品销量、成本与利润将如何变化。因此，增减某些渠道成员时企业需要认真权衡利弊。

（2）增减某些营销渠道

随着市场需求、环境条件以及企业自身生产经营活动的不断变化，某些营销渠道可能会失去作用，因此没有继续保留的必要；而为了开拓新的市场，企业需要增加新的营销渠道。例如，企业将某一产品线卖出后，原有的该产品的营销渠道就没有必要再保留了；但买入产品线的一方则要增加相应的产品营销渠道。

（3）调整整个营销渠道系统

对生产者来说，最复杂的就是调整整个营销渠道系统，因为这不仅涉及企业营销渠道系统本身的调整，而且涉及企业营销组合等一系列市场营销策略的调整。例如，企业根据产品不同的生命周期阶段而对营销渠道进行调整，或由于经营战略的改变（如大力发展移动医疗业）而对原有的营销渠道进行根本性的重新设计。

## 9.4.3　促进渠道成员之间的合作与竞争

营销渠道成员之间既有合作关系，也有竞争关系，有时还会产生利益冲突。企业必须充分正视这些情况的存在并采取有效的管理措施，尽可能加强渠道成员的合作关系，鼓励渠道成员之间积极、有序竞争，避免渠道成员之间发生有害冲突。

**1. 渠道合作**

渠道合作是指为了满足目标市场的需求，谋取共同利益，渠道成员之间相互合作。事实证明，渠道成员之间相互合作能够获得更多的利益。例如，产品的生产者为赢得消费者的信任，提高市场占有率，增加销量而与批发商、零售商通力合作、共同努力，这往往比生产者自己承担渠道的全部工作更加有利。不同渠道成员之间的合作，对各方都是有利的，产品的生产者应尽力创造合作的条件，促使各成员之间相互合作。

> **课堂讨论**
>
> 渠道合作成功的前提是什么？可采取哪些措施促进渠道合作？

**2. 渠道竞争**

渠道竞争是指为同一目标市场服务的同一系统的不同渠道成员之间或不同系统的渠道成员之间展开的竞争。它包括两个层次：一是本企业的营销渠道中同一级别的渠道成员之间的竞争。如同一区域的零售商，它们面对的是同样的消费者，为了争夺消费者资源，自然就存在着竞争关系。二是某一企业的渠道成员与其竞争者的渠道成员之间也会因在相同目标市场销售竞品而存在竞争关系。

渠道成员之间的竞争关系是客观存在的，企业只能正视，不可回避。企业一方面应积极鼓励、正确引导渠道成员有序竞争，另一方面也要坚决打击损害企业利益和消费者利益的不当竞争。

值得注意的是，良性的渠道成员竞争对消费者来说是有利的。这种竞争会为消费者提供更低价格的产品和更优质的服务。

## 9.4.4　处理渠道冲突

**1. 渠道冲突的含义**

渠道冲突是指渠道成员因意识到其他成员正在从事会损害、威胁其利益，或者以牺牲其利益为代价而获取稀缺资源的活动，而引发的这些成员之间的争执、敌对和报复行为。

**2. 渠道冲突的层次**

一般来说，渠道冲突是一个渐进发展的过程，包括潜在冲突阶段、可察觉的冲突阶段、感觉冲突阶段和显性冲突阶段。

（1）潜在冲突阶段

潜在冲突阶段是冲突的早期潜伏阶段，表现为渠道成员之间目标的差异，角色不一致，以及对现实的认知差异和缺乏有效沟通等。在分销渠道中，潜在冲突最为典型。

（2）可察觉的冲突阶段

可察觉的冲突阶段是指渠道成员意识到某种对立（如观点、感觉、情感、兴趣和意图等的对立）存在的阶段。此阶段的对立是一种认知上的对立，各自的情绪并没有受到太大的影响。在此阶段，渠道成员不会将他们的关系描绘成冲突。

（3）感觉冲突阶段

在这一阶段，渠道成员产生负面的情感，如紧张、焦虑、愤怒、沮丧和敌意等。当冲突到了这一阶段，渠道成员会逐渐失去理智，甚至会放弃经济上的明智选择，以牺牲自身的利益为代价来"惩罚"其他渠道伙伴。

（4）显性冲突阶段

显性冲突是指渠道成员通过实际行动表现出来的对立状态，因此这种对立是明显可见的。在显性冲突阶段，渠道成员之间通常会相互阻碍对方进步并撤销原有支持。具体而言，渠道成员中的某一方可能会对另一方采取破坏性行为或报复，意在从根本上阻挠对方实现其目标。

**3．渠道冲突的类型**

按照不同的划分标准，渠道冲突可分为多种类型。如按照冲突主体的不同，可分为水平渠道冲突、垂直渠道冲突和多渠道冲突；按照冲突具体内容的不同，可分为利益冲突、服务冲突、关系冲突、价格冲突、促销冲突、策略冲突、政策冲突、掌控力度冲突；按照冲突的影响和作用程度的不同，可分为低水平的冲突、中等水平的冲突和高水平的冲突；按照冲突的不同性质，可分为良性冲突和恶性冲突。下面重点介绍常见的，按照冲突主体不同划分的渠道冲突类型。

延伸学习

渠道冲突的
其他类型

（1）水平渠道冲突

水平渠道冲突又称横向渠道冲突，是指处于同一渠道模式、同一层级的渠道成员之间的冲突。产生水平渠道冲突的原因大多数是企业（制造商）未能对其目标市场的中间商数量及各自的区域权限做出合理的规划，使得每个中间商为获取更多的利益而抢占其他渠道成员的市场份额。

（2）垂直渠道冲突

垂直渠道冲突又称纵向渠道冲突，是指同一渠道模式里不同层级渠道成员之间的冲突。当企业（制造商）或上游中间商为获取更多的利润，采取分销和直销相结合的方式销售产品时，就不可避免和下游的中间商产生利益冲突。此外，下游中间商在实力增强后，希望在渠道系统中享有更大的权利，势必向上游渠道成员发起挑战。对于制造商来说，垂直渠道冲突的发生并不是一件坏事，反而有益处，因此在处理此类冲突时不能单纯予以压制，而要因势利导，使大家受益。

（3）多渠道冲突

多渠道冲突（也称为交叉冲突），是指两条或两条以上渠道的成员之间发生的冲突。当制造商在同一市场或区域建立两条或两条以上的渠道时，通常会产生此类冲突，如直接渠道与间接渠道中成员之间的冲突，代理分销与经销分销中渠道成员之间的冲突。这些冲突的表现形式为销售网络紊乱，销售区域划分不清，销售价格不统一等。

**4. 化解渠道冲突的策略**

渠道冲突是客观存在的，无法彻底消除，企业对此只能理性分析和区别对待。值得注意的是，并非所有渠道冲突都会降低渠道运作效率。实际上，低水平的冲突对分销效率影响不大，中等水平的冲突甚至可能会提升效率，只有高水平的冲突才会产生负面影响。适度的渠道冲突能够增强渠道成员的紧迫感，并激发他们的创新精神。例如，多渠道销售策略虽然可能增加渠道冲突，但也能通过渠道成员之间的竞争最大化产品销售，提升消费者购买便利性，并推动渠道成员持续创新。因此，化解渠道冲突，目标是将冲突控制在一定范围内，并妥善利用。同时，必须防止高水平的冲突破坏渠道成员关系。

面对渠道冲突，企业应及时分析其成因和类型，并采取适当措施消除不良影响。化解渠道冲突的具体策略如表 9-2 所示。

表 9-2　化解渠道冲突的策略

| 策略类型 | 策略描述 |
| --- | --- |
| 建立长期合作目标 | 渠道成员应寻求共同利益点，涉及市场份额、产品质量和消费者满意度等，以此为基础建立长期合作目标 |
| 加强信息与人际沟通 | 良好的信息沟通和人际沟通是保持渠道畅通的关键。信息共享机制和人员交流机制可以促进渠道成员相互理解和紧密合作 |
| 实施促销激励 | 通过价格折扣、奖励等手段激励渠道成员减少冲突，求同存异 |
| 运用协商技巧 | 成功的协商能够化解渠道冲突，甚至将潜在的对手转化为长期的合作伙伴 |
| 通过法律诉讼 | 在渠道冲突无法通过协商解决时，可采取法律手段，但应视为最后选择，因其可能导致关系紧张 |

# 案例分析

## 刻意的渠道冲突缘何一成一败

刘经理是 A 仪器厂（简称 A 厂家）在华北地区的总经销商，曾是该地区的销售佼佼者。随时间推移，他开始自满，对新市场和新产品的开发力度不足。A 厂家于是决定通过制造渠道冲突来激励其变革。

A 厂家尝试与刘经理沟通无果后，故意绕开他，在"高教仪器设备展示会"上联合另一家经销商进行宣传，成功吸引了高校市场的潜在客户。得知此事的刘经理愤怒不已，到 A 厂家总部交涉。

A 厂家采取缓和策略，在度假村与刘经理商谈，并通过展示展会成果和与他一起分析高校市场潜力，成功扭转了刘经理的观念。最终，刘经理承诺大力开拓高校市场，A 厂家也给予价格和政策支持。此举使得 A 厂家的产品市场份额扩大，双方利润持续增长，实现了双赢。

然而，几年后，当 A 厂家试图通过直接面向客户的直销政策来进一步激发刘经理的市场开发热情时，却引发了新的冲突。这一策略未能得到妥善实施，激起了刘经理的强烈反感，并最终导致双方决裂。刘经理转投竞争对手，而 A 厂家在华北地区的产品销量也遭受重创，两年后才逐渐恢复。

资料来源：改编自第一营销网。

案例分析：合理的冲突可以激励经销商，但处理不当则可能导致严重后果，甚至摧毁双方长期建立的合作关系。A 厂家第一次设计的渠道冲突策略取得了成功，但后续的冲突管理失误造成了无法挽回的损失。此案例表明，企业妙用渠道冲突，能促进渠道成员之间的关系，实现双赢；但如果处理不当，则会使渠道成员反目，降低渠道效率，甚至彻底毁掉渠道。

# 9.4.5 实施渠道控制

## 1. 渠道控制的类型

渠道控制的类型比较多，可以从以下几个不同的角度来划分。

（1）从控制程度角度来划分，渠道控制可分为全面控制和重点控制。全面控制是指企业对控制对象进行全方位的控制，包括销售区域、价格、回款情况等；重点控制是指企业只控制一个或者几个方面，如价格或销售区域等。

（2）从控制主体角度来划分，渠道控制可分为生产者渠道控制、批发商渠道控制和零售商渠道控制。

（3）从控制内容角度来划分，渠道控制可分为产品或服务控制、价格控制、分销过程和分销区域控制。

（4）从控制焦点角度来划分，渠道控制可分为目标控制和过程控制。

（5）从渠道功能角度来划分，渠道控制可分为对渠道信息的控制，对所有权转移过程的控制，对资金流的控制和对物流的控制。

（6）从营销组合角度来划分，渠道控制可分为对产品或服务的控制，对价格的控制，对促销的控制，对分销过程和分销区域的控制。

## 2. 渠道控制的内容

渠道控制的内容非常广泛，可以从不同的角度进行分析。以下从营销组合角度来分析渠道控制问题。

（1）对产品或服务的控制

对于生产者来说，对产品的控制内容主要如下。

① 控制产品的生产制造过程，保证产品质量。

② 确保企业的产品相关策略在渠道中实施。例如，培训渠道成员了解新产品，从而接纳新产品；确保企业产品差异化策略在渠道中得以实施；确保产品的品牌管理和品牌形象在渠道中贯彻；在产品生命周期的不同阶段，对渠道进行必要的调整等。

③ 通过对中间商的监督和管理，保证中间商为产品提供各种服务。

④ 通过与中间商合作和对中间商加强监督，防止与本企业产品相关的假冒伪劣产品通过中间商入市。

对于中间商来说，对产品的控制的主要内容如下。

① 控制某一产品的订购数量、品种、规格和质量。

② 保证产品质量，与生产者明确关于产品质量的保证，以及产品的安装、维修，破损产品的处理等责任。

③ 提供合格产品的售前、售中和售后服务。

④ 严把进货关，杜绝假冒伪劣产品进入市场。

（2）对价格的控制

生产者对价格的控制的主要内容是：监督和控制产品的批发价格和零售价格；确保企业的定价策略在渠道中贯彻落实；监督和控制中间商对企业折价方案的落实。

中间商对价格的控制的主要内容是：根据市场情况和供货合同，确定或建议产品的批发价格和零售价格；落实生产者的折价方案；防止生产者制订对自己不利的价格歧视方案。

（3）对促销的控制

生产者的促销常常分为两种情况：一是对中间商的促销，二是对最终消费者的促销。对中间商的促销的控制相对简单，主导者是生产者，主要是做好促销本身的工作，如确定促销目标，制订促销计划，实施促销活动，评价促销结果等。而对最终消费者的促销的控制，施动者是生产者和中间商，对促销的控制相对复杂，因为还涉及对中间商的控制和监督。

生产者对针对最终消费者的促销的控制的主要内容是：根据与中间商的合作协议，开展产品的促销活动，或根据竞争等需要推出产品促销活动；对促销活动的计划、实施过程和实施结果进行控制，保证促销活动实现预定的目标；监督中间商对产品的促销活动和促销方式，保证生产者的促销活动得到中间商的贯彻和落实；对中间商自主安排的本产品的促销活动进行监督，避免产品的品牌价值因经销商的过度促销而受损。

中间商对促销的控制的主要内容是：根据与生产者的合作协议，开展在销售地点的促销活动；或根据竞争的需要，自主安排促销活动；对销售地点的促销活动进行管理；向生产者提出安排促销活动的建议。

（4）对分销过程和分销区域的控制

生产者对分销过程和分销区域的控制的主要内容是：控制分销区域，避免不同区域的渠道成员之间发生窜货等；控制分销过程，避免不同渠道成员之间发生冲突；控制物流过程，保证物流通畅。

中间商对分销过程和分销区域的控制的主要内容是：在自己的分销区域内建立分销网络；在自己的分销区域内进行分销过程的控制；防止生产者向其分销区域直接供货或另设销售渠道，损害其市场权益。

**3．渠道控制的程序**

渠道控制的程序可分为制定渠道控制标准，衡量渠道工作绩效和纠正渠道运行偏差。

（1）制定渠道控制标准

制定一套完备的渠道控制标准是进行有效控制的基础，也是企业衡量渠道工作绩效和纠正渠道运行偏差的客观依据。渠道控制的标准涵盖面较广，主要包括：最终消费者的渠道满意度标准；不同渠道之间的关系标准；渠道成员功能发挥标准；渠道成员完成任务和努力程度标准；渠道成员的合作态度和成效标准；渠道成员之间的关系发展标准；渠道的覆盖程度标准；渠道总体经济效益标准等。

（2）衡量渠道工作绩效

衡量渠道工作绩效是渠道控制工作的第二个环节，主要内容是企业将实际工作与渠道控制标准相比较。如果出现渠道的实际运营情况与控制标准不一致的问题，企业要判断这种不一致的程度和性质，同时要分析原因，寻找问题的症结，并且制定解决问题的方法。

（3）纠正渠道运行偏差

纠正渠道运行偏差是渠道控制工作的最后一个环节。针对渠道运营中存在的问题，企业应采取相应的纠偏措施。渠道纠偏包括以下两个方面：一是修改渠道控制标准。渠道运行情况与渠道控制标准不一致，可能是因为渠道控制标准不符合实际，此时纠偏的办法就是修改渠道控制标准。二是改进渠道工作，企业指导渠道成员改变某些不当行为，提高渠道工作效率，努力使渠道工作达到标准。

## 本章实训

**1. 实训目标**

了解渠道策略的内容，掌握渠道管理的策略和方法。

**2. 实训内容及步骤**

（1）将参与实训的学生分成若干小组，每组 5 ～ 6 人，形成实训团队。各实训团队推选一名同学作为实训团队负责人，负责团队的组织与协调工作。

（2）授课老师详细讲解实训的目的、要求、评价标准以及注意事项。

（3）各实训团队内部进行明确分工，如资料收集、资料整理与分析、PPT 制作、汇报准备等。各团队选择一个知名手机企业，收集其渠道策略的相关资料。

（4）各实训团队对所收集的资料进行深入分析，重点关注企业的渠道结构，渠道成员的选择标准，渠道冲突解决方法以及渠道创新等。在充分讨论的基础上，各实训团队撰写一份详细的某企业渠道策略分析报告。

（5）各实训团队对调查数据进行汇总、整理与分析，并撰写被调查手机企业的定价方法与定价策略分析报告。

（6）各实训团队制作 PPT，推选一名代表在课堂汇报，授课老师进行点评。

**3. 实训成果**

实训报告——《某手机企业渠道策略分析报告》。

（注：报告需包含企业背景、渠道策略现状分析、存在问题及改进建议等部分，字数不少于 3000 字。）

## 本章习题

### 一、单选题

1. （　　）是指企业同时选择两个及两个以上的同类中间商销售其产品。
   　A. 宽渠道　　　　　B. 窄渠道　　　　　C. 长渠道　　　　　D. 短渠道

2. （　　）是指产品从生产领域向消费领域转移过程中的一系列买卖交易活动。
   　A. 实体流程　　　　B. 促销流程　　　　C. 信息流程　　　　D. 所有权流程

3. 生活必需品通常采用（　　）战略。
   　A. 密集分销　　　　B. 独家分销　　　　C. 选择性分销　　　　D. 直销

4. 某企业在一定地区内只选定一家中间商销售其产品，则该企业采取了（　　）。
   　A. 独家分销战略　　　　　　　　　　B. 密集分销战略
   　C. 选择性分销战略　　　　　　　　　D. 以上均不正确

5. （　　）是指企业使用多种营销渠道共同销售产品的战略。
   　A. 长渠道战略　　　B. 短渠道战略　　　C. 多渠道战略　　　D. 宽渠道战略

### 二、多选题

1. 根据营销渠道的宽度来划分，营销渠道战略可分为（　　）这 3 种类型。
   　A. 密集分销战略　　　　　　B. 独家分销战略　　　　　　C. 合作分销战略
   　D. 选择性分销战略　　　　　E. 分散分销战略

2. 以下属于营销渠道成员性参与者的有（　　）。
   　A. 生产者　　　　　　　　　B. 批发商　　　　　　　　　C. 零售商
   　D. 物流配送企业　　　　　　E. 市场调研机构

3. 营销渠道设计所追求的目标是低风险、高效益。为实现这个目标，企业必须遵循的原则包括（　　）。
   　A. 战略性原则　　　　　　　B. 适度覆盖性原则　　　　　C. 效率性原则
   　D. 互利性原则　　　　　　　E. 动态性原则

4. 按经营产品种类的多少，批发商可分为（　　）。
   　A. 分销批发商　　　　　　　B. 代理批发商　　　　　　　C. 一般批发商
   　D. 专业批发商　　　　　　　E. 综合批发商

5. 渠道控制的类型比较多，可以从不同的角度来划分。从控制内容角度来划分，渠道控制可分为（　　）。
   　A. 产品或服务控制　　　　　B. 价格控制　　　　　　　　C. 目标控制
   　D. 分销过程　　　　　　　　E. 分销区域

### 三、名词解释

1. 营销渠道　　2. 营销渠道战略　　3. 代理商　　4. 营销渠道管理　　5. 渠道冲突

### 四、简答及论述题

1. 何谓营销渠道的流程，具体包括哪些流程？

2. 营销渠道的功能主要有哪些？

3. 营销渠道管理主要包括哪些内容？

4. 试论述零售商的渠道职能。

5. 试论述营销渠道设计的决策。

 **案例讨论**

### 茶颜悦色的营销渠道策略

茶颜悦色 2013 年创立于长沙，是深受年轻人喜爱的知名茶饮品牌。根据餐饮品牌数据库"窄门餐眼"的数据，截至 2024 年 4 月 16 日，茶颜悦色旗下门店总数近 700 家，其中主品牌"茶颜悦色"门店 549 家，主要分布在湖南（长沙门店达 326 家），同时在武汉、重庆、南京、无锡等城市也有布局。茶颜悦色的快速发展，得益于其深耕区域、密集开店、只做直营的独特经营策略。

1. 深耕区域：打造地域文化标签

与其他品牌抢占一线市场的策略不同，茶颜悦色反其道而行，扎根长沙，将地域局限性转化为品牌特色，强化"只有在长沙才能喝到"的稀缺性。这一策略不仅激发了本地消费者的文化认同感，还通过社交媒体（如微博、小红书）的传播，吸引外地游客专程前往长沙"打卡"，甚至带动了当地旅游业的发展。在自媒体时代，这种本土化营销成功利用"饥饿效应"放大了品牌声量。

2. 密集开店：高曝光与低成本并行

在长沙核心商圈，茶颜悦色采用"十米一店、一街十店"的密集分销模式，门店以十几平方米的档口店为主，覆盖街头巷尾及大型商业体。这种布局不仅极大提升了品牌曝光度，还通过规模化运营降低了单店成本，同时便于总部统一管理。

3. 只做直营：品质与口碑的双重保障

茶颜悦色坚持全直营模式，拒绝加盟。直营体系确保了产品标准化的严格执行，从原料采购到制作流程均能统一管控，从而维持稳定的口味和品质。这一模式为品牌树立了可靠的形象，成为其口碑传播的核心基础。

**思考讨论题：**

1. 茶颜悦色的渠道策略对于其他茶饮品牌是否有借鉴意义？

2. 直营模式相比加盟模式有哪些优势和劣势？对于计划加速扩张的企业来说，应如何权衡这两种模式的利弊并做出选择？

# 第10章
# 促销策略

 **本章导读**

　　促销（Promotion）是指企业将有关产品或服务的信息通过各种方式，如人员推销、广告、公共关系、营业推广等，传递给目标受众，以促进目标受众了解、信赖并采取行动购买本企业的产品，从而达到增加产品销售的目的。促销是企业重要的营销手段，有效的促销策略是企业达成实现营销目标的重要保障。通过对本章的学习，读者可以深入理解促销的本质，熟悉促销的分类与方式，掌握制订促销策略的思路与方法。

## 知识结构图

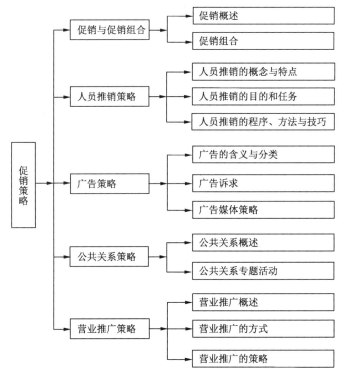

## 开篇引例

**货拉拉的《拉货歌 2022》**

　　"火辣辣的天气就要吃火辣辣的火锅，拉货就找货拉拉" 2022 年 11 月 14 日，货拉拉推出了视频《拉货歌 2022》和拉货操，朗朗上口的旋律和简单易学的舞蹈动作让人直呼上头。该视频在短短一周内线上总播放量就逼近 40 亿次，一轮病毒式的音乐营销由此拉开帷幕。视频截图如图 10-1 所示。

图 10-1  视频《拉货歌 2022》截图

货拉拉分别在官方微博、抖音、快手发布了视频《拉货歌 2022》，并同步发起有奖活动和接力挑战赛，以及"货拉拉拉货操大挑战"等话题，获得近亿次流量曝光，迅速走红网络。仅抖音平台的"货拉拉拉货操大挑战"话题就已吸引了 2.2 万名用户参与其中，获得超 7 亿次播放。

货拉拉发布的视频《拉货歌 2022》并不是特例。近年来，定制品牌歌曲已逐渐成为企业营销宣传的一大策略。借助洗脑的旋律、简单的舞蹈、朗朗上口的歌词，歌曲在抖音、快手、B 站等社交媒体上获得大量流量，快速风靡网络。

资料来源：极目新闻。

问题：《拉货歌 2022》为什么能风靡网络？企业应如何借助网络开展促销活动？

# 10.1  促销与促销组合

促销是企业营销活动的重要组成部分，本质是通过传播，实现企业同其目标市场之间的信息沟通，最终达到促进销售的目的。

## 10.1.1  促销概述

### 1. 促销的含义

促销是指企业通过各种有效手段，将有关产品或服务的信息通过各种方式传递给目标受众，帮助目标受众认识到产品或服务能够带来的利益，从而引起目标受众的兴趣，激发目标受众的购买欲望与购买行为的活动。促销实质上是一种沟通活动，即企业（信息提供者或发送者）发出作为刺激消费的各种信息，以影响目标受众（即目标消费者）的态度和行为。

### 2. 促销的功能

促销是企业营销活动的重要组成部分，具有如下主要功能。

第一，促销可以加快产品入市的进程，激发消费者尝试购买的欲望和购买行为。通过促销，企业可以快速调动目标消费者的购买热情，强化目标消费者对新产品的认知。一般消费者出于对购买风险的顾虑，大多会对新产品有抗拒心理。促销可以使消费者降低这种心理防御，激发其产生购买的欲望和行为。

第二，促销可以激励消费者重复购买，建立消费习惯。消费者在习惯使用某个品牌的产品之后，一般不会轻易地改变。这主要是因为品牌转换存在着一定的风险和成本（主要包括搜寻成本、调整成本和心理成本）。企业通过持续的促销，可强化消费者的品牌偏好，增加消费者的重复购买频率，促使其产生习惯性购买行为。

第三，促销能够帮助企业提高销售业绩，树立竞争优势。通过促销，企业可以激发消费者的消费需求，从而扩大企业的影响力，提升产品的知名度和美誉度。

第四，促销能够使企业收集消费者反馈，以优化产品，为企业营造有利的经营环境并与消费者建立良好的关系，从而有助于企业提高销售业绩，提高产品市场覆盖率。

### 3. 促销的方式

促销有人员推销、广告、公共关系和营业推广四种基本方式。各种促销方式的优缺点如表 10-1 所示。

**表 10-1　四种基本促销方式的比较**

| 促销方式 | 优点 | 缺点 |
|---|---|---|
| 人员推销 | 互动性强：能够直接与客户面对面交流，了解客户需求。<br>建立长期关系：通过面对面的互动，有助于建立长期稳定的客户关系。<br>针对性强：可以根据客户的具体需求提供个性化的解决方案。<br>反馈及时：能够立即获得客户对产品的反馈 | 成本高：需要投入大量的人力和时间成本。<br>覆盖范围有限：受限于人员数量和时间，覆盖的客户范围有限。<br>主观性强：推销效果受推销人员的能力和态度影响较大。<br>难以追踪效果：推销效果难以量化评估 |
| 广告 | 覆盖广泛：能够迅速覆盖大量目标受众。<br>信息标准化：确保所有受众接收到的信息是一致的。<br>易于衡量效果：通过广告效果评估工具可以量化广告的影响力。<br>塑造品牌形象：有助于提升品牌知名度和形象 | 成本较高：特别是大规模广告活动，投入成本可能很高。<br>竞争激烈：在广告市场中，需要与其他品牌竞争，吸引消费者的注意。<br>信息过滤：消费者可能对广告信息产生抵触心理，或将其过滤掉。<br>短期效果：广告效果往往是短期的，需要持续投入以保持效果 |
| 公共关系 | 提升品牌信誉和形象：通过媒体曝光和公关活动，能够有效提升企业的品牌信誉和形象。<br>传播广泛：通过新闻、社交媒体等渠道，将信息迅速传播给公众。<br>成本低：相对于广告而言，公共关系的成本可能更低。<br>建立信任：通过公关活动，有助于建立消费者的信任 | 难以量化效果：效果难以直接量化。<br>需要时间积累：效果往往需要长期积累才能显现。<br>难以控制：效果受外部环境和媒体报道的影响较大。<br>需要专业技能：需要一定的专业技能和经验才能有效实施 |
| 营业推广 | 效果：能够迅速吸引消费者的注意并促成购买。<br>灵活性强：可以根据市场需求和竞争状况灵活调整促销策略。<br>激发购买欲望：通过提供折扣、赠品等，激发消费者的购买欲望。<br>促进销售增长：有助于提升产品销售额和市场份额 | 成本较高：需要投入大量的资金和人力成本。<br>利润降低：可能导致产品利润降低。<br>损害品牌形象：过度的促销活动可能损害品牌形象和定位。<br>消费者依赖：消费者可能对促销活动产生依赖心理，影响长期销售 |

## 10.1.2　促销组合

### 1．促销组合的含义

促销组合是指企业根据产品的特点和营销目标，综合考虑各种影响因素，对各种促销方式进行选择和综合运用。企业可以选择一种或多种促销方式开展促销活动。

促销组合体现了现代市场营销理论中整体营销的思想。促销组合其实是指一种系统化的整体策略（系统），包含人员推销、广告、公共关系和营业推广4个子系统，如图10-2所示。在促销组合系统中，每个子系统都包含了一些可变因素，即具体的促销手段或工具。当某一因素发生变化时，整个系统关系也会随之变化，进而形成一种新的促销策略。

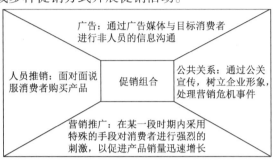

图10-2　促销组合的4个子系统

### 2．促销组合策略

促销组合策略是指企业基于产品特性和企业经营目标，对人员推销、广告、公共关系和营业推广等促销方式进行合理选择和综合运用的策略。在制定促销组合策略时，企业要熟悉各种促销方式的特点和应用场景，综合考虑市场环境、目标受众、产品特性等因素，同时还要确定以哪种促销方式为主，以哪些方式为辅。例如，对于专业性和复杂性都较强的大型设备，通常采用以人员推销为主的推式策略。而对于一般消费品，因消费者众多且购买决策较为简单，企业通常采用以广告和公共关系为主的拉式策略。

然而，在实际操作中，单一的推式或拉式策略都存在着一定的不足。因此，企业往往采用推拉结合的策略。例如，在以广告拉动最终用户的同时，企业通过人员推销向中间商推荐产品，形成有效的分销链。这种策略既能够迅速吸引消费者注意，又能够确保产品在渠道中顺畅流通。

 **延伸学习**

**影响促销组合的因素**

1．促销目标

促销目标即企业的促销活动所要达到的目标。企业的促销目标是动态的，随着营销的不同阶段及营销环境的变化而调整。需要注意的是，企业促销目标的选择必须服从企业营销的总体目标，不能单纯为了促销而促销。

2．产品性质

产品的性质、消费者的状况以及购买要求不同，企业采取的促销组合策略也不同。一般来说，消费群体相对广泛，且价值比较小、技术难度也较小的消费品，促销组合中广告促销的成分要大一些；而消费群体较为集中，价值较大、技术难度也较大的工业品，促销组合中人员推销的成分要大一些。

3. 产品的市场生命周期

产品所处的市场生命周期阶段对于促销组合决策会产生一定的影响。产品所处的生命周期阶段不同，企业促销的目标也不同，所采用的促销方式也有所不同。

4. 市场性质

市场的地理范围、市场类型和潜在消费者的数量决定了不同的市场性质，不同的市场性质又决定了企业不同的促销组合策略。一般来说，目标市场空间较大，潜在消费者数量多的市场，如消费品市场，企业促销组合中广告促销的成分要大一些；目标市场空间小，潜在消费者数量有限的市场，如工业品市场，企业促销组合中人员推销的成分则要大一些。

5. 促销预算投入

促销预算一般采取按营业额的一定比例的方法制订，有时也采取根据竞争者的表现来制定预算额度的办法。一般来说，竞争激烈的产品，如化妆品、洗涤用品等，促销预算往往较大。不同的预算额度从根本上决定了企业可选择的促销方式，企业应根据自身的实际情况及客观条件，选择经济、有效的促销组合。

资料来源：张丽，郭凤兰，张纬卿.市场营销基础与实务[M].北京：人民邮电出版社，2022.

# 10.2　人员推销策略

人员推销是一种直接、个性化的促销方式。通过销售人员（推销人员）与潜在客户（顾客）的直接交流，企业可以更深入地了解客户的需求，提供定制化的解决方案，并建立起长期稳定的客户关系。对于某些产品而言，人员推销是最为有效的一种促销方式。

## 10.2.1　人员推销的概念与特点

人员推销，是指企业推销人员与潜在客户直接接触，帮助和说服客户购买产品的过程。人员推销是一种独特的促销手段，具备许多区别于其他促销手段的特点，可达成许多其他促销方式无法实现的目标。对于某些产品来说，人员推销的效果是极其显著的，如对工业品、原材料、保险产品等的销售，主要是使用人员推销。

 **阅读资料**

### 推销人员的素质要求

第一，推销人员（也称推销员）必须对所代表的企业有一个全面了解，熟悉企业发展史，对企业历年财务、人员状况、领导状况及技术设备都了如指掌，因为这些知识有助于增强顾客对推销人员的信任感。推销员还必须掌握企业经营目标和营销策略，并能够灵活运用和解释它们；应该学会巧妙运用统计资料来说明企业的地位，力争在顾客心目中树立起良好的企业形象。

第二，推销员应该是产品专家，应全面了解产品从设计到生产的全过程，熟悉产品性能、特点、使用、维修，熟知产品成本、费用、出厂价格；应全面掌握产品种类、设备状况、服务项目、定价原则、交货方式、付款方式、库存、运输条件等情况。另外，推销员还必须了解竞争产品（竞品）情况。

第三，推销员一方面需要了解顾客购买产品的可能性及希望从中得到的利益，另一方面还需要了解顾客购买决策依据，顾客购买决策权在谁手中，谁是购买者，谁是使用者。另外，推销员还要了解顾客的购买条件、方式和时间，深入分析不同顾客的心理、习惯、爱好和要求。

第四，推销员要掌握的相关知识主要包括营销策略、市场供求情况、潜在顾客数量、顾客分布情况、购买动机、购买能力、有关法规等。

第五，优秀的推销员还应具备良好的文化素质。对推销员来说，同行竞争的焦点往往是文化素质。在文化素质方面，推销员要具有一定的专业知识，如经济学、市场学、心理学、经济法、社会学等方面的知识。除此之外，推销员还应在文学、艺术、地理、历史、哲学、自然科学、国际时事、外语等方面充实自己。博学多才是推销员成功的重要基础。

第六，推销员也应具备相应的法律意识，要有较丰富的法律知识。推销工作是一种复杂的社会活动，受到一定的法律法规制约。推销过程中，推销员应注意衡量自己的言行是否合法，以免带来不必要的法律纠纷。

第七，人员推销实际上是一种交际活动。推销员是公司的"外交官"，要讲究必要的推销礼仪。

资料来源：百度百科。

与其他促销方式相比，人员推销具有以下显著的特点。

### 1. 针对性强

人员推销是一对一的直接营销。推销人员可以根据潜在客户的特定需要，根据其不同反应，及时采取有效措施并制定有针对性的营销策略，从而有助于交易的达成。

### 2. 亲和力强

推销人员与客户面对面的直接沟通，易于深化与客户的感情，建立良好的人际关系。推销人员与客户的直接交往，也有利于双方的沟通、相互信任和理解，为最终销售的达成和进一步合作奠定良好的基础。

### 3. 信息反馈及时

推销人员可直接从目标客户那里获得反馈信息，诸如对推销人员的态度，对推销产品和企业的看法和要求等。推销人员可以将获得的相关信息迅速反馈给企业，以指导企业经营，使产品更符合客户的需要。同时，人员推销可以及时发现并解决产品在售后和客户使用时出现的问题，提供售后服务。

### 4. 易于指导消费

推销人员可以给客户提供直接的消费指导，这是其他促销方式所不具备的优势。在推销过程中，推销人员能够为客户提供最直接的咨询和技术服务，如向客户展示产品特点，演示产品使用方法，随时解答客户的疑问等，大大打消客户的购买顾虑。对于那些价值较高、使用复杂、购买风险较高以及需要完善的售后服务的产品，采用人员推销方式最能发挥上述优势。

### 5. 成本较高

与其他促销方式相比，采用人员推销的成本较高。企业需要投入较大的人力、物力和财力。同时，优秀的推销人员也是一种稀缺资源，不易获得。

**6．适用范围有限**

对于那些价值较低，客户（消费者）习惯购买的产品，企业采用人员推销的方式效果不佳。且由于成本所限，这类产品不适于采用人员推销。还有，在某些特殊条件下企业不宜采用人员推销。另外，许多消费者对推销人员的印象不佳，往往会本能地拒绝推销人员的销售行为，这也限制了企业推销业务的开展。

> **课堂讨论**
>
> 在当今网络时代，人员推销这种促销方式已经过时了吗？请说明理由。

## 10.2.2　人员推销的目的和任务

**1．人员推销的目的**

将产品销售出去是人员推销的最终目的，但不是唯一目的。企业开展人员推销活动的目的可以进一步分解为以下几个。

（1）了解客户对本企业产品信息的接收情况以及市场需求情况，确定可成为产品购买者的客户类型。了解目标市场和客户对企业及其产品的反应及态度，准确选择和确定潜在客户。

（2）收集、整理、分析信息，并尽可能消除潜在客户对产品、推销员的疑虑，说服其采取购买行动，成为产品真正的购买者。

（3）促使潜在客户成为现实购买者，维持和提高客户对企业、产品及推销员的满意程度。因此，为了进行成功的重复推销，推销员必须努力维持和不断提升客户对企业、产品及推销员本人的满意程度。

**2．人员推销的任务**

人员推销作为企业与客户间的双向沟通桥梁，其职能主要体现在以下几个方面。

（1）销售转化与市场拓展

推销人员的核心职责在于实现销售转化与市场拓展。一方面，需主动挖掘潜在客户，通过精准捕捉需求并提供专业的产品解决方案，引导其完成购买决策；另一方面，要深入分析市场趋势，识别未被满足的消费需求，制定差异化推销策略，进而扩大市场份额，提升企业产品的市场渗透率。

（2）双向信息传递

人员推销是企业与客户间信息交互的重要纽带。一方面，向客户全面传递产品性能、价格体系、售后服务等关键信息，帮助其建立产品认知与信任；另一方面，在与客户接触过程中实时收集需求变化、竞争动态及使用反馈等市场信息，为企业在产品研发、定价策略、市场推广等方面的决策提供客观依据。

（3）全周期客户关系维护

人员推销贯穿客户关系管理的全流程，覆盖售前、售中、售后各阶段。售前提供业务咨询、技术方案设计等服务，协助客户明确需求；售中通过产品演示与操作指导，确保客户充分理解产品价值；售后则及时响应维修需求，定期回访并收集反馈，切实解决客户痛点，从而巩固长期合作关系。

## 10.2.3　人员推销的程序、方法与技巧

**1.　人员推销的程序**

人员推销有多种形式，如上门推销、柜台推销和会议推销等。其中，上门推销被认为是典型的人员推销方式。其具体程序如下。

第一步，寻找目标客户。这一阶段的任务是寻找需要本企业产品，又有支付能力和购买决策权的潜在客户（潜在购买者）。寻找目标客户的方法很多，如推销人员自行观察、访问、查阅资料，或通过他人介绍，以及广告吸引、会议招引等。推销员可根据产品和推销环境的特点灵活选用。

第二步，拜访前准备。在正式约见客户之前，推销人员必须做好推销准备工作：首先是掌握信息，尽可能充分了解拜访对象，以及自身产品及竞争对手产品的情况，做到知己知彼。其次是做好计划，确定好拜访的主题和程序，选择好恰当的推销策略和方式，设计好自身的形象并做好心理上的准备。

第三步，正式拜访客户。与拜访客户开始正式接触时，推销人员要注意自己的态度、表情和言行举止。首先推销人员要给客户留下一个好的印象，使其对自己和推销的产品产生兴趣，为顺利进行推销创造良好条件。在推销过程中，推销人员要运用提示和演示的方法，如利用语言艺术来传递推销信息，出示相关文字或图片，播放音频或视频，展示产品，操作产品等，有的放矢地向客户介绍企业及企业的产品，使客户能较好地认识产品。

第四步，处理异议。在推销过程中，客户难免会对推销人员所做的推销说明提出不同的看法。推销人员必须认真分析和恰当处理这些意见，力争破解成交的障碍。

第五步，促成交易。在推销说服过程中，各个阶段都可能达成交易。推销人员要善于识别和捕捉客户发出的成交信号，当机立断地采取适当方法，促成客户立即采取购买行动。

第六步，事后跟踪。产品成功销售出去并不意味着推销工作的终结。推销人员还应认真履行定单中所约定的条款，如交货期、安装、维修等各项承诺。推销人员需要进行持续的事后跟踪，以便了解客户是否对自己的选择感到满意，掌握可能产生的各种问题，表达自己的诚意和关心，以确保客户满意并能够在今后重复购买。

**2.　人员推销的方法与技巧**

推销人员面对的是个性、心理、需求状态各异的推销对象，只有充分注意个体的特殊性，灵活选用推销方法，善于运用推销技巧，才能赢得客户，促成交易。

（1）满足客户需求

推销的首要是立足于客户的需求，深刻理解并满足其期望。推销人员应作为客户的顾问，清晰阐述产品功能与客户需求之间的契合点，引导客户购买其"最适宜"的产品。

（2）建立良好形象

面对客户，推销人员要展现自身专业且亲和的形象。推销人员的良好形象是赢得客户信赖，进而促进客户接受推销产品乃至决定购买产品的重要因素。

（3）精通产品知识

推销人员必须全面掌握所推销产品的知识，包括产品特性、优点、用户反馈以及当前的

市场产销状况。这有助于推销人员在与客户沟通时，提供准确且有针对性的信息，有效处理客户的疑虑，并推动其作出购买决策。

（4）明确推介重点

在推销过程中，推销人员应重点介绍产品的核心功能、独特优势、价格等关键信息，特别是针对客户最感兴趣的部分进行深入阐述，以激发其购买欲望。

（5）促进客户体验

让客户动手操作和试用产品，使其获得比听口头介绍深刻得多的亲身体验，可以大大增强推销的说服力。因此，在推销时推销人员应尽可能让客户亲自动手操作或试用产品，让其摸一摸，尝一尝，用一用。

（6）洞察客户心理

推销活动中的面谈是一个"刺激—观察—再刺激—再观察"的过程。推销人员在面谈中要注意把握客户心理，运用能引起客户兴趣，刺激客户购买欲望的推销语言，进行因势利导的宣传介绍。

（7）倾听客户反馈

认真倾听客户的意见和建议，不仅能让客户感受到尊重，还能为推销人员提供宝贵的市场信息和行动指导。推销人员在倾听时应全神贯注，准确把握客户谈话的核心内容。

（8）捕捉成交时机

在推销过程中，推销人员应密切关注客户的购买意向，并捕捉成交的最佳时机。当客户表现出购买意愿时，推销人员应迅速行动，确保交易的顺利完成；同时警惕客户在决策过程中可能出现的犹豫和变化并灵活应对，确保推销的成功。

# 10.3　广告策略

延伸学习

广告的构成要素

## 10.3.1　广告的含义与分类

### 1. 广告的含义

广告是指广告主为促进商品交换或树立企业及品牌形象，主要以付费的方式，通过各种媒体进行的单向或双向的营销传播活动。广告是企业促进销售，塑造品牌形象的重要手段之一。企业开展市场营销活动，离不开广告的支持。

### 2. 广告的分类

广告的分类方法很多，常见的主要有以下几种。

（1）根据广告媒体进行分类

按广告媒体进行划分，广告可以分为传统媒体广告和新媒体广告两大类型。

① 传统媒体广告

传统媒体广告主要包括电波广告、印刷品广告、户外广告、直接邮递广告和售点广告等。

a. 电波广告。电波广告是电波媒介广告的简称，是指通过无线电波或导线向广大地区公众传递声音、图像信息的广告形式，主要包括广播广告和电视广告两种类型。其中广播广告通过广播电台播放，主要依赖声音向听众传递信息；电视广告通过电视台播放，能够同时传递声音和图像信息。

　　b. 印刷品广告。印刷品广告是指主要通过印刷品传递广告信息的广告形式。印刷品包括报纸、杂志、招贴、函件、册子、日历、产品目录、传单等。

　　c. 户外广告。户外广告是指通过存放于开放空间的媒体所发布的广告。户外媒体主要有交通类媒体和建筑类媒体两种。户外广告发布媒体具体包括户外的电子显示屏、悬挂在建筑物上的大型广告牌、霓虹灯、专门设置在公路旁及重要交通路口的路牌、流动广告车，以及车体、船体等。

　　d. 直接邮递广告。直接邮递广告是指直接将印刷品广告、录像带、影碟甚至实物等寄送给广告对象的广告形式。随着网络媒体的兴起，直接邮递广告逐渐被电子邮件（E-mail）等新兴的广告形式所代替。

　　e. 售点广告。售点广告是指在销售现场所做的广告（见图 10-3）。它是购物场所内外一切悬挂、设置的广告的总称。从建筑物外悬挂的巨幅旗帜，到商店内外的橱窗广告、商品陈列、商品的价目表以及展销会等，都属于售点广告的范畴。

图 10-3　售点广告

　　② 新媒体广告

　　新媒体广告是基于数字化媒介的广告形式，强调互动性、场景化和新技术应用，包括社交媒体广告、短视频广告、户外电子屏、AR/VR 广告等。新媒体广告可不以网络为载体，部分可离线运行（如商场互动屏），并且更注重用户体验和创意表达。网络广告与新媒体广告的主要区别如表 10-2 所示。

表 10-2　网络广告与新媒体广告的区别

| 区别维度 | 网络广告 | 新媒体广告 |
| --- | --- | --- |
| 划分依据 | 技术（基于互联网） | 媒介形态（基于数字化与互动性） |
| 技术依赖 | 必须依赖互联网 | 可依赖互联网，也可离线（如电子屏） |
| 典型形式 | 搜索引擎广告、横幅广告、信息流广告等 | 社交媒体广告、户外数字广告等 |
| 交互方式 | 点击、跳转为主 | 扫码、AR 互动、用户生成内容（UGC） |
| 数据追踪 | 精准、实时（如 Cookie 追踪） | 部分离线形式难以实时监测 |

　　相对于传统媒体广告，新媒体广告的优点主要在以下几个方面：一是互动性更强，企业可以通过评论、点赞、分享等多种方式与用户互动；二是能够根据用户的兴趣、年龄、性别、地理位置等多维度信息进行精准定向；三是更加注重创意和个性化，可以采用虚拟现实、人工智能等新技术；四是能够实时监测和分析用户反馈，及时调整广告策略；五是传播渠道多样化，传播迅速且广泛。

　　（2）根据广告的目的进行分类

　　① 营利性广告（Commercial Advertising）。营利性广告也叫经济广告，是指以谋求利润为目的的广告。企业所做的大部分广告都是营利性广告。

　　② 非营利性广告（Noncommercial Advertising）。非营利性广告是指做广告的目的不是

谋求利润，而是为了表明立场、态度以及对社会问题的关切。公益广告（Public Interest Advertising，或 Public Service Advertising）是其最主要的一种。

延伸学习

公益广告的特征

公益广告一般是非商业性的，内容为传播公益观念，目的是以倡导或警示等方式把有关社会公共利益或社会公众关心的信息传递给社会公众。因此，其更容易引起受众的共鸣，能够起到营利性广告无法替代的作用。

此外，根据传递广告信息的主体即广告主的不同，广告可以分为制造商广告、中间商广告和合作广告；根据广告传递信息内容的不同，广告可以分为产品广告和非产品广告；根据产品的生命周期，广告可以分为认知性广告、竞争性广告和提醒性广告；根据广告传播的范围，广告可分为全国性广告、区域性广告和国际广告。

## 10.3.2　广告诉求

### 1. 广告诉求的含义

广告诉求（Advertising Appeal）是指广告主在广告中采用策略和技术，通过多种创意途径，将产品或服务的利益点、品牌形象等有效传达给目标受众，使目标受众理解并接受这些信息，进而产生预期的行动或反应。其核心在于理解目标受众的心理和行为特征，运用有效的沟通策略和技术激发目标受众的情感共鸣或理性认同。

### 2. 广告诉求的方式

广告诉求主要有以下几种方式。

（1）严重性诉求（Serious Appeal）

严重性诉求是指通过向消费者直接或间接地展示不购买或不使用广告产品而导致的严重后果，从而促使消费者采取购买行动的一种诉求方式。在一般的情况下，肯定的或愉快的广告诉求，比严重的或否定的广告诉求更容易为消费者所接受。所以，广告主通常不会采用严重性诉求这种广告方式。但是也有例外，如在有关环境保护、疾病预防、交通事故预防、禁毒等方面，严重性诉求广告往往能起到更好的广告效果。

（2）幽默诉求（Humor Appeal）

幽默诉求是指广告主通过逗乐的方式，使广告内容戏剧化、情趣化，让目标受众以轻松愉快的心情接受广告内容的一种诉求方式。幽默诉求广告产生的回忆率（Recall）较一般广告的更高，因此被广泛采用。

不过有研究表明，幽默诉求广告比一般广告更容易引起消费者的疲劳效应（Wear-out Effect），所以在运用幽默诉求广告时，广告主应充分考虑这一点。

（3）USP 诉求（Unique Selling Point Appeal）

USP 诉求（独特销售主张诉求）是指广告人员在形成广告创意时，先仔细进行产品分析，找出产品独一无二的优点，以此作为广告诉求核心，再将其转化成消费者所关心的商品利益点。USP 诉求广告须具备以下 3 个条件：①广告产品必须包含特定的利益；②该利益是独特的、唯一的；③该利益要和销售有关，能够为消费者所接受。

### 案例分析

#### M&M 巧克力豆：只溶在口，不溶在手

罗瑟·瑞夫斯（Rosser Reeves）为玛氏公司 M&M 巧克力豆所做的"只溶在口，不溶在手"（Melt in your mouth，not in your hand）的广告可谓 USP 式广告的巅峰之作，如图 10-4 所示。M&M 巧克力豆是当时在美国唯一用糖衣包裹的巧克力，有了这个与众不同的特点，罗瑟·瑞夫斯仅仅花了 10 分钟便形成了广告的创意——"只溶在口，不溶在手"。简单而清晰的广告语，只用了寥寥数字，就将 M&M 巧克力豆不黏手的独一无二的特性凸显出来。M&M 巧克力豆从此名声大振，家喻户晓，人们争相购买。

图 10-4　M&M 巧克力豆"只溶在口，不溶在手"的广告

案例评析：　"只溶在口，不溶在手"将 M&M 巧克力豆与众不同的产品特性表现得淋漓尽致。它既反映了 M&M 巧克力豆糖衣包装的独特销售主张，又暗示了 M&M 巧克力豆口味之好，以至让人不愿意让巧克力豆在手上停留片刻。该广告是 USP 式广告的巅峰之作，堪称经典中的经典，时至今日仍广为流传。

（4）温馨诉求

根据阿克（Aaker）等学者的观点，温馨是指一种包括生理性唤起在内的，肯定、温和而不易消失的情绪，是直接或间接地感受爱、家庭、友情关系等所激发的情绪。

广告中的温馨场景往往能让广告受众产生一定的情感共鸣。例如，广告中，从海外回来的儿子与母亲久别重逢的画面，聪明伶俐的孙子给爷爷理发的画面，都充满着温馨的气氛，这时受众很容易感同身受。这些温馨诉求的广告可以减少广告受众对广告内容的拒绝感。

## 10.3.3　广告媒体策略

### 1. 广告媒体组合策略

广告媒体组合策略是指广告主在对各类媒体进行分析评估的基础上，根据市场状况、受众心理、媒体传播特点以及广告预算的情况，选择多种媒体进行有机组合，在同一时间内发布内容基本一致的广告策略。

（1）广告媒体组合的主要作用

广告媒体组合的主要作用体现在以下几点：一是弥补单一媒体在传播范围上的不足。任何媒体都有一定的传播范围和目标受众，即使是受众最为广泛的网络媒体也是如此。媒体组合，可以克服单一媒体的传播局限，扩大传播范围。二是充分利用不同媒体各自的优点，实现优势互补。企业为克服单一媒体的缺点，就必须采用媒体组合的策略。

（2）广告媒体组合的原则

企业在制定广告媒体组合策略时，应遵守以下原则。第一是全面覆盖原则。使用组合媒体后，广告应该能够覆盖绝大多数的目标市场。第二是不同媒体的优势互补原则。要充分考虑不同媒体的特点，实现媒体间的优势互补。例如，对于化肥、农具等农资产品，企业可以采用电视广告加农村刷墙广告的形式。电视广告可以提高这些农资产品的知名度和品牌影响力，而农村刷墙广告则可直接对农民进行广告诉求，很接地气。

（3）广告媒体组合的方式

广告媒体组合的方式有多种，如传统媒体和网络媒体的组合，视觉媒体和非视觉媒体的组合，电波媒体和印刷媒体的组合，大众媒体和小众媒体的组合等。企业具体采用哪一种组合方式，取决于产品的类别、产品的生命周期、市场的竞争状况、目标消费者的媒体偏好以及企业自身的广告预算和广告目标等。媒体组合的运用形式多样，方式灵活，但也非常复杂。企业在制定广告媒体组合策略时，一定要做好充分的广告调查工作。

**2. 广告媒体的发布策略**

广告媒体的发布策略包括时序策略、时机策略、频率策略和地区分配策略等。下面分别进行介绍。

（1）时序策略

所谓时序，就是时间秩序。广告媒体发布的时序策略主要有提前策略、即时策略和延时策略。

提前策略是指广告发布时间早于产品进入市场时间的一种广告发布策略，目的是为新产品上市制造声势或是为产品进入旺季之前，抢在竞争对手之前开展广告攻势，以便先声夺人，抢占市场先机。采用提前策略成功的广告案例很多，如脑白金在正式上市之前，就已经在各种媒体上进行了大量的广告宣传，使得消费者非常期待，因而其在 1998 年产品刚一上市就引发热销。

即时策略是指广告与产品同时进入市场的一种广告发布策略。这种策略较为常见，广告与产品同步发布，可以使消费者看到广告后不用等待就可买到产品。如果广告创意和广告制作优秀，可以起到很好的当期促销效果。

延时策略是指广告发布时间晚于产品进入市场时间的一种广告发布策略。例如，有些产品在进入市场时会采用试销的方式，然后根据销售情况做一些有针对性的广告。企业采取这种策略主要是为了避免广告发布的风险。但由于广告发布滞后，企业有可能会失去一些市场机会。

（2）时机策略

广告媒体发布的时机包括商品时机、黄金时机、节令时机和重大活动时机 4 种。商品时机是企业指企业利用商品与时间的内在联系，巧妙地发布广告。例如，在奥运会百米赛跑决赛之际，企业发布计时器电视广告，就很容易给观众留下深刻的印象。黄金时机是广播和电视广告所特有的，因为广播和电视媒体有所谓的黄金时间（听视众收听收看的高峰时段），利用这个时间段做广告效果最佳。不过黄金时间发布广告的费用很高，对于很多中小企业来说，由于囊中羞涩而只能望洋兴叹。节令时机是指各种节日来临和季节变化为产品销售带来的有利时机，也是发布广告的难得机遇。逢年过节是消费的旺季；季节变化之际，也是某些产品的热销之际（如春夏之交，空调进入销售旺季），所以企业在此时都会抓住机会加大广告投入。重大活动时机是指一些重大活动所带来的广告发布机遇。例如，每四年一届的足球世界杯是全世界亿万球迷最盛大的节日，全球各大媒体无不关注，这一时期无疑是商家发布广告的良好时机。

（3）频率策略

广告媒体发布的频率是指在某一特定时期内广告发布的次数。根据频率是否固定，广告的发布频率又可分为固定频率和变化频率两种。

广告的固定频率发布是指在一定时间内广告以固定间隔次数均匀发布的策略。而广告的变动频率发布是指依据实际情况不断调整广告发布的频次的策略。广告频次可以是逐渐增加的，也可以是逐渐减少的，还可以是先增加后减少及先减少后增加的。

（4）地区分配策略

广告媒体发布的地区分配策略主要有 3 种：一是广告预算完全投入到全国性媒体上；二是全国性媒体与地方性媒体结合使用；三是只使用地方性媒体。品牌发展指数（Brand Development Index，BDI）通常被作为制定广告媒体地区分配策略的依据。

品牌发展指数是描述特定市场状况的一个指标，反映了一个品牌在特定区域市场的销售水平是高于还是低于全国的平均数，计算公式如下：

BDI=（某品牌区域销售量/该品牌全国销售量）/（区域人口数/全国人口数）×1000%

# 10.4 公共关系策略

"公共关系"一词源于美国，最早出现于 1807 年美国出版的《韦氏新九版大学辞典》，其英文为"Public Relations"，简写为 PR。因"Public"一词有"公共的""公众的"等译法，因此，公共关系又常被称为"公众关系"。随着企业与外界的联系越来越密切，公共关系的作用日益凸显，已成为企业促销的重要方式之一。

## 10.4.1 公共关系概述

### 1. 公共关系的含义与构成要素

（1）公共关系的含义

根据国际公共关系协会（IPRA）的权威定义，公共关系是一种战略性的沟通管理职能，旨在帮助组织与公众之间建立和维护相互理解、信任和支持的关系。

对企业而言，公共关系的核心功能包括：传播企业价值与理念、树立和维护品牌形象、建立与公众的长期信任关系，并协调企业与内外部利益相关者的关系。在具体场景中，它可通过舆情监控预判潜在风险，及时介入应对危机事件，并主动引导舆论向有利于企业的方向发展。

（2）公共关系的构成要素

公共关系由三个基本要素构成，分别为作为主体的社会组织，作为客体的公众以及联结主体与客体的信息传播。公共关系的理论研究、实际操作等均是围绕上述三者的关系层层展开的。

① 社会组织。社会组织是为了实现特定目标，按照一定的宗旨、制度和系统建立起来

的共同活动集体。不同类型的社会组织，如企业、政府机构、非营利组织等，有着不同的目标、任务，对应不同的公众。其公共关系活动的内容和方式也会有所不同。

②　公众。公众是公共关系活动所指向的对象。公众具有多样性，包括内部公众（如员工、股东等）和外部公众（如消费者、合作伙伴、媒体、社区居民等）。不同类型的公众对社会组织有着不同的利益诉求和影响力。社会组织需要根据不同公众的特点和需求，制定相应的公共关系策略，以实现与公众的良好沟通和互动。企业公共关系工作的根本任务就是与公众建立良好的关系。

③　传播。传播在社会组织与公众之间起着桥梁的作用。通过各种传播手段和渠道，社会组织能够向公众传递信息、塑造形象，同时也能收集公众的反馈，进而调整自身行为和策略。

**2．公共关系调查**

公共关系离不开公共关系调查，公共关系调查是公共关系的第一个重要环节。所谓公共关系调查，是指公关人员采用科学的方法，有目的、有计划地对企业的公共关系历史、现状等进行调查，从而了解影响企业公共关系管理的各种要素，并且预测公共关系未来的发展趋势以及公共关系的预期效果。决策理论学派的创始人赫伯特·西蒙（Herbert Simon）说过："不论人们如何表述公共关系的流程，调查研究都是举足轻重的。如果把公共关系流程视为一个'车轮'，那么，调查研究便是这个'车轮'的'车轴'。"缺少了公共关系调查这个"车轴"，公共关系这个"车轮"无法运转起来。

企业进行公共关系调查的目的不仅仅是知己知彼，了解公众意愿，还包括为企业开展公共关系提供科学的依据。

**3．公共关系策划**

公共关系策划是指企业公关人员以调查为基础，根据企业形象的现状和目标要求，分析企业现有的条件和发展趋势，谋划出相应的公共关系战略或者策略，并筛选出最佳策划方案的过程。公共关系策划既包括公共关系战略策划，也包括公共关系专题活动策划。

公共关系策划是企业公共关系的中心环节。一个企业能否树立良好的形象，能否很好地自我宣传，很大程度上取决于其公共关系开展的好坏。而公共关系开展的好坏又取决于公共关系策划的优劣。为确保公共关系策划的成功，策划人员应该遵循实事求是、公众优先、系统规划、勇于创新、遵守道德、切实可行、谨慎周全等一系列原则。

**4．公共关系实施**

公共关系实施指企业综合运用多种传播手段，把公共关系策划方案所确定的内容变为现实的过程。成功实施公共关系计划，对实现公共关系目标具有举足轻重的作用。公共关系实施过程是一个完整的过程，一般情况下包括三个阶段：一是实施的准备阶段，包括设计实施方案，确定实施的程序，建立或组织实施机构；二是实施的执行阶段，实施机构及其人员根据设计好的实施方案和程序，执行各项措施，并注意信息的反馈与沟通；三是实施的结束阶段，实施部门为下一步的效果评估做好相应的准备。

## 阅读资料

### 公共关系实施过程中的突发事件

对公共关系计划实施影响最大的干扰因素，往往是突发性事件。这里所说的突发性事件包括两大类：一类是人为的突发事件，诸如公众投诉、新闻媒介的批评、不利舆论的冲击等；另一类是不以人的意志为转移的突发事件，诸如地震、水灾、火灾、空难等。这些突发事件对公共关系计划的实施干扰极大，因为突发事件一般具有以下几个特征：①发生突然，常常令人始料不及；②来势迅猛，常常令人措手不及；③后果严重，危害极大；④影响范围大，易给整个社会带来恐慌和混乱。

企业在面对突发事件时应保持头脑冷静，防止感情用事，认真剖析原因，正确选择对策。面对突发事件时，企业应该做好以下几个方面的工作：①实事求是地发表消息。不清楚的情况要坦率地告诉公众，不要把主观臆测混杂其中。②发表的时机很重要。不能因过于慎重而贻误时机，致使流言、谣言产生，引起混乱。③发表消息时尽量统一形成文字，因为口头讲话容易被误传。④为防止外界误传，宣传要统一口径，不能随便发表言论。⑤对于有些社会影响大的突发事件，发表消息越早越好。⑥一旦事件发生，应由专人负责处理负面舆情，以尽快平息混乱。

## 10.4.2　公共关系专题活动

### 1. 公共关系专题活动的含义

公共关系专题活动是一种常见的公关活动，是组织（企业）以公共关系为主题，有计划、有步骤地开展的各种有特定目的和内容的社会活动。组织在建立、发展和壮大的过程中，如果条件允许，一般都会定期或不定期地举办一些专题活动来宣传自己、协调关系、塑造形象、争取公众。富有新鲜感和纪念意义的专题活动，能使参与者在融洽和谐的气氛中感受到活动组织者的各种意图，接收各种信息，增强对组织者的亲切感，从而达到提高组织知名度和美誉度的目的。

微课堂

公共关系专题活动

### 2. 公共关系专题活动的类型

公共关系专题活动有多种类型，常见的有新闻发布会、展销会、庆典活动、社会公益赞助活动等。下面分别进行介绍。

（1）新闻发布会

新闻发布会是指特定的组织或个人把有关新闻单位的记者邀请到一起，宣布有关消息或介绍情况，让记者就此提问，并由专人回答问题的一种特殊会议形式。召开新闻发布会是企业传播信息，谋求新闻界关注企业并对企业有关消息进行积极报道的行之有效的手段，也是企业与新闻界建立良好关系的重要方式之一。

新闻发布会必须具有吸引媒体记者前来的新闻价值，还要选好举行新闻发布会的时机。例如，重要领导人来企业视察，新产品试制成功，新的重大发展规划的实施，新生产基地建成投产，成功开拓国际市场，企业兼并重组，企业合并转产，宣传企业先进典型人物，企业的重大庆祝日或纪念日等，都是吸引新闻记者进行报道的合适时机。企业举办新闻发布会的目的是迅速及时地把企业的重要信息传播给社会公众，以提高企业的知名度。

（2）展销会

展销会是企业通过实物的展示和文字、图表等的说明及示范表演来配合宣传企业形象并推广产品的专题活动。展销会运用的文字、图表、实物，以及动人的解说、优美的音乐和造型艺术相结合的形式，比一般的文字和口头宣传更有效，更引人入胜，更能产生吸引力，不仅能加深公众对企业的印象，而且能提高企业和产品在公众心目中的可信度。

企业运用公关技巧，可以将展销会办得生动活泼、别具一格。企业举行展销会开幕式，应邀请有关知名人士出席，并让知名人士为消费者签名，如书店开业时请作者当场签名售书，以吸引更多的公众前往参观，这也为记者提供了良好的素材；展销厅最好的位置一般安排在一楼的入口附近，因为离入口位置越远、楼层越高，参观、购买的人就越少。展销位置不好的企业应设法以一些新奇事物来吸引参观者。

（3）庆典活动

庆典活动是企业围绕重要节日或自身重大事件进行庆祝而举办的一种公共关系专题活动。庆典活动总的要求是气氛喜庆、场面隆重、情绪热烈、形式灵活，有较高的规范性和礼宾要求。庆典活动体现着吉祥、和美、欢乐之意，要求组织者突出喜庆的基调。场面隆重要求组织者在开展活动的环境和规格上下功夫，通过邀请重量级嘉宾来营造隆重的场面氛围，提高媒体及社会公众对企业活动的关注度，扩大企业的社会影响力。

庆典活动的形式一般有开幕庆典、闭幕庆典、周年庆典、特别庆典和节庆活动 5 种。

开幕庆典即开幕（开张、开业等）仪式，就是指第一次与公众见面，展现企业新风貌的各种庆典活动。举行一个热烈、隆重、特色鲜明的开幕庆典，会迅速提高企业的知名度，给公众留下深刻而美好的印象。

闭幕庆典是指企业重要活动的闭幕仪式或者活动结束时的庆祝仪式。同开幕庆典相比，闭幕庆典的重要性程度和隆重程度要低一些，主要是为了强调活动有始有终、圆满结束。

周年庆典是指企业在发展过程中举办的各种周年纪念活动。企业举办周年庆典对振奋员工精神，扩大宣传效应，协调公众关系，塑造企业形象等有重要的意义。特别是企业利用周年庆典举办公众联谊活动，可以加深与公众的关系，或通过策划新闻事件引发社会关注。

特别庆典是指企业为了提高知名度，利用某些具有特殊纪念意义的事件或者为了实现某种特定目的而策划的庆典活动。企业可以根据具体情况，围绕具有里程碑意义的事件进行庆典策划。例如，某国际旅行社接待第 100 万位游客，某科技公司全球用户突破 10 亿等，都可以举办特别庆典。可以说，企业没有哪一年是没有特殊事件可供纪念的，关键是企业公关人员应注意选择时机，策划具有独特创意的特别庆典。

节庆活动是指企业在一些重要节日时举办或参与的活动。这里的重要节日可以是传统的节日，如春节、国庆节、五一劳动节、三八妇女节、六一儿童节等。节庆活动一般可分为两种：一种是企业利用节日为社会公众举办的各种娱乐、联谊活动，在活动中免费或优惠提供服务，目的在于联络感情、协调关系；另一种是企业积极参与当地社区举办的集体庆祝或联欢活动，如准备锣鼓、花灯、彩车、龙灯、旱船、高跷等节目参加当地的聚会或演出，目的在于塑造企业积极参与社会活动的形象。

（4）社会公益赞助活动

社会公益赞助活动特指企业以不计回报的捐赠方式，出资或出力支持某一项社会福利、社会公益和慈善事业，以此证明企业实力，表明企业的社会责任感，赢得公众普遍好感的公共关系专题活动。企业举办社会公益赞助活动的作用主要有以下 4 点：一是完善企业的道德形象；二是赢得公众的认可与好评；三是强化与公众的情感关系；四是提高企业的知名度与美誉度。

社会公益赞助活动包括赞助灾区重建，赞助体育运动，赞助文化生活，赞助教育事业，赞助社会福利事业，赞助学术理论活动，赞助公共节日庆典，赞助建立职业性奖励基金等，此外，还有赞助公共宣传用品的制作，社会竞赛活动的开展等。企业公关人员应认真研究，不断开展社会公益赞助活动，以表明企业的社会责任感。

# 10.5 营业推广策略

营业推广又称销售促进，是企业在某一段时期内采用特殊的手段对消费者进行强烈的刺激，以促进产品销量迅速增长的一种手段。营业推广与其他促销手段的不同之处在于：它除了以强烈的呈现形式和特殊的优惠为特征，给消费者以不同寻常的刺激，从而激发他们的购买欲望之外，还对中间商和销售人员进行激励，促使他们更加努力工作。

## 10.5.1 营业推广概述

### 1. 营业推广的作用

因资源有限，营业推广不能作为企业的一种经常性的促销手段来加以使用，但在某一个特定时期内，它对于促进销量的迅速增长是十分有效的。

营业推广的作用主要体现在以下几个方面。一是企业可利用各种营业推广手段来吸引潜在消费者。营业推广对消费者的刺激比较强烈，很有可能吸引一部分潜在消费者的注意，使他们因追求某些利益方面的优惠而转向购买和使用本企业的产品。二是企业可利用各种营业推广手段来回报那些忠诚于本企业品牌产品的消费者。例如，企业利用"赠券""奖售"等，可体现出企业对消费者的利益让渡，受惠者大多是企业的品牌忠诚消费者，以提高这部分消费者的回头率，从而稳定企业的市场份额。三是企业可利用各种营业推广手段来补充和配合如广告等促销手段，实现企业的营销目标。广告等手段的促销效果是长期的，消费者从接收广告信息到采取购买行为往往需要一段时间，在这期间，广告的促销效果可能减弱也可能增强。营业推广的促销效果则是即时的，见效快。企业对营业推广和广告同时使用，就有可能强化广告的促销效果，促使消费者尽早采取购买行为。

### 2. 营业推广的特点

（1）非规则性与非周期性

营业推广的实施往往基于特定的市场条件、企业目标或产品特性，因此并不遵循固定的周期或模式。这种非规则性和非周期性使得营业推广能够灵活地适应市场变化，满足企业的即时需求。

（2）目标针对性强，效果显著

营业推广通常针对特定的消费者群体或市场区域，通过提供具有吸引力的促销优惠，如折扣、赠品等，来刺激消费者的购买欲望。这种针对性强的活动能够迅速产生显著的促销效果，有效提升企业的销售业绩。

（3）形式灵活多样

营业推广的形式多种多样，企业可以根据不同的产品、市场、消费者群体以及营销策略来灵活选择。常见的营业推广包括折扣促销、赠品促销、抽奖促销、积分兑换等。这些灵活多样的促销形式使得营业推广能够更好地满足消费者的需求，提升消费者的购买体验。

（4）刺激性与诱惑力大

营业推广往往通过提供超出消费者预期的优惠或赠品来激发消费者的购买欲望。这种强烈的刺激和诱惑力使得消费者更容易被吸引并产生购买行为。同时，营业推广还能够通过创造一种购物氛围，增强消费者的购物体验和忠诚度。

（5）短期效果直接而明显

营业推广的效果通常能够在短期得到体现。企业通过实施具有吸引力的促销手段，能够迅速提升产品的销量和市场份额。

（6）反馈迅速，便于调整

营业推广的效果可以通过销售数据、消费者反馈等迅速获取。这种快速的反馈机制使得企业能够及时了解促销活动的成效，并根据市场反馈进行调整和优化。这也使得企业的营业推广能够更好地适应市场变化，满足消费者的需求。

**3．营业推广的常见误区**

（1）过度依赖价格促销

企业过度依赖价格折扣或降价促销可能会导致消费者对产品价值产生怀疑，同时可能削弱品牌形象。长期来看，企业仅仅依靠价格促销可能无法建立持久的客户关系。

（2）忽视目标消费者

企业在尚未充分了解目标消费者需求和偏好基础上就盲目进行营业推广，可能会导致资源浪费和效果不佳。企业了解目标消费者的购买行为、消费习惯和兴趣点，对于制定有效的营业推广策略至关重要。

（3）缺乏创意和差异化

如果企业的营业推广与竞争对手的相似，缺乏创新和差异化，就很难吸引目标消费者的注意。企业需要设计独特而吸引人的促销活动，以在众多竞争者中脱颖而出。

（4）滥用促销活动

企业频繁地进行促销，可能会让消费者产生疲劳感，降低促销效果。企业应该合理安排促销活动的频率和时长，确保活动的稀缺性和吸引力。

（5）忽视售后服务

不少企业错误地认为，营业推广为消费者带来了优惠，使他们获得了切实的利益，消费者因此会降低对售后服务的要求。但事实上，无论消费者通过何种优惠获得产品，如果企业的售后服务不到位，仍然会引发他们的不满。因此，企业在进行营业推广时，必须高度重视售后服务。

为了避免上述误区，企业在制定营业推广策略时应该进行充分的市场调研，了解目标消费者的需求，设计具有创意和差异化的促销活动，并注重售后服务的质量。同时，企业还应该根据实际情况灵活调整促销策略，确保促销活动能够达到预期的效果。

## 10.5.2 营业推广的方式

按激励对象的不同，营业推广的方式可以分为面向消费者的营业推广，面向中间商的营业推广和面向企业内部销售人员的营业推广。

**1. 面向消费者的营业推广**

（1）赠送促销。企业向消费者赠送样品或试用品，使其试尝、试用、试穿等。这种方式是企业介绍新产品的有效方法，但是成本较高。赠品可以选择在商店或闹市区散发，或随其他产品附送，也可以公开利用广告赠送或入户派送。

（2）免费促销。企业将产品的全部或部分无偿提供给消费者使用。从成本的角度分析，免费促销策略适合复制成本几乎为零的数字化产品和无形产品促销。

（3）发放优惠券。企业向目标消费者发放优惠券，消费者在购买某种产品时，持券可以按折扣价格买到促销产品。优惠券可以通过广告、直接发放或邮寄的方式发送。

（4）现场演示。企业派销售人员在销售现场演示本企业的产品，向消费者介绍产品的特点、用途和使用方法等。

（5）合作推广。企业与零售商联合促销，将能显示企业优势和特征的产品在商场集中陈列，边展示边销售。

（6）参与促销。消费者通过参与企业举办的促销活动，如技能竞赛、产品知识比赛等，获取企业发放的奖励。

（7）会议促销。企业在各类展销会、博览会、业务洽谈会期间进行现场产品介绍、推广和销售等。

（8）包装促销。企业以较低的价格提供组合包装和搭配包装的产品。

（9）抽奖促销。消费者在购买一定的企业产品之后可获得抽奖券奖励，凭券抽奖以获得奖品或奖金。

**2. 面向中间商的营业推广**

（1）商业补贴。企业使用商业补贴来鼓励零售商和批发商支持其产品销售。该方式也称为商业优惠。企业进行商业补贴的目的是促使中间商尽可能多地购进企业的产品。商业补贴的形式主要有商业折扣、回款补贴和市场开拓补贴3种。

（2）销售竞赛。企业根据中间商销售本企业产品的实际业绩，分别给优胜者以不同的奖励，如现金奖、实物奖、免费旅游、度假奖等，以起到激励的作用。

（3）扶持零售商。企业对零售商专柜的装修予以资助，提供卖点广告，以强化零售网络，促使产品销售额增加；也可向零售商派遣企业信息人员或代培销售人员。企业这样做的目的是提升零售商推销本企业产品的积极性和推销能力。

（4）产品订货会。企业通过举办产品订货会来吸引中间商参会，并在订货会上推出一些优惠政策，促使中间商作出订货决策。

（5）合作广告。企业为中间商提供广告经费支持，中间商发布广告的费用由企业承担部分。企业以此帮助中间商开展销售工作。

**3. 面向企业内部销售人员的营业推广**

企业主要针对内部销售人员推出激励措施，以鼓励他们努力销售产品或处理某些老产品，或促使他们积极开拓新市场。常用的方法有开展销售竞赛，免费提供人员培训、技术指导等。

## 10.5.3　营业推广的策略

尽管营业推广和广告同是企业促销策略的重要组成部分,两者的目的均为促进产品的销售,但是这两种方式对消费者的影响大相径庭。营业推广是企业通过一系列优惠手段刺激消费者购买本企业的产品,以弱化消费者对其他企业产品的品牌忠诚度。广告主要是企业通过强化品牌形象和产品形象,突出产品的特点和优势,建立消费者对品牌的忠诚度,进而促进消费者的选择性购买。

营业推广比较适用于品牌声誉不高的产品,品牌声誉较高的名优产品则要慎用。这是因为这种促销方式会在一定程度上损害名优产品的品牌声誉。另外,营业推广主要是企业通过对消费者进行各种利益让渡,尤其是价格优惠来促进销售,因此对价格弹性较大的产品更为适合。

企业在采用营业推广手段促销产品时,应遵循以下程序:一是确定营业推广目标,如确定到底是为了争取潜在消费者,提高市场份额,鼓励消费者购买更多产品以提高产品销量,还是为了推销处于衰退期的产品,以延长产品的生命周期等。二是根据营销目标选择有针对性的实施方案并执行。方案的内容应包括营业推广实施的规模、推广的对象、实施的途径、实施的时间、实施的时机和实施的总体预算等。在营业推广方案的实施过程中,企业应根据实际的实施情况,及时调整方案并进行全程控制。三是企业在营业推广活动结束后及时总结,以便进一步优化营业推广方案。

企业在选择营业推广策略时应综合考虑营销目标、产品特性,目标消费者的购买行为特点以及促销的时机等多种因素,同时注意与其他促销手段配合,灵活使用。

---

### 本章实训

---

**1.　实训目标**

了解广告诉求的主要方式,掌握温馨式广告诉求的表现方式与技巧。

**2.　实训内容及步骤**

(1)认真分析如下案例,然后回答问题。

人类的情感是很微妙的。品牌要想通过情感诉求打动消费者的心,首先必须把握消费者的心理,即:目标消费者最关心的是什么;什么最容易触动消费者的心弦。

堪称国内情感广告标杆之一的"雕牌"洗衣粉电视广告就是一则让无数人为之感动的广告佳作。

广告中,"雕牌"洗衣粉向我们讲述了这样的一则故事:年轻妈妈下岗了,为找工作而四处奔波。懂事的小女儿心疼妈妈,帮妈妈洗衣服,并以天真可爱的童音说出:"妈妈说,'雕牌'洗衣粉只要一点点就能洗好多好多的衣服,可省钱了!";门帘轻动,年轻妈妈无果而回,正想亲吻熟睡中的爱女,看见女儿的留言——"妈妈,我能帮你干活了!",妈妈的眼泪不禁随之滚落……这份母女相依为命的亲情与产品融合,成就了一个感人至深的产品故事,声声童音在观众心头萦绕,拂之不去,"雕牌"形象则深入人心。该广告紧紧抓住国企人员因分流等而"下岗"这类普遍的社会现象，只用一则简单朴实的故事在观众心头轻轻一挠，让无数深有此感的观众为之感动落泪。故事内容细腻而不落俗套，平实中见精彩，令人过目难忘。

所谓"天若有情天亦老"，广告中若能融进适当的情感，定能牢牢吸引消费者的注意，直达消费者的心。

（2）请根据上述案例回答如下问题。

① 本案例采用了何种广告诉求方式？该诉求方式有何特点？

② 为什么"雕牌"洗衣粉电视广告能让无数观众感动至深？

③ 对于本案例中的最后一句话"广告中若能融进适当的情感，定能牢牢吸引消费者的注意，直达消费者的心"，你是如何理解的？

（3）提交案例作业，由授课老师进行批改。

**3．实训成果**

实训小作业——《"雕牌"洗衣粉广告案例分析》。

## 本章习题

**一、单选题**

1．（　　）是一种直接、个性化的促销方式。

　　A．人员推销　　　　B．广告　　　　　　C．公共关系　　　　D．营业推广

2．以下不属于人员推销特点的是（　　）。

　　A．针对性强　　　　B．亲和力强　　　　C．信息反馈及时　　D．成本低

3．广告的最终目的是（　　）。

　　A．提高知名度　　　B．扩大影响　　　　C．促进交换　　　　D．提高美誉度

4．（　　）是企业围绕重要节日或自身重大事件进行庆祝而举办的一种公共关系专题活动。

　　A．庆典活动　　　　B．新闻发布会　　　C．展销会　　　　　D．社会公益赞助

5．（　　）总的要求是气氛喜庆、场面隆重、情绪热烈、形式灵活，有较高的规范性和礼宾要求。

　　A．展销会　　　　　　　　　　　　　　B．庆典活动

　　C．社会公益赞助活动　　　　　　　　　D．新闻发布会

**二、多选题**

1．促销有（　　）四种基本的促销方式。

　　A．人员推销　　　　　　B．广告　　　　　　　　C．公共关系

　　D．整合传播　　　　　　E．营业推广

2．人员推销的程序包括（　　）。

　　A．寻找目标客户　　　　B．拜访前准备　　　　　C．正式拜访客户

　　D．处理异议　　　　　　E．事后跟踪

3.　新媒体广告是基于数字化媒介的广告形式，强调互动性、场景化和新技术应用，包括（　　）等。

A.　社交媒体广告　　　　　　B.　短视频广告　　　　　　C.　户外电子屏广告

D.　AR 广告　　　　　　　　E.　VR 广告

4.　公共关系专题活动的类型有很多种，较常见的有（　　）。

A.　新闻发布会　　　　　　　B.　展销会　　　　　　　　C.　社会公益赞助活动

D.　庆典活动　　　　　　　　E.　赠送活动

5.　营业推广的方式包括（　　）。

A.　面向消费者的营业推广

B.　面向中间商的营业推广

C.　面向企业内部销售人员的营业推广

D.　面向企业经理层的营业推广

E.　面向忠诚客户的营业推广

## 三、名词解释

1.　促销　　2.　促销组合　　3.　人员推销　　4.　广告　　5.　营业推广

## 四、简答及论述题

1.　人员推销的主要任务是什么？

2.　广告诉求的方式主要有哪些？

3.　面向消费者的营业推广方式有哪些？

4.　试论述广告发布的时序策略。

5.　试论公共关系的策划与实施。

## 案例讨论

### 淘宝《家乡宝贝请上车》品牌公益片

2024 年 2 月 15 日，淘宝官方发布一条《家乡宝贝请上车》品牌公益片，联合阿里巴巴公益、中国乡村发展基金会以及国家文化和旅游部的乡村网红办（简称），正式官宣公益活动开启。短片中，一个个后备箱被各地的特产填满，虽然后备箱的空间有限，但承载了家人无限的爱和嘱托。

"你只是说了句巴适，爸妈就在后备箱塞下整个重庆。"

"喝再多的心灵鸡汤，都不如一碗老妈牌老火靓汤。"

"错过了云南的花开，就别再错过鲜花饼和奶奶的偏爱。"

……

在短片前半段，每个人都能找到熟悉的场景，一条纪实感满满的品牌片，很快调动起观众的共鸣感，"淘宝，你又成功在演我"成为观众的心声。

在短片的后半段，淘宝前往黑龙江、甘肃、新疆、四川等地，挖掘并展示宝藏特产（见图 10-5），带大家认识更多鲜少人知却珍贵无比的家乡宝贝，激发了网友的乡情自豪，也让大家感受到祖国的地大物博，农业发展的蓬勃之景。

图 10-5　网友展示家乡的宝藏特产

同一时间，淘宝还为 34 个省（直辖市，自治区）分别制作了专属特色海报，将各省（直辖市、自治区）家乡宝贝的风采悉数展现。春节期间，这些充满家乡特色的海报出现在高速公路旁的巨型广告牌服务区、高铁站和机场等场所，让家乡宝贝拥有更大程度曝光，同时也构成了路上一道亮丽的风景线，吸引来往行人纷纷拍照晒图，为自己的家乡海报打 call 宣传。

截至 2024 年 2 月 21 日，淘宝《家乡宝贝请上车》品牌公益片在全网的播放量已突破 2 千万。片中所展示的家乡宝贝风采吸引着广大网友持续地转评扩散，片中所传递的核心主张应了"后备箱一关又是一年，带走的是乡味，更是乡愁"，成功带动了大众对家乡农业发展的关注。

在此次活动中，淘宝真正将政府单位、品牌行业、站内板块、用户触达等多方协同起来，让助农扶贫力量聚成一份力，拧成一股绳。超过 150 家农特色品牌和 3 家车企品牌的参与，让平台商家也在开年乘着平台活动的"东风"，得到更多与消费者见面的机会。

资料来源：新闻晨报。

**思考讨论题：**

结合案例请谈谈企业如何借助公益开展促销活动。

# 第11章
# 网络营销

 **本章导读**

当前，移动互联网快速普及，信息技术高速发展，各类社交媒体平台迅猛崛起，网络营销日益成为企业重要的营销方式。本章主要讲述网络营销的含义和发展，网络营销方式的演进，网络营销推广和网络营销方法。通过对本章的学习，读者可以掌握在数字化时代运用网络营销的能力。

 **知识结构图**

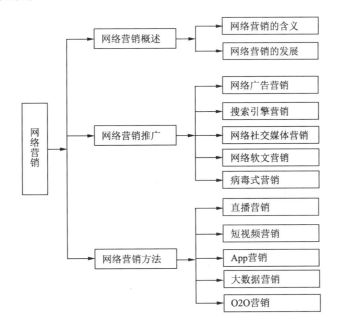

 **开篇引例**

### 直播助力成都文旅推广

某旅游博主在成都市春熙路开了一场以"成都文化之旅"为主题的网络直播。直播中，主播在春熙路的古老街巷与现代商场间穿梭，为观众介绍了沿途的川西特色建筑风格、传统小吃摊点以及现代艺术雕塑等丰富的文化元素。主播还特邀当地民间艺人现场展示川剧变脸和糖画制作等传统技艺，让直播间观众近距离领略成都的独特文化魅力。这场直播吸引了众多对文化旅游充满兴趣的观众，不仅提升了春熙路的文化影响力，也为成都的文化旅游产业提供了有力的宣传推广。许多观众表示，因为这场直播，已将到成都旅游列入了自己的旅游计划。

资料来源：百度百家号。

问题：结合案例，请谈谈直播的营销价值。

# 11.1 网络营销概述

## 11.1.1 网络营销的含义

基于不同的视角，不同学者对网络营销（Online Marketing 或 E-Marketing）的定义有着不同的解读。综合诸多观点，本书认为网络营销是指以现代营销理论为指导，以国际互联网为基础，利用数字化的信息和网络媒体的交互性来满足消费者需求的一种新型的市场营销方式。

延伸学习

网络营销的
理论基础

与传统营销相比，网络营销具有可以降低营销成本，突破市场时空限制，满足消费者的个性化需求，提供给消费者更好的购物体验，实现与消费者的实时互动等优点，成为当前最受企业重视的主流营销方式。

## 11.1.2 网络营销的发展

### 1. Web 1.0 时代的网络营销

Web 1.0 是指第一代互联网，始于 20 世纪 90 年代。主导其发展的是以互联网和信息技术为代表的技术创新。以新浪、搜狐、网易为代表的综合性门户网站和以谷歌、百度为代表的通用搜索网站是 Web 1.0 的典型。在 Web 1.0 时代，用户上网主要是浏览信息与搜索信息，流量和广告是互联网商业模式的核心体现。Web 1.0 的网络营销与传统的线下营销在理论上并无明显差异，消费者仍扮演"读者"或"听众"的角色，延续着被动的信息接收状态。在 Web 1.0 时代，网络营销主要体现为以广告投放为主的网络宣传推广。

### 2. Web 2.0 时代的网络营销

Web 2.0 是 2003 年之后兴起的，相对 Web 1.0 而言的新一类互联网应用的统称。Web 2.0 的核心思想是用户可以主动参与网络内容的制造，而不是被动接受信息。在 Web 2.0 时代的互联网上，主要有社交网络、博客、论坛等形式，用户可以主动发布内容，评论他人的内容，分享信息等。相对于 Web 1.0，Web 2.0 更注重用户的交互作用，用户既是网站内容的浏览者，也是网站内容的制造者。Web 2.0 时代的网络营销的本质是互动，让网民更多地参与信息产品的创造、传播和分享。

### 3. Web 3.0 时代的网络营销

Web 3.0 是指第三代互联网，也称作"智能互联网"，是在 Web 2.0 的基础上发展而来的，是对 Web 2.0 的升级和拓展。Web 3.0 使用人工智能来改善互联网用户的使用体验。Web 3.0 时代的互联网可以自动识别用户的需求，并提供相应的信息和服务。Web 3.0 相对于 Web 2.0 来说具有更强的交互性和协作性，能够更好地满足用户的需求，带来更加便捷和高效的用户使用体验。

# 11.2 网络营销推广

网络营销推广是指企业或个人借助互联网平台及多样化在线工具，灵活运用各种网络营销技术与策略，对产品、服务或品牌进行全面宣传推广的一系列活动。网络营销推广的主要方式包括网络广告营销、搜索引擎营销、网络社交媒体营销、网络软文营销和病毒式营销。下面分别进行介绍。

## 11.2.1 网络广告营销

### 1. 网络广告概述

（1）网络广告的概念

网络广告是指以数字化信息为载体，以国际互联网为传播媒介，以文字、图片、音频、视频等形式发布的广告。通俗地讲，网络广告是指广告主为了实现促进商品交换的目的，通过网络媒体发布的广告。

（2）网络广告的发布方式

网络广告有多种发布方式，企业既可以通过内部网络平台发布，也可以利用现有的外部网络平台发布；既可以通过传统的 PC 端发布，也可通过新兴的移动端（如平板电脑、智能手机）发布。其中，内部网络平台包括企业网站、企业博客、企业微博和企业微信等；外部网络平台包括搜索引擎网站或内容网站、专类销售网、友情链接、虚拟社区和公告栏、网上报纸或杂志、新闻组、网络黄页等。此外，PC 端发布的广告形式和移动端发布的广告形式也有很大的不同。采取哪一种或哪几种网络广告发布方式，取决于企业自身的实力和具体的业务需要。

（3）网络广告的类型

1997 年，我国第一条互联网广告出现，这可视作网络广告的发端。经过多年的发展，网络广告的形式已丰富多样。若是按照演进过程划分，除了最初的按钮广告、旗帜广告、文字链广告、浮动式广告、弹出窗口式广告，以及后来的电子邮件广告、关键词搜索广告、富媒体广告、网络视频广告、植入广告，还有随着移动应用程序日渐兴起的开屏广告、插屏广告、信息流广告等。如果以触发方式及呈现形式划分，网络广告大致可分为展示类广告、搜索类广告、交互类广告等。

### 2. 网络广告策划

网络广告策划是指企业根据互联网的特征及目标受众的特征，对广告活动进行运筹和规划。它本质上与传统的广告策划相似，包括确定网络广告目标、确定网络广告的目标受众、选择网络广告的发布渠道、进行网络广告创意等一系列的活动。

（1）确定网络广告目标

网络广告目标是指一定时期内广告主期望的，通过在网上发布广告而实现的广告活动成果，如促进商品销售，提高商品知名度、美誉度，改变消费者认知，加强与目标消费者的互动，增强市场竞争能力等。因此，网络广告目标不是单一的，而是多元的。

确定网络广告目标的目的是通过信息沟通，使消费者产生对品牌的认识、情感、态度和行为的变化，从而实现企业的营销目标。企业在确定网络广告目标时应遵循如下原则：①广告目标要符合企业的营销目标。②广告目标要切实可行。③广告目标要明确具体。④单个广告的目标应单一。⑤广告目标要有一定弹性。⑥广告目标要有协调性。⑦广告目标要考虑公益性。

（2）确定网络广告的目标受众

网络广告的目标受众（Target Audience）即网络广告传播的诉求对象。目标受众决定了网络广告媒体的选择和传播策略，同时也决定了广告文案的内容。因此，企业发布网络广告前，必须根据广告的营销目标确定目标受众，这样广告才具有针对性。

（3）选择网络广告的发布渠道

企业应根据自身的需求，本着广告效应最大化的原则选择最佳的网络广告发布渠道。常见的网络广告发布渠道主要有以下几种。

① 企业网站。企业网站是企业在互联网上建立的站点，目的是展示企业形象，发布产品信息、商业服务等，是企业发布广告的重要渠道。

② 网络社交平台。网络社交平台是指利用互联网技术构建的，允许用户在线交流、分享信息，以及建立社交网络的服务平台，如微信、微博、QQ、知乎、小红书等。网络社交平台支持多种形式的广告，如图文广告、视频广告、互动广告等。企业通过网络社交平台推送广告，目标定位准确，针对性很强，受关注程度较高。

③ 搜索引擎网站或门户网站。企业在搜索引擎网站上投放广告，覆盖面广、针对性强、目标精准，而且按效果收费，性价比高。企业也可以选择与门户网站如搜狐、网易、新浪、凤凰网等合作，发布广告。门户网站的访问量大，广告宣传效果较好。

④ 专类销售网。专类销售网也称垂直销售网站，是一种专注于某一特定领域或产品线的在线销售平台。这类网站针对特定用户群体，提供更加专业的销售服务。较为知名的专类销售网有专做化工产品交易的中国化工网，专做汽车销售的汽车之家，以及专做钢铁贸易的找钢网（见图11-1）等。

图 11-1　找钢网主页

⑤ 友情链接。利用友情链接，企业间可以相互传递广告。建立友情链接要本着平等的原则。这里所谓的平等有着广泛的含义，网站的访问量，在搜索引擎中的排名，相互之间信息的补充程度，链接的位置，链接的具体形式等都是广告发布企业必须考虑的因素。

⑥ 虚拟社区和公告栏。虚拟社区和公告栏是目前网上比较流行的交流沟通渠道，任何

用户只要注册，就可以在如 BBS 或虚拟社区上浏览、发布信息。企业在上面发表与产品相关的评论和建议，可以起到非常好的口碑宣传作用。

⑦ 网上报纸或杂志。在互联网日益发展的今天，新闻界也不甘落于人后。一些世界著名的报纸和杂志也纷纷触网，在互联网上建立自己的主页。更有一些新兴的报纸与杂志干脆脱离了传统的"纸"的媒体，完完全全地成为一种"网上报纸或杂志"。

⑧ 网络黄页。网络黄页是指互联网上专门提供查询检索服务的网站，代表性的网络黄页如中国黄页。这类站点就如同电话黄页一样，按类别划分，便于用户进行站点的查询。企业在网络黄页发布广告的好处，一是针对性强，查询过程都以关键字区分；二是醒目，广告处于页面的明显位置，易被用户注意。

⑨ 短视频平台。短视频相较于文字和图片，表现方式更为直观，对受众的刺激更为强烈，而且在内容上更为有趣。随着移动互联网技术的发展，网速越来越快，视频播放也越来越流畅，同时，手机流量资费的大幅下降使得资费因素对用户的限制越来越小，这为短视频的爆发式发展奠定了坚实的基础。如今，短视频 App 已成为时下互联网上最热门的应用之一，抖音、快手等短视频平台的用户规模数以亿计，成为商家投放网络广告的重要平台。

（4）进行网络广告创意

网络广告创意的核心任务是根据互联网媒介特性，结合广告品牌定位与目标受众分析，创作出能引发用户情感共鸣的广告。在进行网络广告创意时，设计者可充分利用网络媒介的交互性、精准性和多媒体融合优势，采用适配的创意手法（如情感共鸣式、悬念式、对比式、场景化叙事等），并借助动态优化技术实现广告的个性化呈现。

良好的创意是网络广告脱颖而出，吸引目标受众注意的关键。为创作出高水平的网络广告，相关人员在进行网络广告创意时，应把握好以下几点：①打造强有力的视觉冲击效果；②传递简单易懂而又有趣的信息；③注重广告的互动性。

（5）选择网络广告发布平台

企业选择网络广告发布平台时应注意多个问题，如该平台用户是否与企业的目标受众一致，该平台是否有足够多的活跃用户，该平台是否具备流量和数据优势，该平台的管理水平如何，该平台的广告收费是否合理，该平台能够支持哪些广告形式，在审核方面是否有特殊要求，等等。

## 11.2.2　搜索引擎营销

### 1. 搜索引擎营销的含义

搜索引擎营销（Search Engine Marketing，SEM）是指企业基于搜索引擎平台，通过一整套的技术和策略系统，利用用户对搜索引擎的依赖和使用习惯，在用户检索信息的时候尽可能将营销信息传递给目标用户的一种营销方式。

搜索引擎营销的基本过程是，企业将网络营销信息发布在网站上，使其成为以网页形式存在的信息源，企业营销人员通过免费注册搜索引擎、交换链接或付费的竞价排名、关键字广告等手段，使企业网站被各大搜索引擎收录到各自的索引数据库中。这样，当用户利用关键词进行检索（对于分类目录则是逐级目录查询）时，检索结果中就会罗列相关的企业索引信息及其链接。用户根据对检索结果的判断，选择有兴趣的信息并点击进入信息源所在网页，从而完成了企业从发布信息到用户获取信息的整个过程，如图 11-2 所示。

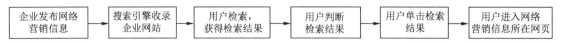

图 11-2　搜索引擎营销信息传递的过程

### 2. 搜索引擎优化

所谓搜索引擎优化，是指企业通过对网站栏目结构和网站内容等的优化设计，提升网站对搜索引擎的友好性，使得网站中尽可能多的网页被搜索引擎收录，并且在搜索中获得好的排名，从中获得尽可能多的潜在用户关注。

具体来说，企业可以采取以下优化措施。

（1）关键词优化

阅读资料

关键词的挖掘
工具：百度指数

用户在搜索引擎中检索信息都是通过输入关键词来实现的，选择好关键词是企业进行网页优化的基础。然而，选择关键词并非一件轻而易举的事，要考虑诸多因素，如关键词与网站内容的关联性，词语间组合排列的合理性，与搜索工具要求的符合度，与热门关键词的区分度等。企业选择关键词应该注意：仔细揣摩潜在客户的心理，设想其查询有关信息时最可能使用的关键词；挑选的关键词必须与企业自身的产品或服务有关；根据企业的业务或产品的种类，尽可能选取具体的词作为关键词，避免以含义宽泛的一般性词语作为关键词；选用较长的关键词，较长的关键词包含更多的信息，因而更容易被搜索引擎搜索到；分析错拼词，很多人在搜索时会犯拼写错误，通过分析错拼词，企业可以更好地理解用户的搜索目的。

（2）网站栏目结构优化

网站栏目结构作为网站内容的骨架，对于提高用户体验，促进搜索引擎优化和增加网站整体价值具有重要作用。一个清晰、简洁、易于导航的网站栏目结构能够使用户快速找到所需信息，从而提高用户满意度和留存率。优化后的栏目结构有助于搜索引擎爬虫（又称为搜索引擎蜘蛛）更高效地抓取网站内容，提高网站在搜索引擎中的排名。

（3）网站页面优化

网站页面优化是指通过对网站的首页、栏目页、专题页、内页等进行优化，来提高网站在搜索引擎中的排名，吸引更多的用户访问网站，提高网站的用户体验和转化率。企业网站的页面优化直接与用户体验和搜索引擎的抓取效果有关，并影响最终的产品销售效果。

（4）内部链接优化

网站的内部链接简称网站内链（简称内链），是指在一个网站域名下的不同内容页面之间的互相链接。网站内链可以分为通用链接和推荐链接。合理的内链布局能提升用户体验和搜索引擎蜘蛛对网站的索引效率，促进网站权重有效传递，从而增加网页收录并提升整体网站权重。

（5）外部链接优化

外部链接优化是指通过建立高质量的外部链接，提高网站在搜索引擎中的排名和网站权重，从而吸引更多的流量和潜在客户。外部链接优化可以从以下几个方面着手：首先，尽量保持外部链接的多样性；其次，寻找高权重的，以获取高质量的外部链接；最后，加强社交媒体营销，社交媒体是获取高质量外部链接的重要途径之一。

（6）网站内容优化

优质的网站内容是搜索引擎营销的核心，企业可从以下两个方面对内容进行优化：一是确保网站内容真实可靠、表述条理分明，提供能解决用户实际问题的高价值信息；二是建立定期更新机制，及时更新或纠正网站上过时或错误的信息，保证内容的时效性。

## 11.2.3　网络社交媒体营销

**1. 网络社交媒体营销的含义**

网络社交媒体营销是指企业通过网络社交媒体发布特定的信息以引起目标受众关注，从而提升企业品牌及产品的曝光率，最终实现销售目标的营销方法。网络社交媒体营销具有提高品牌知名度，创建和维护客户关系，提升产品销量，降低营销推广成本以及扩大目标受众等优势，如今被越来越多的企业采用。

**2. 网络社交媒体营销的方式**

网络社交媒体营销的方式很多，常见的有微信营销、微博营销、博客营销、网络社区营销等。

（1）微信营销

微信是腾讯公司于 2011 年推出的一个为智能终端提供即时通信服务的免费应用程序，已从最初的社交通信工具，发展为连接人与人、人与商业的平台。微信营销是企业一种创新的网络营销模式，主要利用手机、平板电脑中的微信进行区域定位营销，并借助微官网、微信公众平台、微会员、微推送、微活动、微支付等来开展营销。

延伸学习

微信营销的技巧及应注意的问题

微信营销的核心在于挖掘用户价值。高质量的粉丝不仅能为微信商家创造利润，更有可能成为微信商家的忠实传播者。为吸引更多潜在客户，微信商家可采用如老顾客推荐、二维码关注赠品、微信会员卡优惠、点赞活动，以及利用"查找附近"功能等多种方式。

（2）微博营销

微博营销是随着微博的广泛使用而产生的利用微博平台实现企业信息交互的一种新型营销方式，是企业借助微博这一平台开展的包括企业宣传、品牌推广、活动策划及产品介绍等的一系列市场营销活动。

延伸学习

微博营销的实施

微博营销与博客营销有很多相似之处，如两者的传播都是以内容为基础，传播的信息都对读者有价值等。但两者在传播模式、信息的表现形式、营销传播的核心等方面也有诸多不同之处。

微博营销具有成本低廉，针对性强且传播速度快，灵活性与互动性强的特点，可以帮助企业传递产品及活动信息，开展互动营销活动，实施客户服务与管理，监测舆论反应和处理危机等。

延伸学习

博客营销的技巧

（3）博客营销

博客营销是博客作者基于个人的知识、兴趣和生活体验等，通过撰写博客文章来传播企业或产品信息的营销活动，目的是运用博客宣传自己或宣传企业。通常所说的博客营销有两层含义，第一层含义指的是发布原创博客，提高权威度，进而吸引用户购买企业产品；第二层含义是企业付费聘请其他博客写手撰写博客，评论企业产品。真正意义上的博客营销是指靠原创的、专业化的内容吸引用户，培养一批忠实的用户，在用户群中建立信任度、权威度，形成个人品牌，进而影响用户的购买决定的营销活动。

博客营销的任务主要是发掘市场机会，提高客户关注度，推广产品或服务，提高品牌知名度，开展公关活动，加强企业文化建设六个方面。

从博客在营销中的具体应用来看，企业开展博客营销，常见模式有企业自建博客、第三方平台博客、企业级博客托管、博客广告与软文投放、博客营销外包，以及员工/高管博客。

（4）网络社区营销

网络社区营销也称虚拟社区营销，是基于网络平台的一种特有的营销方式。它通过把具有共同兴趣的访问者集中到一个虚拟空间，实现成员间的相互沟通，进而达到产品营销的目的。

网络社区营销主要通过以下两种形式进行：①企业在其他受欢迎的或潜在客户聚集的网络社区中发布广告、参与讨论，或与社区用户进行互动，来推广自己的产品。②企业在自己的网站上建立网络社区，吸引目标用户加入，并通过社区内的互动、讨论、分享等，增强和提升用户对品牌的认知和忠诚度。

### 3．网络社交媒体营销的策略

（1）发布的内容真实可信并持续更新

企业在网络社交媒体上发布内容的真实与否，是建立用户信任，实现后期宣传效果转化的关键。企业在网络社交媒体上的名字和头像一定要真实，账号信息也要填写完善，并应尽快获得官方认证。企业在网络社交媒体上发布的内容一定要准确、可靠，以免失信于目标受众。此外，为了提升受目标受众的关注度以持续获得流量，企业还需在社交媒体上不断更新目标受众喜闻乐见的内容。

（2）积极与用户互动

企业在网络社交媒体营销中，将用户转化为忠实客户的过程，实际上就是人际关系建立和加深的过程。企业在社交媒体上仅发布内容而不与用户互动，就会让话题失去活力，导致热度降低。因此，企业应对用户的评论给予回应，加强互动，以增强用户黏性。

（3）及时关注网络社交媒体的舆情

俗话说"好事不出门，坏事传千里"。尤其在当今的网络时代，企业一旦出现负面信息，就会经由各种社交媒体疯狂传播，从而给企业带来致命的打击。因此，企业需要及时关注网络社交媒体中的舆情，当用户反馈负面信息时应采取有效的公关措施及时化解，以免造成更大的负面影响。

（4）多渠道联动

在网络社交媒体上，要想获得好的宣传效果，企业需要将多个网络社交媒体联动起来，以实现全媒体的信息覆盖，这样才能够使企业获得更多的曝光率，从而实现扩大宣传范围的目的。这需要企业将自己所有的网络社交媒体全部关联，同步更新信息，并加强不同社交媒体互相引流，从而在闭环中实现更多用户转化。

（5）做好数据分析

企业网络社交媒体营销效果的提升，得益于企业对营销策略的不断调整和完善。企业应定期对网络社交媒体营销的数据进行分析，以及时发现问题，改进营销策略。

> **课堂讨论**
>
> 2023 年最火的烧烤当属"淄博烧烤"，因为烧烤，淄博市成为了一个热点城市，"进淄赶烤"成为社交媒体上的刷屏词汇。经济复苏的机遇被淄博市政府牢牢抓住了。为了吸引游客，淄博市在吃、住、行方面提供全方位服务，全面提升了游客出行及消费体验。
>
> 淄博市成为 2023 年"五一"假期的最大赢家，在淄博市政府的推动下也一举建立起了城市文旅品牌，"淄博烧烤"（烧烤配小葱卷饼）亦成为烧烤新吃法，大量"淄博烧烤"店出现在全国各地。
>
> 问题：请从社交媒体营销的角度讨论"淄博烧烤"的成功。

## 11.2.4　网络软文营销

### 1. 网络软文营销的含义

网络软文营销又叫网络新闻营销，是指企业通过门户网站、自建网站或行业网站等网络平台，传播一些具有阐述性、新闻性和宣传性的文章，包括网络新闻通稿、深度报道、案例分析、付费短文广告等，从而把企业、品牌、人物、产品、服务、活动项目等相关信息以新闻报道等的方式，及时、全面、有效、经济地向社会公众广泛传播的新型营销方式。

> 延伸学习
>
> 网络软文的
> 写作技巧

通常情况下，企业将企业网络软文营销与博客营销、微博营销、微信营销、论坛营销等进行组合。这样的组合营销能提高营销效果，提升产品的形象与销量。

### 2. 网络软文营销的流程

（1）确定网络软文营销目标

网络软文营销的第一步是确定营销目标。在确定网络软文营销目标时，企业应充分考虑营销的总体目标。同时，网络软文营销要有阶段性目标，企业要注意给予目标一定的弹性，要能够根据营销环境的变化做出适当的调整。

（2）撰写网络软文

网络软文的撰写要服务于网络软文营销的目标。企业在撰写网络软文之前要充分了解受众，要使软文能够直抵受众的内心，引发受众的共鸣。网络软文是企业开展网络软文营销的基础，网络软文不只是为了吸引更多的流量或传递某种商业信息，更是为了最终达到交易或交换的目的，同时转换和改变受众固有的价值观与信念。

（3）选择网络软文发布的媒体

企业发布网络软文时，可选择的媒体有很多，如门户网站、地方网站、论坛、博客、微信、QQ 等。企业在发布网络软文之前要充分了解各种媒体的特点、受众特征，并结合所要营销的产品综合考虑；可以采用组合媒体发布策略，使网络软文尽可能地全面覆盖受众，从而提升传播效果。

（4）发布网络软文

企业在发布网络软文时要注意掌握发布时机。企业应密切关注市场动态、行业热点以及目标受众的活跃时间段，通过科学分析和精准判断，选择最合适的时机发布网络软文，从而让信息在最佳的时间节点触达潜在客户，提升品牌知名度和影响力。

（5）做好网络软文营销效果的监测工作

企业对网络软文营销的效果进行监测，可以及时发现问题、总结不足，加以改进。网络软文营销效果的监测指标主要有3个：一是网络软文流量指标，主要有点击率、访问量、独立访客数等；二是网络软文的转载指标，即有多少次转载；三是网络软文的收录指标，即搜索引擎的收录情况。以上指标能反映网络软文的被浏览情况、受欢迎程度等，进而体现网络软文营销的效果。

# 11.2.5 病毒式营销

## 1. 病毒式营销的概念

病毒式营销是指企业利用目标受众的自发传播行为，使营销信息像病毒一样快速扩散，从而达到推广产品和品牌的目的。病毒式营销常被用于网站推广、品牌推广，以及为新产品上市造势等活动中。需要注意的是，企业病毒式营销成功的关键，是企业要关注用户的体验和感受，即关注是否能给用户带来积极的体验和感受。

## 2. 病毒式营销的特点

病毒式营销通过自发的方式向受众传递营销信息，因此具有区别于其他营销方式的特点与优势。

（1）推广成本低。病毒式营销与其他网络营销方式最大的区别就是它利用了目标受众的参与热情，由用户自发地对信息进行二次传播。这样，原本应由企业承担的推广费用就转嫁到了外部媒体或受众身上，他们充当着免费的传播媒介，因此大大节省了企业的广告宣传费用。

 **案例分析**

### 雪王驾到

在蜜雪冰城的营销活动中，雪王几乎是永远的主角。在2023年8月，新茶饮界的网络营销"高手"蜜雪冰城，推出了首部形象IP动画片《雪王驾到》（见图11-3），属实给大家带来一个惊喜。

动画片于2023年8月25日上线，共12集，一经开播就引爆全网。微博上，#蜜雪冰城做动画了#的标题相关阅读量达2900w+；在B站，上线三天后，前三集的总播放量就突破两百万；前4集总播放量已经超过600w；在蜜雪冰城的抖音首页，围绕雪王的视频合集有《雪王逛大厂》，是联动其他国内品牌合拍的视频，如《卫龙》；更新最久的《雪王日记》，雪王IP有可能出现在任何能想到的场景中，风格依然是搞怪和玩梗，主打一个接地气；还有《雪王音乐》。相关视频的总播放量超过了3亿。而在社交媒体平台上，更是刮起了"反派是瑞幸还是星巴克"的新社交风暴……

案例分析：蜜雪冰城的这次营销活动是一个典型的病毒式营销案例。动画作为一种受众广泛的娱乐形式，具有很强的吸引力和传播性。通过动画片，蜜雪冰城成功地塑造了一个可爱、有趣、接地气的雪王形象，更容易被消费者接受和喜欢。蜜雪冰城在各大社交媒体平台，如微博、B 站、抖音等积极推广其动画片和相关视频，发布精彩的视频内容，并巧妙地利用话题标签和互动活动，引发了用户的广泛关注和讨论，进一步推动了信息的快速传播，从而实现了推广产品和品牌的目的。

图 11-3　动画片《雪王驾到》画面

（2）传播速度快、传播范围广。在当今的网络社会，信息传播极为迅速，信息几乎可以做到实时传播。而且随着自媒体的兴起，网民对感兴趣的信息可借助博客、微博、微信、短视频平台等进行转发，相当于无形中形成了一个强大的"信息传播大军"，大大拓展了信息的传播范围。

（3）效率高、更新快。病毒式营销的信息传递者是目标受众"身边的人"，因而具有更高的传播效率。同时，在整个病毒式营销的过程中，营销信息可以做到实时修改，更新速度极快。

### 3. 病毒式营销的策划

病毒式营销策划的核心是制造具有爆炸性的传播话题。话题只有足够出人意料，足够新鲜有趣，才能激起网络用户的兴趣和转发的热情。病毒式营销的话题有很多种，常见的有情感性话题、利益性话题和娱乐性话题。

（1）情感性话题营销是指开展病毒式营销的企业通过挖掘目标受众的深层情感需求（如怀旧、亲情、社会认同等），设计具有高情绪感染力的传播话题，以激发受众的共情心理和自发传播行为，从而提升品牌在受众心中的好感度与认同感，潜移默化地引导受众将情感偏好转化为实际购买行为。

（2）利益性话题营销是指开展病毒式营销的企业利用人们对利益的追逐心理，将优惠折扣、丰厚赠品、专属权益等融入话题，吸引受众积极参与话题并采取购买行动。

（3）借娱乐性话题营销是指开展病毒式营销的企业将娱乐元素融入话题，并通过营造轻松愉快的沟通氛围来增强受众的黏性，最终促进产品的销售。

### 4. 病毒式营销的实施

病毒式营销的实施一般需要经过规划整体方案，进行创意构思和设计营销方案，制造话题和选择信息传播渠道，发布和推广话题，对营销效果的总结和分析阶段（步骤）。以下对每一阶段（步骤）的具体工作进行简要介绍。

病毒式营销的第一步是规划整体方案。在这一阶段，企业需要制定病毒式营销的总体目标，拟订实现目标的计划，设立相应的组织部门并配备所需要的人员。

病毒式营销的第二步是进行创意构思和设计营销方案。企业在进行病毒式营销创意构思时一定要追求独特性和原创性，人云亦云或跟风抄袭等出来的创意不仅难以激发受众的兴趣，甚至会令人反感。企业在这一阶段的另一个任务是设计营销方案。企业进行病毒式营销，不是将话题抛出后就大功告成了，而是要从多个方面综合考虑，设计全面具体的营销方案，要制定应对不同情况的营销措施。例如，当话题发布后，激起了受众强烈的兴趣并被争相转发时，企业就应该再次制订对应的方案，借势营销，以增强营销效果。

病毒式营销的第三步是制造话题和选择信息传播渠道。企业在制造话题时要融入情感、利益和娱乐等元素，这样更容易获得受众的关注。在选择信息传播渠道时，企业应首先考虑目标受众最易接触的平台，如论坛、QQ、微博、博客、微信或短视频平台等，并从中选择合适的平台。当然，企业也可采取组合策略，充分组合利用各种传播渠道发布信息。

病毒式营销的第四步是发布和推广话题。企业发布和推广话题要选准时机，要尽可能吸引有影响力的名人和意见领袖参与。

病毒式营销的第五步是对营销效果的总结和分析。企业对营销效果进行总结和分析，可以从中发现问题，适时调整病毒式营销的策略，并为下一次活动提供借鉴。

# 11.3　网络营销方法

网络营销方法有多种，下面重点介绍直播营销、短视频营销、App 营销、大数据营销和 O2O 营销 5 种常见的方法。

## 11.3.1　直播营销

直播营销是指开展网络直播的主体（企业或个人）借助网络直播平台，对目标受众进行产品的多方位展示，并与目标受众进行双向互动，通过刺激其购买欲望，引导其下单，实现营销目标的一种新型网络营销方式。

**1. 直播营销的方式**

（1）根据直播场景划分的直播营销

① 产地直销式直播营销。产地直销式直播营销是指主播置身于农副产品原产地、工业品生产车间等场景开展的直播营销。这种直播营销方式能够让受众跟随主播的镜头，看到农副产品的生长环境、长势情况、收获情况，以及工业品的生产环境、工艺流程等，具有很强的代入感，能够让受众产生身临其境的感觉，加深受众对产品的信任与好感。

② 基地走播式营销。基地走播式营销是指主播到直播基地开展的直播营销。直播基地由专业的直播机构建立，通常供自身旗下的主播使用，也可以租借给外界主播及商家使用。直播基地除了为主播提供直播间外，甚至还可以提供直播的商品。在一些供应链比较完善的基地，主播可以根据自身需求在基地挑选商品，并在基地提供的场地进行直播。

相对于产地直销式直播场景，基地走播式直播场景是经过精心设计的，直播的设施和设备更齐全，也更高档，所以直播画面的效果更好。同时，基地走播式直播营销的商品不受限制，主播需要营销什么商品，只要有样品展示即可，这也是产地直销式直播营销所不具备的一大优势。

③ 展示日常式直播营销。展示日常式直播营销就是通过展示主播个人或企业日常活动来实现宣传企业产品或品牌的一种新型的直播营销方式。例如，某主播以记录日常生活的方式，展示下班回家后自己动手做饭、收拾房间等活动，此时可将做饭用到的厨具、厨房用到

的小家电以及家用扫地机等企业产品在不经意间进行展示，往往能收到比直接推销更好的宣传效果。

④ 现场制作式直播营销。现场制作式直播营销是指主播在直播间现场对产品进行加工、制作，通过向受众展示制作方法与技巧来吸引受众，并借此达到推广产品的目的。销售特色食品、工艺品的主播常会采用这种直播营销方式。

⑤ 教学培训式直播营销。教学培训式直播营销是指主播以授课的方式进行直播，以带动相关产品销售的直播营销方式。例如，瑜伽教学主播可推广瑜伽服饰、健身器材；美妆教学主播可推广口红、面膜；美食教学主播可推广食材、厨具等。图 11-4 所示为直播间美妆教学培训式直播营销。

图 11-4　直播间美妆教学培训式直播营销

（2）根据直播吸引点划分的直播营销

① 形象魅力营销。开展此类直播营销的主播通常具有良好的外在形象和气质，如男主播身姿挺拔、气质出众，女主播形象优雅、亲和力强。主播良好的形象魅力能够吸引大量粉丝涌入直播间，从而带来可观的流量和人气，为直播营销效果提供有力的保障。

② 名人或网红营销。名人和网红是粉丝们追随、模仿的对象，一举一动都会受到粉丝的关注。因此，当名人或网红出现在直播间中与粉丝互动时，经常会出现人气高涨的盛况。

一般来说，这种直播营销方式投入高、出货量大，需要企业有充足的经费预算并有很强的备货能力。但是，有时高投入也未必能带来高产出。例如，某企业花费 60 万元请某名人直播代言，结果仅仅卖出去 5 万元产品，而且还有一部分卖出去的产品被退货，企业损失惨重。因此，企业应在预算范围内，尽可能选择那些最贴合产品及消费者属性的名人进行合作。

③ 利他营销。直播中常见的利他营销行为是进行知识和技能分享，以帮助受众提高生活技能或动手能力。利他营销主要适用于美妆护肤类及服装搭配类产品，如淘宝主播"某某"经常使用某品牌的化妆品向观众展示化妆技巧，在让观众学习美妆知识的同时增加产品曝光度。

④ 才艺营销。直播间是才艺主播的展示舞台，无论主播是否有名气，只要才艺过硬，就可以吸引大量的粉丝围观。才艺营销适用于展现表演才艺所使用的工具类产品，如钢琴才艺表演需要使用的钢琴。钢琴生产企业可以与有钢琴演奏才华的直播达人合作，开展才艺营销。

⑤ 对比营销。对比营销是指主播通过将产品与上一代产品或主要竞品做对比分析，直观展示产品的优点，从而说服受众购买所推荐的产品。对比营销是一种非常有效的营销方式，在直播营销时被广泛采用。

⑥ 采访营销。采访营销指主持人采访嘉宾、路人、专家等，以互动的形式，通过他人的立场阐述对产品的看法而开展的营销。采访嘉宾，有助于增加产品的影响力；采访专家，有助于提升产品的权威性；采访路人，有助于拉近产品与观众之间的距离，增强信赖感。

⑦ 稀有营销。稀有营销一般适用于在某些方面拥有市场独占性的企业，如拥有独家冠名权、知识产权、专利权、专有技术、独家经销权等的企业。企业在直播间采用稀有营销方

式，不仅能够提升直播间的人气，而且对企业来说也是提高其知名度和美誉度的绝佳机会。

**2. 直播营销活动策划**

（1）确定直播营销活动的目标

对企业来说，直播是一种营销手段，因此主播在直播时不能只有简单的才艺表演或话题分享，而要围绕企业的营销目标来展开直播，否则无法给企业带来实际的效益。直播的目标不是一成不变的，需要企业根据不同阶段、不同情况下的市场营销目标做出调整。

（2）选品与直播用户分析

① 直播商品选品。直播商品选品是指直播运营团队为主播选择优质商品，在直播中进行销售。商品是直播的核心，所有的运营和推广都从选品开始。选品对于直播的营销和运营起着重要的作用，所以直播运营团队必须进行数据分析，了解竞争对手和市场情况，做出明智的选择。

直播运营团队在选品时，需要按照一定的原则进行。通常来说，在选品的过程中直播运营团队需要遵循三个重要原则：价格低廉，可展示性好和适用范围广。直播商品选品原则如表 11-1 所示。

**表 11-1 直播商品选品原则**

| 原则 | 具体描述 |
| --- | --- |
| 价格低廉 | 在直播间中，挑选经济实惠的商品，以吸引用户停留，并减少他们的犹豫时间。这样一来，既能吸引更多流量，又能促进销售量增长 |
| 可展示性好 | 选择能够在直播间中清晰展示外观、使用方法和效果的商品（如口红、粉底液等），这样能够迅速获得用户的信任 |
| 适用范围广 | 选择目标受众广泛、使用场景多样、无明显人群限制的商品，确保直播间的潜在用户覆盖面最大，提高商品销售的机会 |

② 直播用户分析。不同的产品有不同的潜在消费群体，要实现直播营销目标，企业必须对直播用户进行分析。企业通过对用户细分，了解用户购买需求及用户行为特征，构建目标用户群体画像，可更有针对性地制订直播营销活动方案。

例如，针对私域流量用户（主播已有粉丝），这类用户对主播或品牌具有较高信任度，复购率高，互动意愿强，企业可通过专属福利（如粉丝专属价、限量款产品）来增强用户黏性并引导裂变传播；针对公域流量用户（平台推荐的新用户），这类用户通常随机进入直播间且需求不明确，容易流失，企业需要通过低价引流款商品和强视觉展示来吸引其停留，并运用促销话术促成首单转化。

（3）制订直播营销活动方案

直播营销活动方案一般在直播运营团队内部使用，内容应简明扼要、直达主题。直播营销活动方案可分为直播营销规划方案和直播营销执行方案两个方案。其中，直播营销规划方案是确定直播营销活动的总体安排，而直播营销执行方案是落实直播营销规划方案的具体执行计划。

① 制订直播营销规划方案。制订直播营销规划方案是开展直播营销活动的重要准备工作，涉及直播营销活动的目标、内容、时间、人员配置和费用预算等方面。详细的直播营销规划方案如表 11-2 所示。

表 11-2 详细的直播营销规划方案

| 规划项目 | 具体内容 |
| --- | --- |
| 设定直播目标,直播产品特色和定位 | 明确直播目标(提升品牌知名度、推广新产品、促销清货、增强用户黏性等),分析目标受众需求和偏好,研究竞争对手,确定直播产品特色和定位 |
| 确定直播内容与形式 | 设计吸引人的直播主题,全面规划直播内容(开场白、产品介绍、嘉宾互动、抽奖环节等),选择合适的直播形式(访谈、互动游戏、产品展示等) |
| 配置直播人员 | 合理配置主播,以及技术支持、内容策划等专业人员,根据需要邀请行业专家、知名博主或相关领域达人作为嘉宾 |
| 确定时间安排 | 明确直播活动的各个时间节点,包括直播前期筹备时间、直播预热时间、直播开始时间、直播结束时间等 |
| 进行费用预算 | 对直播平台费用、直播人员费用、直播推广费用、直播设备与技术支持费用、广告费用等进行预算 |

② 制订直播营销执行方案。直播营销执行方案是指落实直播营销规划方案的具体执行计划。它详细阐述了如何有效落实直播营销规划方案的每一项任务,确保直播的顺利进行并达到预期目标。直播营销执行方案的内容主要包括:确定详细的直播营销时间表和流程;制订技术与设备保障方案;确定主播、主持人与嘉宾;落实直播场地;对直播风险进行评估并制定预防措施;设定直播效果评估标准。

(4)做好直播预热

直播预热的作用是扩大直播的声势,让用户提前了解直播的大概内容,以吸引对直播感兴趣的用户及时进入直播间,从而提升直播间的在线人数。此外,直播预热还能够在一定程度上"试探"粉丝的反应,从而帮助直播运营团队及时调整营销策略。

① 直播预热方式。直播预热的方式有很多,具体形式和效果不一。常见的直播预热的方式包括在主播个人简介中发布直播预告,发布直播预告短视频和站外直播预热三种方式。

② 直播预热策略。进行直播预热时需要搭配一定的策略,以达到更好的营销效果。直播预热策略示例如表 11-3 所示。

表 11-3 直播预热策略示例

| 策略名称 | 策略描述 |
| --- | --- |
| 发放直播专享福利 | 商家在直播预热中提前告知直播会发放的专享福利,以吸引更多的用户观看直播。例如,在预告中告知用户赠品的数量、折扣的力度、福利的类型和获得条件等 |
| 直播 PK | 直播 PK 是指不同直播间的主播约定在同一时间进行连线挑战的一种增流方式。商家在直播预热中将直播 PK 的信息告知用户,不仅可以增加直播的趣味性,还可以扩大直播的影响力 |

## 11.3.2 短视频营销

### 1. 短视频营销概述

(1)短视频营销的概念

短视频营销是"短视频"与"互联网营销"相结合的产物,不仅继承了短视频的内容短小精练、感染力强、形式多样、创意新颖等优点,还融合了互联网营销互动性强、传播速度快、成本低廉的特点,因而更易于精准满足目标受众需求,巧妙渗透产品,有效传递品牌理念。

微课堂

短视频营销

（2）短视频营销兴起的条件

短视频营销的兴起，离不开网络环境的改善，以及视频制作技术和大数据的支持。在网络环境方面，不断提升的数据传输速度降低了用户的使用成本，并提高了短视频播放的流畅度，为用户带来了更加优质稳定的使用体验，为基于移动数据端的短视频营销提供了基础的保障。在视频制作技术方面，人脸识别技术和增强现实（Augmented Reality，AR）技术等的应用，为营销短视频的制作提供了更大的创意空间。在大数据方面，通过大数据算法实现的智能推荐技术能够更好地实现短视频营销内容与用户的精准匹配。

**2．短视频营销的运营流程**

（1）注册并进行账号认证

短视频营销运营的第一步是建立自己的账号，即在抖音、快手等主流短视频平台上注册账号，并完成账号认证。认证后的账号能够获得平台更多的曝光度，从而更容易吸引粉丝关注，为后续的营销运营活动打下坚实基础。

（2）包装账号

为了提升账号的吸引力和权重，营销运营人员需要对账号进行精心包装。这包括明确账号定位，选择适合的行业赛道，以及完善账号信息，如头像、昵称、简介、主页封面和视频封面等。一个包装得当的账号更容易获得平台的认可和用户的青睐。

（3）养号

养号是短视频营销运营不可或缺的一环。营销运营人员通过关注同行账号、热门话题视频，与其他用户互动（点赞、转发、评论、关注等），可以提升账号的活跃度和权重。在养号期间，营销运营人员应避免急于发布广告和视频，而是应多学习其他优秀作品的创作和运营技巧。

（4）内容创作和制作

内容是短视频营销运营的核心。短视频营销运营人员需要准备富有创意和吸引力的短视频内容。这可以是自己拍摄的原创视频，也可以是转发的有趣、热门视频，或者是对他人视频进行编辑、加工后的作品。在创作过程中，营销运营人员要注重内容的创新性和版权问题，同时合理安排发布时间。

（5）运营推广

发布内容后，营销运营人员需要利用平台算法进行传播和推广，通过合理设置标签、标题、描述等，可以提高作品被推荐的概率，从而增加视频播放量。此外，营销运营人员还可以关注同类型的优质账号，学习并借鉴其运营方式，保持交流，共同提升营销运营效果。

（6）数据分析和优化

数据分析是短视频营销运营至关重要的一环。营销运营人员通过运用数据分析工具（如清博大数据、飞瓜数据、卡思数据、乐观数据等），深入分析短视频的传播效果、用户行为、转化率等关键数据，并根据数据分析结果及时调整营销运营策略，优化内容推广和用户互动方式，提升营销运营效果。

延伸学习

短视频营销
的实施技巧

**3．短视频营销的实施策略**

（1）短视频整合营销传播策略

整合营销是对各种营销工具和手段的系统化结合，强调协调统一。

应用到短视频营销中的整合营销传播，不仅体现在营销工具和手段的整合上，还体现在基于整合的内容传播上。整合营销以用户为中心，以产品为核心，以互联网为媒介，整合视频营销和传播的多种形式和内容，达到立体传播的效果。在通过互联网进行短视频营销的过程中，企业可以整合线下活动资源和媒体进行品牌传播，进一步增强营销效果。

（2）短视频创意策略

短视频创意策略是一种具有创新性的营销策略，要求短视频的内容、形式等突破既有的创作框架，从构思、执行、宣传到发布的每一个环节都体现出创意。

在内容方面，经典、有趣、轻松且具有故事性的短视频，往往更容易让用户（受众）主动分享和传播，从而形成病毒式传播。在构思短视频内容时，为了快速获得用户关注，企业可以利用事件进行借势，开展事件营销。

在形式方面，如今的短视频形式非常多元化，企业只有将精彩的创意内容与恰当的短视频形式相结合，才能获得好的传播效果。例如，追求格调和品位的短视频，可以借鉴电影的叙事方式和表现手法，为受众带来独特的视觉体验；定位为幽默、点评的短视频，采用脱口秀式的表达方式更为贴切，更容易获得受众的认可。

（3）短视频互动体验策略

短视频互动体验策略是指在视频营销过程中，企业及时与用户沟通，关注用户的体验，并根据用户的需求提供更多的体验方式。

短视频互动体验营销的前提是有一个多样化的互动渠道，能够支持更多用户参与互动。为了提升用户的体验，企业需要综合设计视频呈现方式，比如通过运用在镜头、画面、拍摄、构图、色彩等方面的专业手法制作视频，为用户提供美好的视觉体验；为了拉近用户的心理距离，可以采用贴心的元素、贴近用户的角度、日常生活中的素材制作视频。另外，企业还需要通过平台与用户保持直接的互动，包括引导用户评论、转发、分享和点赞等，让用户可以通过多个平台表达自己的看法。

## 11.3.3　App 营销

### 1. App 营销的含义

App 是英文单词 Application 的简写，是指在智能手机上安装的应用程序。App 营销则是指企业利用 App 将产品等相关信息展现在消费者面前，利用移动互联网平台开展营销活动。智能手机相对于传统计算机而言操作方式较为简便快捷，即使对计算机不熟悉的人，也能够快速、熟练地使用智能手机，这促进了 App 的快速发展。

App 包含图片、文字、视频、音频等元素，同时相对于网页端具有信息内容精练清晰的特点，所以受到越来越多人的欢迎。

知识链接

App 营销的特点

### 2. App 营销的模式

App 营销模式大致可分为植入广告模式、用户参与模式和内容营销模式三类。下面分别进行介绍。

（1）植入广告模式

植入广告模式是最简单的一种 App 营销模式。App 开发者可以直接将广告嵌入 App。用户打开 App 后，在首页或相应的界面中就能看到广告。如果对广告感兴趣，用户就可以点击广告了解详细内容，从而参与企业的营销活动；如果不感兴趣，用户直接点击关闭或者跳过广告即可。企业可以在下载量大的 App 中植入广告，这样受众面更广。但广告内容本身吸引人才是最重要的，精美的广告有时会使对产品本不感兴趣的用户成为潜在消费者。同时，企业要注意将广告植入到与自身产品或服务相关联的 App 中。

（2）用户参与模式

用户参与模式是指 App 运营者为了提高用户与 App 以及品牌之间的互动，提升用户活跃度和忠诚度，所采用的一种营销模式。用户参与模式旨在通过各种手段吸引用户积极参与到 App 的使用中，让用户不是被动地使用 App，而是主动与 App 进行深度交互，从而实现增强用户黏性，提高用户转化率，促进产品销售的目的。

根据吸引用户参与策略的不同，App 用户参与模式又可细分为功能驱动参与模式、社交互动参与模式、活动激励参与模式、游戏化参与模式等。以功能驱动参与模式为例，企业开发的 App 能够有效解决用户的痛点问题。用户由于自身实际需求，会主动使用这类 App，其参与行为具有明确的目的性。典型的代表有地图导航类 App，像高德地图，能提供实时路况信息，还能精准规划路线，有效解决用户出行导航的需求；还有生活服务类 App，如美团，将餐饮外卖、到店消费等多种生活服务功能整合在一起，极大地方便了用户的日常生活，满足用户在饮食及线下消费等方面的实际需要。

（3）内容营销模式

内容营销模式是指运营方通过优质内容吸引精准客户和潜在客户，以实现既定的营销目标的 App 营销模式。这种 App 营销模式通过企业在 App 上针对目标用户发布符合目标用户需求的图片、文字、动画、视频、音乐等，激发目标用户的购买欲望。在采用这种营销模式时，企业需要对目标用户进行精准定位，并围绕目标用户策划营销内容。

## 11.3.4 大数据营销

**1. 大数据营销的含义**

大数据营销是指企业通过运用大数据，对由多平台所获得的海量数据进行分析，以找到目标消费者，并以此为基础对广告投放的内容、时间及形式进行设计，从而实现广告的精准投放。其具有全样本调查、数据化决策、强调时效性以及个性化营销四大特征。

知识链接

大数据营销的特征

**2. 大数据营销的优势**

企业实施大数据营销，不仅能够提高企业的营销效率，也能够提升消费者的体验，还能够促进营销平台互联互通。

（1）提高企业营销效率

大数据营销既能帮助企业实现渠道优化，也能促进企业营销信息的精准推送。企业可以通过分析消费者在网络平台的信息记录，获取消费者关于产品的渠道信息，进而对营销渠道进行优化。同时，企业也可以通过运用大数据对消费者进行分类，然后有针对性地向消费者推送相关产品信息。

（2）提升消费者体验

大数据处理技术帮助企业进行精准数据分析。企业根据分析结果，可以对特定消费者进行准确划分，进而向潜在消费者推送其所需要的产品信息。对消费者而言，所获产品信息价值越大，越有利于作出正确的购买决策。此外，进行大数据营销的企业非常关注消费者使用产品后的体验、感受，以便对产品进行改进。企业只有将消费者的反馈信息进行合理分析和利用，才能真正发挥大数据营销的作用。

（3）促进营销平台互联互通

要想精准掌握消费者的需求，企业就要尽可能多地了解其生活的每一个关键时刻。人们的日常生活已与互联网平台实现互联，如用户在社交网站与亲朋好友互动，在电商平台进行产品消费，在论坛发表个性观点，甚至在某些平台进行知识科普等。大数据营销需要的是将消费者在网络中的碎片化信息整合，以得到消费者的整体画像，从而进行个性化营销。因此，大数据营销促进了各大互联网平台的相互融合。在线上平台相互打通的同时，大数据营销也促进了线上线下营销平台的互联。媒体通过跨界融合的方式，将报纸、电视、互联网进行有效结合，促进资源共享，使企业从中获得大量消费者信息并集中处理，衍生出形式多样的营销信息。然后企业通过不同的平台传播营销信息，从而提升营销效果。

### 延伸学习

#### 大数据对营销的影响

在营销 3.0 时代，大数据已成为推动企业营销变革的核心动力。通过实时采集、分析海量消费者数据，企业能够消除传统营销的模糊性，实现从消费者需求洞察到营销决策优化的全链路升级。具体而言，大数据对营销的影响主要体现在以下三个方面。

一是受众更"全"。大数据收集的是企业目标消费者所有的数据，企业因此可以获取较以往更加全面和完整的目标消费者数据。企业可以更真实地掌握目标消费者的信息，更准确地发现目标消费者的需求，从而制定更加符合目标消费者需求的营销模式和营销组合。

二是投放更"准"。大数据能够深度解析消费者特征、消费行为及需求偏好，基于数据分析结果，精准匹配营销平台、载体及目标人群，推动各行业营销模式向精准化升级，革新传统营销战略与手段，显著提升企业营销效率。

三是转化更"高"。大数据关注数据间的关联性，而不只是关注数据的因果性。企业通过分析海量数据，可以发现并总结出目标消费者的消费习惯，根据目标消费者的习惯进行预测，设置特定的场景来激发目标消费者的购买行为，从而提升目标消费者转化为实际购买者的概率。

资料来源：搜狐网。

### 3．大数据营销的运营方式

企业在开展大数据营销时，因获取消费者数据方式不同，会形成如下三种运营方式。

（1）自建平台运营方式

自建平台运营方式需要企业自行构建大数据平台，通过自身收集的消费者数据实施大数据精准营销。通过精准营销与目标消费者建立信任关系，提高目标消费者的忠诚度，进而为企业创造长期的商业价值。这种方式要求企业有能力建立大数据营销的运营机制，并具备充足的人力和财力资源。如果企业具备这些条件，那么自建平台运营是一种非常有效的运营方式。

（2）数据租赁运营方式

数据租赁运营方式是指企业通过付费租赁的方式，从专业的大数据营销平台获取目标消费者的数据，然后向目标消费者精准投放企业品牌和产品广告。这种方式可以帮助企业在目标消费者中提高品牌和产品的曝光度，引起他们对企业品牌和产品信息的关注，为后续的消费者关系建立、数据挖掘与分析、品牌推广等市场营销行为打下基础。如果企业不具备构建大数据平台的能力，那么可以考虑采用数据租赁运营方式来实施大数据营销。

（3）数据购买运营方式

数据购买运营是指企业在符合法律规范的前提下，向大数据营销平台购买目标消费者的数据，然后通过自建的平台实施大数据营销。与数据租赁运营方式相比，数据购买运营方式更具自主性。企业在通过自身平台无法获取足够的数据或者需要更加丰富的数据储量时，可以采用这种方式。数据购买运营方式一般需要与自建平台运营方式配合使用，才能达到企业期望的营销效果。

为提高大数据营销的效率和效果，企业应根据自身的实际情况选择适合的大数据营销运营方式。

## 11.3.5　O2O营销

### 1. O2O营销的含义

2010年，美国TrialPay公司的创始人亚历克斯·兰佩尔（Alex Rampell）首次提出了O2O的概念。兰佩尔指出，O2O（Online to Offline）主要包括O2O电子商务平台、线下实体商家、消费者等要素。其核心是企业利用网络寻找消费者，之后将消费者带到实体商店进行消费。O2O营销适用于具备线上线下联动属性的服务型消费，尤其适合复购率较高的生活服务领域，如餐饮、影院、美容美发、酒店住宿、家政服务等行业。

### 2. O2O营销的分类

O2O营销的实质是将用户引流到实体店，为实体店做推广。从广义上来讲，O2O营销的范围特别广泛，只要是既涉及线上又涉及线下实体店的模式，均可被称为O2O营销。O2O营销有线下到线上、线上到线下这两种最基本的营销方式。

（1）线上到线下（Online to Offline）

这是O2O营销的普遍形式，将消费者从线上引流到线下实体店进行消费。具体的交易流程如图11-5所示。实体商家与线上平台合作，在线上平台发布商品信息，消费者利用互联网在线上平台搜索相关商品，在线确认要购买的商品，在线完成支付。线上平台向消费者手机发送密码或者二维码等数字凭证，消费者持该数字凭证到实体店获取商品。大众点评、美团等平台是这种O2O营销模式的典型代表。

（2）线下到线上（Offline to Online）

这是在O2O营销发展的过程中逐步兴起的一种营销方式，又被称为反向O2O营销。它将消费者从线下吸引到线上，即消费者在实体店体验后，选择好商品，在线上平台进行交易并完成支付。

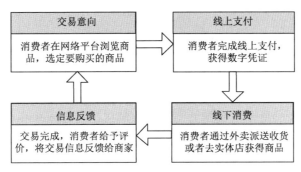

图 11-5　线上到线下交易流程图

**3．O2O 营销的策略与方法**

相对于实体店传统的营销模式，O2O 营销体现出了一种全新的营销逻辑，采用的是与其他营销方式不同的策略和方法。下面分别从 O2O 线上推广、O2O 线下培育、O2O 闭环三个方面来介绍。

（1）O2O 线上推广

① 自建网上商城——与线下实体店对接。企业在互联网上建立自己的网上商城，在线上对产品进行宣传推广。消费者在该平台下单后，可以选择到实体店获取产品，也可以直接享受送货上门的服务。一般大型连锁加盟的生活服务类企业会采用这种自建网上商城的方式，从而有效地将线上平台与线下实体店对接。由于是自己的网站平台，企业对网站的管理便利，对目标消费者的营销针对性强。但企业自建 O2O 网上商城需要投入较多的资金。

② 创建自有 App——充分利用移动互联网。在智能手机高度普及的今天，使用手机上网的人越来越多。无论是在学习教育领域还是在衣食住行领域，各大企业不断推出各种手机 App，希望能够在移动互联网中占有一席之地，营销大战也从 PC 端转移到了手机移动端。企业在进行 O2O 线上推广时，有必要创建自己的 App，以充分发挥移动互联网的作用。

③ 借助网络社交媒体——聚集人气。O2O 营销与网络社交媒体的结合，可以看作是线上与线下、社交与商业的融合。

网络社交媒体，如微信、微博等，拥有庞大的用户数量和高度的用户黏性，是 O2O 营销的重要渠道。例如，企业在社交媒体上发布优惠信息、活动预告等，往往可以迅速吸引大量目标消费者的关注，进而引导他们到线下门店进行消费。

在 O2O 营销中，消费者可以通过网络社交媒体分享自己的消费体验。这种口碑传播对于提升企业品牌形象和扩大品牌影响力具有重要作用。同时，消费者的分享也能激发更多潜在消费者的购买欲望。

网络社交媒体积累了大量的用户数据，包括用户兴趣、消费习惯等。这些数据为 O2O 营销提供了精准定位目标消费者的可能。结合大数据，企业可以向不同类别的消费者推送个性化的商品和优惠信息，并采用不同的营销技巧，从而提升营销效果。

④ 借助第三方消费点评网站——实施口碑营销。O2O 商业模式主要是针对消费者的吃喝玩乐，瞄准了服务行业中生活服务这片市场的"蓝海"。生活服务类市场因其多元化的需求和庞大的消费力，展现出巨大的增长潜力和销售空间。生活服务类产品适合利用口碑营销

的模式进行推广。第三方消费点评网站通过信息分类、优惠折扣、团购等为消费者提供企业信息，利用口碑分享来帮助企业推广产品。常见的第三方消费点评网站主要有大众点评网、口碑网、豆瓣网等。用户可以在这些网站上查找商家信息，阅读其他用户的评价，并分享自己的消费体验。

⑤ 开展促销活动——优惠拉动消费。俗话说"货比三家"，在互联网飞速发展的今天，"货比百家"已经实现。对于企业来说，价格策略仍然是见效最快，最能拉动消费的策略。在这方面，某打车软件的做法值得借鉴。用户使用该打车软件并分享红包，即可领取优惠券；邀请好友助力，即可领出行券；可1元购买90元券包，也可邀朋友拼团，每人花费0.01元即可得到上述优惠券包……一个个看似简单的活动，最终衍生为既能传播品牌，激活老用户，还能实现以老带新抢占市场份额，甚至成为商业化变现或推动跨界合作的利器。

（2）O2O 线下培育

对于 O2O 营销来说，企业应该准确地定位自己的用户群体。用户在哪里，企业就要去哪里。能否对目标用户进行精准定位决定了一个商业模式的成败。

① 体验营销。体验营销是一种企业通过提供个性化的体验来吸引和留住消费者的新型营销方式。实施体验营销的企业，注重在产品中融入更多的体验元素，从而让消费者在购买或使用产品的过程中获得更多的乐趣和满足感。

在 O2O 营销中融入体验营销理念，让消费者在购买及消费产品的过程中获得更好的感受，不仅能够提升消费者的满意度，而且能够促成线下用户向线上用户的转换，实现反向 O2O。

② 会员营销。O2O 会员营销通过建立统一的会员身份识别体系，打通线上线下数据壁垒，实现对会员的数字化管理。O2O 会员管理系统基于 LBS 定位技术记录会员到店行为，通过大数据手段收集线上浏览数据，构建精准用户画像，并针对新客户、活跃客户、沉睡客户实施差异化营销。同时通过"线下消费积分兑换线上权益"和"线上领券-线下消费-线上评价"的闭环设计，有效提升用户黏性和复购率，实现 O2O 流量的双向转化。

③ 粉丝模式。粉丝模式是指企业把 O2O 工具（第三方 O2O 平台、自有 App 等）作为自己的粉丝运营工具，利用一系列推广手段吸引线下用户不断加入，通过品牌传播、新品发布和内容维护等吸引粉丝，定期给粉丝推送优惠和新品信息等，实施精准营销，吸引粉丝直接通过 App 购买商品。

④ 二维码。二维码在 O2O 营销中有广泛的应用。借助二维码，企业可以追踪消费者的扫码行为，包括扫码时间、地点、频次等，分析消费者的偏好和需求，从而进行精准的营销。

⑤ 新技术赋能。人工智能、虚拟现实、大数据等先进技术能够帮助企业实现"智能体验、全域运营、导购分销、数字营销"的融合，快速构建"从在店到离店""从线上到线下""门店+网店"24 小时全天候的服务能力，在经营上突破时空增长界限。

（3）O2O 闭环

O2O 闭环是指企业通过网上促销，吸引消费者到线下实体店消费；消费者在线下实体店消费后，在线上进行消费评价；企业基于消费者的评价对消费者进行二次营销，引导消费者再次到实体店消费，由此形成一个消费的闭环。

O2O 闭环的核心要素包括产品、线上平台、线下实体店、物流配送、支付环节。其中，产品是 O2O 闭环的基础，线上平台是企业与用户（消费者）进行互动和交易的重要渠道，线下实体店是用户进行消费的场所，物流配送是确保用户及时收到产品的重要保障，支付环节是确保交易的安全和便捷的关键环节。

## 本章实训

**1. 实训目标**

熟悉交流短视频平台的特点，掌握抖音短视频营销的策划与实施。

**2. 实训内容及步骤**

假设你是某办公用品企业的短视频营销人员，现公司在抖音平台注册了短视频账号，需要你负责该账号的运营。为此，你需要做好以下工作。

（1）定位抖音账号。在对抖音账号进行定位前，先分析该行业的目标用户及其对办公用品的需求，找到公司的优势；在抖音平台搜索本行业的企业，分析其市场定位；在此基础上，结合公司自身特点，对公司的抖音账号进行定位。

（2）策划拍摄方案。根据本公司在抖音账号的定位，再结合产品特色、品牌形象等，选择合适的角度，构思短视频的脚本，确定拍摄的场景、道具以及拍摄工具、背景音乐等；根据短视频内容选择合适的滤镜及视频后期处理软件等。

（3）制订品牌账号打造方案。打造品牌账号，吸引抖音用户关注，再通过与粉丝之间进行互动，增强粉丝黏性，达到更好的营销效果。

**3. 实训成果**

实训作业——《抖音短视频营销策划及实施方案》。

## 本章习题

### 一、单选题

1. （　　）的核心思想是用户可以主动参与网络内容的制造，而不是被动接受信息。

    A. Web 1.0      B. Web 2.0      C. Web 3.0      D. Web 4.0

2. 网络软文营销的第一步是（　　）。

    A. 撰写网络软文                 B. 确定网络软文营销目标

    C. 选择网络软文发布的媒体       D. 发布网络软文

3. App 营销的（　　）是指 App 运营者为了提高用户与 App 以及品牌之间的互动、提升用户活跃度和忠诚度，所采用的一种营销模式。

    A. 用户参与模式                 B. 个人定制模式

    C. 植入广告模式                 D. 内容营销模式

4. 实施病毒式营销的第一步是（　　）。

    A. 进行创意构思     B. 规划整体方案     C. 制造话题      D. 发布和推广话题

5. O2O 营销模式的核心是（　　　）。
　　A. 利用网络寻找消费者　　　　　　　B. O2O 电子商务平台
　　C. 线下实体商家　　　　　　　　　　D. 在线支付

## 二、多选题

1. 搜索引擎优化的措施有（　　　）。
　　A. 关键词优化　　　　　　B. 网站栏目结构优化　　　　C. 网站页面优化
　　D. 内部链接优化　　　　　　E. 网站内容优化
2. 网络社交媒体营销的方式包括（　　　）。
　　A. 微信营销　　　　　　　B. 微博营销　　　　　　　　C. 博客营销
　　D. App 营销　　　　　　　E. 网络社区营销
3. 如果按照直播吸引点来划分，直播营销的方式包括（　　　）。
　　A. 形象魅力营销　　　　　B. 名人或网红营销　　　　　C. 利他营销
　　D. 产地直销式直播营销　　E. 现场制作式营销
4. 下列属于大数据营销特征的有（　　　）。
　　A. 全样本调查　　　　　　B. 数据化决策　　　　　　　C. 强调时效性
　　D. 市场导向　　　　　　　E. 个性化营销
5. 短视频营销的运营流程包括（　　　）。
　　A. 注册并进行账号认证　　B. 包装账号　　　　　　　　C. 养号
　　D. 内容创作和制作　　　　E. 运营推广

## 三、名词解释

1. 网络营销　　2. 网络广告　　3. 病毒式营销　　4. 直播营销　　5. O2O 闭环

## 四、简答及论述题

1. 网络社交媒体营销的策略是什么？
2. 病毒式营销的特点是什么？
3. 短视频营销兴起的条件是什么？
4. 试论述短视频互动体验策略。
5. 试论述大数据营销的运营方式。

 **案例讨论**

### 小米 SU7 汽车的新媒体营销

2024 年 3 月 28 日，在粉丝们的千呼万唤中，小米首款新能源汽车 SU7 终于上市。凭借产品发布前成功的营销造势，小米 SU7 上市消息发布后就迅速登上了热搜，成为网民关注的焦点。为了将这一热度持续转化为实际的销售动力，小米在新媒体营销领域展开了全方位、多层次的布局。

1. 社交媒体平台运营

小米充分利用微博、微信等社交媒体平台，不断发布关于 SU7 的最新动态、技术亮点和设计理念的话题。精心策划的话题吸引了大量用户参与讨论和分享，提高和增强了品牌的曝光度和用户黏性。

此外，小米还创作了一系列高质量的软文，内容涵盖 SU7 汽车的产品介绍、技术解析和用户故事，并通过各类新媒体平台进行发布。这些软文不仅增强了消费者对品牌的认知，还为他们提供了有价值的信息，进一步提升了消费者的购买信心，从而有效提升了品牌形象。

2. 短视频与直播营销

在社交媒体平台运营的基础上，小米还制作了一系列短视频，全方位展示了 SU7 的外观、内饰和性能。同时，小米邀请了知名车评人和网红进行直播试驾，并通过互动的形式，让消费者更直观地了解产品特点，进而提升购买意愿。

3. 搜索引擎优化与精准广告投放

小米对官方网站进行了搜索引擎优化，提升了在搜索引擎中的排名。同时，小米在各大搜索引擎和社交媒体平台精准投放广告，有效提高了广告转化率。

4. 新媒体营销策略优化

小米通过收集和分析用户数据，深入了解用户需求和购买行为，不断优化新媒体营销策略。小米根据数据分析结果，调整广告投放策略，优化网站布局，改进产品介绍，从而持续提升营销效果。

**思考讨论题：**

1. 小米 SU7 汽车新媒体营销成功的原因是什么？

2. 结合本案例，请谈谈企业该如何开展新媒体营销。

# 第12章
# 市场营销的新发展

 **本章导读**

在当前人工智能技术不断突破、消费场景日益多元，以及全球市场一体化进程加速推进的背景下，市场营销正迎来新的变革。本章主要概述市场营销的新发展，包括 AI 营销、场景化营销和跨境营销。通过本章的学习，读者可以掌握在新时代背景下，如何运用这些新兴的市场营销方式有效解决营销难题，提升市场竞争力。

 **知识结构图**

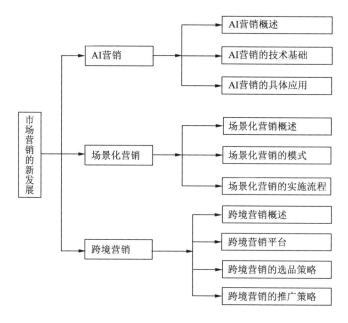

 **开篇引例**

### 精准用户画像：百度助力 PayPal 锁定用户群体

众所周知，B2B 行业的营销渠道非常有限，在创新上更是难上加难。在目标客户搜索难、流量获取单价高、决策周期长等综合作用下，稳固在跨境支付领域的行业领先地位，成为 PayPal 面临的一大挑战。

百度营销运用百度观星盘 AI 营销平台，深挖用户特征及兴趣点，同时结合用户搜索、到访、浏览及关注行为数据分析进行人群定向，精准覆盖外贸需求人群；基于海量商品数据，建立起 AI 预测模型，预估产品未来价格、销量走势，为用户选品决策提供数据支持，导流用户前往 PayPal 官网商户服务专属页面。百度营销打造的"导流、互动转化、再营销"的链路闭环为 PayPal 带来了超过 2300 万的曝光率，吸引了超过 2 万人次参与了营销互动活动，PayPal 品牌词回搜率提升 125%。

资料来源：东方网。

问题：结合案例，请谈谈 AI 营销的价值。

# 12.1　AI 营销

随着人工智能技术的飞速发展，AI 营销（Artificial Intelligence Marketing，人工智能营销）作为一种新兴的营销方式，逐渐成为企业提升企业市场竞争力，优化营销策略的重要手段。

## 12.1.1　AI 营销概述

### 1. AI 营销的概念

AI 营销是指企业利用人工智能技术来推动和优化市场营销活动的一种策略和方法。其核心是利用 AI 的智能化和自动化特性，实现营销活动的精准化、个性化和自动化，从而提升品牌知名度，促进销售增长。通过运用深度学习算法、大数据、自然语言处理等先进技术，AI 营销能够洞察消费者需求，预测市场趋势，为企业量身定制高效的营销策略。

> **课堂讨论**
>
> 在 AI 技术日益普及的今天，企业如何利用 AI 进行个性化营销，同时确保消费者隐私和数据安全？请结合具体案例，探讨 AI 营销中的伦理边界与实践策略。

### 2. AI 营销的价值

（1）精准定位与个性化推荐

AI 营销通过运用深度学习算法对消费者历史行为和偏好进行分析，能够精准定位目标受众。基于这些数据，AI 可以帮助企业为目标受众提供个性化的产品推荐，提高目标受众的满意度和购买转化率。例如，电商平台通过分析用户的浏览和购买记录，能够推送符合其兴趣的商品，增强用户的购物体验。

（2）提升营销的自动化与智能化

AI 营销能够实现营销活动的自动化和智能化管理。通过运用 AI 技术，企业可以处理烦琐的电子邮件营销、社交媒体管理等任务，降低人员成本，提高营销效率。同时，企业运用 AI 系统能够实时分析用户反馈和市场变化，自动调整营销策略，应对市场的快速变化。

（3）实时响应与动态优化

AI 营销具备实时响应和动态优化的能力。企业运用 AI 系统能够实时追踪和分析用户行为，及时调整广告投放策略，优化内容创作，以最大化营销效果。这种实时反馈机制使企业能够迅速抓住市场机遇，保持竞争优势。

（4）跨渠道整合与全渠道触达

AI 营销能够实现跨渠道整合和全渠道触达。通过整合不同渠道的数据和资源，AI 系统能够为企业提供全方位的营销解决方案。无论是社交媒体、电子邮件、搜索引擎还是线下活动，企业运用 AI 技术，能够实现广告的精准投放和高效转化，提升整体营销效果。

（5）增强客户体验与忠诚度

AI 营销通过个性化服务和精准营销，能够显著提升客户体验和客户忠诚度。例如，智能聊天机器人能够提供全天候的客户服务，及时解答用户疑问，提升用户满意度。同时，基于用户数据的个性化推荐能够提升用户的购物体验，提高用户的复购率和促进口碑传播。

## 12.1.2　AI 营销的技术基础

AI 营销的技术基础包括虚拟现实技术、大数据、云计算、机器学习、自然语言处理和推荐算法等。这些技术相互关联、相互促进，共同构成了 AI 营销的核心竞争力。下面分别进行介绍。

### 1. 虚拟现实技术

（1）虚拟现实及虚拟现实技术的概念

虚拟现实（Virtual Reality，VR）是由美国 VPL 公司创始人杰伦·拉尼尔（Jaron Lanier）在 1987 年率先提出的一个概念。拉尼尔认为虚拟现实是由计算机产生的三维交互环境，用户进入到环境中可以得到体验。后来众多学者不断丰富了这一概念。虚拟现实具有三个突出的特征，即沉浸性（Immersion）、交互性（Interaction）和想象性（Imagination），而且这三个特征缺一不可。

沉浸性，是指利用计算机产生的三维交互环境，让人置身其中就像置身于真实世界，给人一种身临其境的感觉。交互性，是指在计算机生成的虚拟环境中，人可以利用一些传感设备进行交互，就像在真实世界中一样。想象性是指参与者在虚拟的环境中，根据所获取的各种信息和自身在系统中的行为，通过逻辑判断、联想和推理等思维过程，感知虚拟现实系统设计者的思想，以及想象虚拟现实系统没有直接呈现的信息。

本文认为，虚拟现实技术是指采用以计算机技术为核心的现代高新技术，生成逼真的视觉、听觉、触觉等一体化的虚拟环境，参与者可以借助必要的装备，以自然的方式与虚拟环境中的物体进行交互，并相互影响，从而获得等同真实环境的感受和体验。虚拟现实技术集计算机技术、电子信息技术、仿真技术于一体。其基本实现方式是计算机生成虚拟环境，从而给人以环境沉浸感。随着社会生产力和科学技术的不断发展，各行各业对 VR 技术的需求日益旺盛。VR 技术也取得了巨大进步，并逐步形成一个新的科学技术领域。

（2）虚拟现实技术在营销领域的应用及其影响

虚拟现实技术通过沉浸式体验，把产品的内部构造或者其他可以体现产品特点的细节更真实地展示给消费者。这无疑增加了消费者对产品的信任和了解，使购物体验更加真实、丰富。

虚拟现实技术可以从以下三个方面提升消费者的购物体验。

首先，用户可以自主、全方位地对产品进行浏览。在虚拟现实场景（情境）下，用户可以自己控制在情境中游走的路线，选择自己喜欢的游走方式，可以是步行甚至飞行等。用户能根据自己的意愿探索整个购物环境，选择自己想试穿或体验的产品。虚拟现实产品观看时间不受限制，用户可以长时间浏览；观察角度不受限制，可以更换多个观察点，也可以像动画一样遵循既定路线。

其次，用户可以和导购或产品提供者进行实时交互。在虚拟现实构建的家装场景中，用户可与企业实时互动，直接对建筑高度、间距等参数进行调整，并即时查看不同材质、颜色、样式的搭配效果。这种沉浸式交互显著提升了用户购物体验和决策效率。企业运用虚拟现实技术可以非常容易地实现用户购物体验的提升。

最后，用户可以获得真正的临场体验。通过虚拟现实技术，企业能够打破传统营销局限，为用户提供沉浸式的互动体验。消费者可以在虚拟环境中试用产品（如在虚拟汽车展厅中，用户可随意打开车门、调节座椅、启动引擎，全方位感受车辆性能），获得前所未有的临场感和参与感。

例如，3D 体感试衣镜是一种结合体感技术和 3D 建模技术的应用成果。消费者站在虚拟试衣镜前即可看到自己穿新衣以后的三维图像，如图 12-1 所示。企业借助该技术，不仅可以使消费者试穿衣服更加方便和快捷，而且可以让消费者根据自己的体型数据挑选合适的衣服。随着大数据、建模技术和宽带网络的发展，未来类似的线上应用将更为普及。

图 12-1　虚拟现实购物体验模型

再如，淘宝推出全新购物方式"Buy+"，通过使用虚拟现实技术，利用计算机图形系统和辅助传感器，生成可交互的三维购物环境。"Buy+"突破了时间和空间的限制，利用三维动作捕捉技术捕捉消费者的动作并触发虚拟环境的反馈，最终实现虚拟现实与消费者的互动。

**2. 大数据**

（1）大数据的概念

大数据是指规模庞大、结构复杂且无法通过传统数据处理工具在限定时间内获取、管理和处理的数据集合。大数据的数据类型丰富，既包含数据库数据等结构化信息，又包含文本、视频等非结构化信息。

（2）大数据的特点

相比于传统数据，大数据具有规模大（Volume）、多样性（Variety）、时效性（Velocity）、准确性（Veracity）和价值大（Value）等特点，如表 12-1 所示。

表 12-1　大数据的特点

| | |
|---|---|
| 规模大 | 数据存储量大，已从 TB 级别跃升到 PB 级别，甚至开始以 EB 级别和 ZB 级别来计数。2023 年，相关数据显示，我国大数据产业规模达 1.74 万亿元，同比增长 10.45%；数据生产总量达 32.85ZB，同比增长 22.44% |
| 多样性 | 大数据包括结构化、半结构化、非结构化等各种格式的数据，以及数值、文本、图形、图像、流媒体等多种形态的数据 |
| 时效性 | 大数据具有很强的时效性，往往以数据流的形式快速产生。同时数据自身的状态与价值随着时代变化而发生巨变 |

续表

| 准确性 | 大数据的准确性体现在允许可控噪声存在，通过海量数据规模抵消个体误差，并借助动态质量评估体系持续优化数据可靠性 |
| 价值大 | 大数据蕴含极大的价值，但往往需要对其进行深度分析、挖掘才能获得有价值的信息 |

（3）大数据关键技术

大数据关键技术是指在大数据处理、分析、存储等环节中起着核心和基础作用的技术部分或要素，是构成大数据体系不可或缺的。大数据关键技术包括数据采集、数据存储、数据处理、数据分析与挖掘、数据可视化等方面的技术。下面分别进行介绍。

① 数据采集：是指从各种源头收集数据的过程。这些源头包括但不限于传感器、应用程序、服务日志、社交媒体、公开数据集，以及企业内部系统。

② 数据存储：大数据采用了分布式存储系统，能够高效管理海量数据，实现数据的分布式存储和并行访问，确保数据的可扩展性和高可用性。云存储技术的兴起也为大数据存储提供了新的解决方案。

③ 数据处理：大数据通过并行计算和分布式处理，实现对海量数据的快速处理。同时，为了进一步提升处理效率，大数据还融合了内存计算、流处理等技术。内存计算通过直接在内存中处理数据，减少了磁盘 I/O（Input/Output，输入输出）操作，提升了处理速度；流处理则能够实时处理连续到达的数据流，满足实时分析的需求。

④ 数据分析与挖掘：大数据通过数据挖掘、机器学习算法等，能够发现数据中的关联、趋势和异常，为决策提供有力的数据支持。这种从海量数据中提取有价值信息的能力，是大数据的重要价值体现。

⑤ 数据可视化：大数据将处理和分析后的数据以图形、图表等形式直观地展示出来，帮助用户更好地理解数据背后的信息。

### 3. 云计算

"云计算"（Cloud Computing）是由谷歌前首席执行官埃里克·施密特（Eric Schmidt）于 2006 年率先提出的一个重要概念。谷歌、IBM、微软等都是云计算的先行者。云计算是一种通过互联网提供计算资源（包括服务器、存储、数据库、网络、软件、分析工具等）的技术模式，具有计算能力强、可靠性高、按需使用、虚拟化、价格低廉、可扩展性强等特点。用户可以根据需要从云服务提供商那里获取资源，而无需自己构建和维护物理的计算基础设施。云计算的核心理念是将计算资源作为一种可以在需求时随时获取并按使用量付费的服务。

### 4. 机器学习

机器学习（Machine Learning）是人工智能的一个重要分支。它使计算机系统能够通过数据自动地学习和改进性能。在 AI 营销中，机器学习技术发挥着核心作用。借助机器学习，企业可以从海量的数据中提取有用的信息，识别出客户的潜在需求和偏好。基于这些信息，企业可以自动地调整和优化营销策略，实现精准营销。

机器学习可以分为监督学习、无监督学习和强化学习等多种类型。其中，监督学习是常用的类型，利用已知的数据集训练模型，能够准确预测未知数据的结果。在 AI 营销中，监督学习可以用于预测客户购买行为，评估广告效果等。

**5．自然语言处理**

自然语言处理（Natural Language Processing，NLP）技术是指让计算机理解和处理人类语言的技术。在 AI 营销中，NLP 技术可以帮助企业分析客户反馈和评论，了解客户的需求和偏好。同时，NLP 技术还可以用于文本分类、情感分析、语音识别等多个方面，为企业提供更加全面和准确的数据支持。

**6．推荐算法**

推荐算法（Recommendation Algorithm）是 AI 营销中常使用的一种重要的技术。它可以根据客户的兴趣爱好和行为习惯，向客户推荐合适的产品。推荐算法可以分为基于内容的推荐算法和协同过滤推荐算法两种类型。基于内容的推荐算法是指根据客户的历史行为和兴趣爱好，推荐类似产品的技术；协同过滤推荐算法则是指根据其他客户的评价和行为，推荐热门产品的技术。

推荐算法在电商、社交媒体等领域得到了广泛应用。通过推荐算法，企业可以向客户展示最符合其需求的产品，提高转化率和客户满意度。

## 12.1.3　AI 营销的具体应用

企业运用 AI 营销可以更好地洞察客户需求并发掘潜在客户，同时预测客户的行为，从而提高营销的精准性。AI 营销的具体应用主要体现在以下几个方面。

AI 营销的
具体应用

**1．消费者行为分析**

企业运用 AI 营销，利用 AI 技术对大数据的深度挖掘能力，能够全方位地捕捉并分析消费者的购买历史、浏览轨迹、点击行为以及社交媒体上的互动情况等多元化数据。通过运用大数据、自然语言处理技术以及机器学习模型，企业能够精准地构建用户画像并洞察消费者的消费行为。例如，一家专注于母婴产品的零售企业，利用 AI 营销对海量客户数据进行深度剖析，发现购买婴儿服装的客户往往还会对婴儿护肤品表现出浓厚的兴趣。基于这一洞察，企业迅速调整产品陈列和营销策略，通过捆绑销售等方式，有效提升了整体销售额和客户满意度。

**2．营销决策支持**

AI 营销建立在坚实的大数据基础之上，企业因此能够从社交媒体动态、电子邮件往来、网站访问日志等多个维度全面收集信息，并通过智能分析为企业提供深入的消费者需求洞察和市场趋势预测。这些宝贵的数据资源为企业的营销规划、产品设计以及客户服务提供了强有力的数据支持。以某知名汽车制造商为例，其利用 AI 营销对全球汽车市场进行深度分析，准确预测到 SUV 车型即将迎来一波热潮。据此，该企业果断调整生产计划，加大 SUV 车型的研发和生产力度，从而在市场竞争中抢占了先机，实现了销量的快速增长。

**3．个性化推荐**

基于客户的过往行为和兴趣偏好，AI 营销能够构建出高度个性化的推荐系统。这种系统不仅能够显著提升客户的购物体验和忠诚度，还能有效促进销售转化。例如，亚马逊作为电商行业的佼佼者，其个性化推荐系统堪称典范。通过深度挖掘用户的浏览记录、购买历史以及搜索关键词等数据，亚马逊能够精准地为用户推送符合其兴趣和需求的产品和优惠信息。这种个性化的购物体验不仅极大地提升了用户的满意度和转化率，也为亚马逊带来了可观的业绩。

### 4．市场趋势预测

AI 营销凭借其强大的预测分析能力，能够准确预见市场趋势和客户行为的走向，为企业提前制定市场策略，抢占市场份额提供了有力的支持。以某快速消费品企业为例，其利用 AI 营销对历史销售数据进行深度分析，成功预测到某款新产品在未来几个月内将迎来爆发式的增长。基于这一预测，企业提前做好了库存准备和生产安排，确保在产品需求激增时迅速响应市场，从而实现了销售业绩的飞跃。

### 5．自动化营销流程

AI 的引入使得企业营销活动的执行变得更加高效和精准。通过自动化邮件发送、社交媒体互动等，企业能够大幅度降低人力成本，提高营销效率。以某知名电商为例，其利用 AI 技术构建了一套完善的自动化营销体系。当客户满足特定条件（如购买金额达到一定阈值、浏览特定商品类别等）时，系统会自动触发相应的营销活动（如发送优惠券、推荐关联商品等）。这种精准触达的营销方式不仅提高了客户的参与度和满意度，也为企业带来了更高的销售转化率。

### 6．广告投放

AI 营销通过对用户数据的深度剖析，能够帮助企业实现广告的精准投放和效果最大化。以某社交媒体平台为例，其利用 AI 技术对用户的兴趣偏好、行为特征以及社交关系网进行综合分析，为企业提供了高度精准的广告投放服务。企业可以根据用户的兴趣标签和画像特征选择目标受众，确保广告内容精准触达潜在消费者。这种精准投放的方式不仅提升了广告的点击率和转化率，也降低了投放成本。

### 7．智能客服

智能客服是 AI 在市场营销领域应用最为广泛的系统之一。这种系统能够自动回答客户的常见问题，提供高效、连贯且个性化的服务体验。以某大型银行为例，其智能客服不仅能够快速处理客户的账户信息查询、密码重置等常规问题，还能通过情感分析技术感知客户的情绪和态度变化，从而调整回复的语气和内容，以更好地满足客户需求。随着技术的不断进步和数据的持续积累，智能客服还能够实现自我学习和自我优化，不断提升企业的服务质量和效率。

### 8．内容创作与智能分发

AI 营销在内容创作和分发领域展现出了巨大的潜力。通过深入分析用户的兴趣偏好和市场需求趋势，AI 能够自动生成符合品牌风格和用户喜好的营销内容（如文章、视频、图片等），并通过个性化的分发渠道将这些内容精准地推送给目标用户。以某新闻资讯平台为例，其利用 AI 技术生成了与当前社会热点紧密相关的新闻文章，并通过智能化的分发系统将这些文章推送给对相应话题感兴趣的用户。这种自动化的内容创作和个性化的分发方式不仅提高了营销内容的曝光率和转化率，也降低了内容生产的成本和时间投入。同时，这种智能化的内容创作模式还为企业提供了更多的创意灵感和营销思路。

## 12.2　场景化营销

### 12.2.1　场景化营销概述

#### 1. 场景化营销的概念

场景化营销（简称场景营销）是指企业将营销方式与消费者的生活场景结合起来，针对消费者在该场景中所具有的心理状态或需求进行的营销行为，目的是让消费者获得最佳消费体验，以实现企业的营销目标。场景化营销的核心就是利用场景来唤起消费者在该场景下的心理状态和需求。

#### 2. 场景化营销所需的技术与设备

场景化营销需要有相关技术及设备的支持。下面分别进行介绍。

（1）场景化营销所需的技术

① 数据分析技术。企业实施场景化营销需要依靠强大的数据分析技术，以深入了解目标受众的行为习惯、消费偏好以及场景需求。通过收集和分析用户数据，企业可以精准地识别出目标用户的场景需求，制定个性化的营销策略。

② 移动互联网技术。移动互联网技术的普及使得用户可以随时随地接收和分享营销信息。在实施场景化营销时，企业需要充分利用移动互联网技术，如推送通知、地理位置服务等，向目标用户传达相应场景的营销信息，提升用户参与度和转化率。

③ 物联网技术。企业运用物联网技术可以连接各种设备，实现智能化管理和控制。在场景化营销中，物联网技术可以应用于设备的智能化管理，如智能照明、智能空调等，提升场景的舒适度和用户体验，同时收集用户与设备的交互数据，为企业优化营销策略提供数据支持。

（2）场景化营销所需的设备

① 营销设备。根据营销场景和目标用户的需求，企业需要准备相应的营销设备，如展示屏、音响设备、VR/AR 设备等，以创造丰富、有趣的场景体验。同时，设备的性能和维护也是企业实施场景化营销的重要考虑因素。

② 用户设备。企业在实施场景化营销时，用户的设备也是关键因素。企业需要确保目标用户方便地通过自己的设备接收和分享营销信息，如智能手机、平板计算机等。此外，企业还需要考虑用户设备的兼容性和性能，以确保营销活动的顺利进行。

#### 3. 场景化营销的"人、货、场"三维度

在移动互联时代，场景化营销受到越来越多企业的重视。场景化营销通过描绘一定的场景，即在特定时间、地点，为消费者构建特定的生活场景，将产品和消费者的某些心理状态联系起来，以引起消费者在情感上的共鸣。一般而言，场景化营销是一种全流程营销，通过形成"目标用户、产品营销、场景设计"的闭环，将"人、货、场"三维度统一起来，如图 12-2 所示。

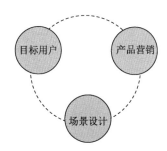

图 12-2　场景化营销的"人、货、场"三维度

"人、货、场"三维度场景化营销主要围绕提升客户的购物体验展开，特别是针对客户可能使用产品的具体情境进行设计。这种方法从理解目标客户的需要和偏好出发，通过精心构建的产品展示和服务环境来满足目标客户的需求。

场景化营销中的"人"指的是以客户需求为中心，深入了解客户的兴趣、习惯以及购买动机。场景化营销中的"货"涉及产品本身的设计、开发和推广策略。场景化营销中的"场"指的是创造与品牌或产品相关的特定消费场景，旨在增强顾客的购物体验。

场景化营销的关键在于将"人、货、场"三个维度有机结合，根据不同客户的具体需求和偏好，提供个性化的服务和产品推荐，从而在情感层面与客户产生共鸣，促进销售增长。

## 12.2.2　场景化营销的模式

场景化营销需要采用不同的营销模式，与用户构建营销关系。常见的场景化营销模式主要有以下六种类型。

### 1. 场景+LBS营销：精准化的LBS场景化营销

LBS（Location Based Service）营销是一种企业基于消费者地理位置信息的营销模式，通过向消费者推送相关信息和提供个性化服务，来吸引消费者并促进销售。LBS营销在场景化营销中最大的商业价值就是用户的即时定位，将企业、场景、用户实时地联系起来，让企业在实时了解客户的即时位置信息、生活方式、行为习惯、兴趣爱好等的基础上，构造实时的营销场景，精准地为客户服务。企业可以基于LBS平台的线上签到数据、消费数据等为客户提供相应的优惠，与此同时对客户进行细分，人性化和个性化地满足客户的需求，进而让客户对企业产生好感，建立忠诚度。例如，星巴克的App会通过LBS技术识别用户的位置，当客户身处星巴克所拥有的地理围栏（一种虚拟地理边界技术，用户在进入某一地区地理围栏时会触发自动登记）区域时，对食物和饮品感兴趣的标记客户就会收到一条短信，内容为附近星巴克分店的折扣信息。这种个性化推荐不仅吸引了更多的客户进店，还提高了客户的满意度和忠诚度。

### 2. 场景+新零售：打造实体店场景化营销模式

在数字化时代，实体店如何吸引更多的消费者成为一个重要的话题。在这个领域，场景化营销是一种非常有效的方法。海底捞火锅在这方面的做法就值得借鉴。海底捞火锅以"服务至上、客户至上"为基本理念，深耕服务，从而获得了良好的口碑传播红利。例如，基于客户需要排队的现实，海底捞就免费为等待的客户提供美甲、豆浆、小吃、水果等服务，从而为客户创造了新的场景体验，增强了用户的品牌黏性。

### 3. 场景+O2O营销:共创O2O场景化营销新生态

O2O（Online To Offline）场景化营销是指企业将线下的场景商机与互联网结合，核心目的是流量变现，内在逻辑是将线上和线下场景转化为流量，然后通过流量来促成销售或传播。场景+O2O营销的优势在于通过场景渠道，将线上用户与线下消费实现完美对接，使用户在线上购买商品时能享受线上优惠价格，在线下购买时能享受线上无法提供的贴心服务。在这方面，淘宝特享牵手欧莱雅推出校园产品体验馆的做法值得借鉴。

淘宝特享牵手欧莱雅在线下开启淘宝特享·欧莱雅特享产品体验馆，首次面向学生群体，打造线上线下联动的校园O2O新模式。淘宝特享·欧莱雅特享产品体验馆位于广东省广州市中山大学新校区的综合楼二楼。在体验馆内陈列着欧莱雅为年轻群体开发的最新产品线试用装，学生可在现场试用。每个试用装都配备了专属二维码，试用者试用满意后，就可以通过扫码直接在淘宝特享频道下单购买。通过线下体验、线上交易的方式，淘宝特享既能让顾客拥有真实可感的体验，又能避免集中囤货造成库存风险，一举两得。这是中国首个开设在校园内的电商 O2O 实物产品体验店。它打破了当时校园 O2O 市场上只下单、派货的常见模式，加入了百分百真实体验的场景，帮助学生群体足不出户就能在校园内寻找到适合自己的产品。

当然，O2O 场景化营销不仅限于电商场景，还包括了电视节目、社区服务、餐饮、服装，以及出行等一系列紧贴用户日常生活的场景。例如，泡泡玛特在成都宽窄巷子推出的"城市乐园"主题快闪，用户可以在古风场景中寻找限定潮玩、参与寻宝游戏，并通过 App 扫码解锁虚拟角色与奖励，实现文化场景与数字互动的深度融合，吸引大量年轻消费者打卡。同时，O2O 场景化营销的玩法，不仅是单纯的场景技术应用，而是充分挖掘消费者的生活圈和生活场景的价值，吸引客户到终端，并产生持续的规模化的商业变现。

### 4. 场景+渠道：移动互联网时代的 O2M 场景模式

O2M（Offline to Mobile）场景模式，是指企业将线下的产品转移到移动终端，即"互联网+分享经济"新模式，是将线上线下资源最终都指向移动端，实现"线下实体店+线上电商+移动终端"的组合式运营模式，是更便捷、更人性化的购物模式。O2M 场景模式可以理解为从 O2O 模式里细分出的一种商业模式。O2M 场景模式并不代表企业将产品简单地移到线上出售，而是利用线上方式的便利性、多元性给客户带来不一样的交互体验，让客户足不出户就可以在互联网上深度体验产品，对品牌或产品产生一定的兴趣，在此基础上到线下进行更直观的视觉体验。例如，某家具企业通过高质量的网页界面或 App 界面向用户展示品牌特色与理念，利用 AR 技术、VR 技术模拟室内效果，使用户在得到趣味性体验的同时获得每件家具的使用体验。用户可以随时随地观看或体验产品，从而产生良好的购物体验。

在 O2M 场景模式中，场景和营销渠道是两个关键点。场景是企业为客户提供的一种以满足客户个性需求为主的服务模式，而渠道是产品在企业与客户之间的流通路线。场景可以分为渠道场景和渠道外场景。渠道场景会充分利用各种渠道最终实现交易，渠道外场景则不需要借助渠道就可以完成交易。

### 5. 场景+社群营销：以用户为中心的场景社群营销

社群是指具有相同兴趣爱好、个性特点的人聚集在一起而形成的群体。在这样的群体中，群成员有着相似的消费习惯。在互联网时代，社群成为一种更加可靠的用户积累渠道，成为场景营销过程中的"中坚力量"。

"场景+社群营销"旨在通过创建与用户日常生活紧密相连的具体场景，让产品与用户之间建立起更为亲密的关系，同时鼓励拥有共同兴趣或需求的用户聚集在一起，形成一个活跃的社群。在这个社群中，成员们可以分享使用体验、交流心得，从而增强彼此间的联系及对品牌的忠诚度。

### 6. 场景+内容营销：电商营销场景下的短视频和网络直播场景化营销

在电商内容逐渐升级换代的情况下，直播和短视频等新媒体进入了电商渠道，它们之间形成了很好的配合及融合，成为电商营销模式的重要内容，由此诞生了电商营销场景下的短视频和网络直播场景营销。短视频和网络直播丰富了电商营销模式，也拉近了客户与企业之间的距离，让客户对企业产品的了解更加全面。这种更优质的营销内容，让电商企业步入了以内容为主的营销场景。例如，主播们在直播间边吃边聊边带货，营造了真实而温馨的、仿佛一家人共进晚餐的场景。

## 12.2.3　场景化营销的实施流程

场景化营销的实施流程依次为目标市场定位，场景选择与分析，产品与场景匹配，场景氛围营造，消费者情感连接，互动体验设计，营销信息传播，数据分析与优化。下面分别进行介绍。

**1. 目标市场定位**

场景化营销的首要步骤是目标市场定位。这包括企业确定目标客户，了解他们的需求和偏好，以及分析竞争对手的营销策略。通过市场调研和数据分析，企业可以精准定位目标市场，为后续的场景选择和产品匹配提供基础。

**2. 场景选择与分析**

在明确了目标市场后，企业需要选择合适的场景进行营销。场景的选择应基于目标客户的生活习惯、兴趣爱好和购物行为等因素。同时，企业还需要对所选场景进行深入分析，了解其特点、受众群体以及潜在的营销机会。通过场景分析，企业可以更好地理解目标客户的需求和期望，为后续的产品匹配和氛围营造提供依据。例如，家居用品品牌可以选择在家具卖场、建材市场或者家居展览会等地方进行场景营销。这些地方通常有较大的人流量和专业的消费群体，企业能更好地展示品牌形象，提升传播效果。

**3. 产品与场景匹配**

在选择了合适的场景后，企业需要将产品与场景进行匹配。这要求企业将产品与场景的特性和目标客户需求相结合，实现产品的差异化竞争。例如，在旅游场景中，企业可以推出与旅游主题相关的特色产品，如旅游纪念品、旅游保险等，以满足游客的个性化需求。

**4. 场景氛围营造**

场景氛围营造是场景化营销的关键环节。企业需要通过布置场景、设计道具、调整灯光和音乐等，营造出符合产品特性和目标客户需求的氛围。氛围的营造不仅要引起目标客户的注意，还要激发他们的购物欲望和情感共鸣。例如，在时尚购物场景中，企业可以通过运用炫酷的灯光和动感的音乐营造出时尚前卫的氛围，吸引年轻消费者的关注。

**5. 消费者情感连接**

场景化营销注重企业与消费者（客户）的情感连接。企业需要通过精心设计的场景和产品，触发消费者的情感共鸣，使其对品牌产生认同感和归属感。例如，在节日营销场景中，企业可以通过推出节日限定产品或举办节日主题活动，让消费者感受到品牌的温暖和关怀。

**6. 互动体验设计**

互动体验是场景化营销的重要组成部分。企业需要通过设计各种互动环节和活动，让消费者亲身参与和体验产品的独特魅力。场景互动可以是线下和线上的交互形式，包括问答互动、互动游戏、体验式购物、微信群组交流等。例如，某咖啡品牌在网红咖啡馆推出一款新品咖啡，通过线上微博或微信进行邀约和营销，吸引年轻人群体的关注和参与。需注意的是，互动体验的设计应遵循简单易行、有趣好玩的原则，让消费者在轻松愉快的氛围中了解产品，产生购买欲望。

### 7. 营销信息传播

场景化营销需要企业充分利用各种营销渠道和媒体，将营销信息传递给目标客户。企业可以通过社交媒体、广告投放、内容营销等，将场景化营销的信息传播给目标客户。同时，企业还可以利用口碑营销和用户生成内容等方式，扩大营销信息的传播范围和影响力。

### 8. 数据分析与优化

在实施场景化营销的过程中，企业需要不断收集和分析数据，了解营销活动的效果和目标客户的反馈。通过数据分析，企业可以发现营销活动的优点和不足，为后续的优化提供依据。同时，企业还可以根据数据分析结果调整营销策略，提升场景化营销的效果和转化率。

## 12.3　跨境营销

### 12.3.1　跨境营销概述

#### 1. 跨境营销的概念

跨境营销，简而言之，是指企业跨越国界或地区界线，在目标市场国家和地区进行的营销活动。随着全球化的深入，跨国家或地区界线的商业活动愈发频繁，跨境营销逐渐成为企业拓展市场的重要手段。跨境营销不仅仅是销售产品的过程，更是一种文化的交流、品牌价值的传递和市场需求的分析。它要求企业具备全球化的视野，深入了解不同国家和地区的消费习惯、法律法规、文化差异等因素，从而制订出合适的营销方案。

跨境营销的兴起打破了贸易的地域限制，推动了全球经济的发展。对企业而言，跨境营销使企业拥有更大的市场，促进企业不断提高自身实力；对消费者而言，跨境营销使消费者更容易买到心仪且物美价廉的来自世界各地的产品，同时提升了购物体验和消费满足感。跨境营销不仅深化了全球经济一体化进程，还构建了一个更加紧密、互动和共赢的全球商贸生态，为企业提供了更多的发展机遇。

#### 2. 跨境营销的特殊性

跨境营销作为全球化背景下企业拓展国际市场的重要手段，特殊性主要体现在以下几个方面。

（1）社会文化的差异性

企业开展跨境营销，要面临不同国家和地区社会文化差异的挑战。一个国家或地区的社会文化包含居民特定的受教育程度、价值观念、行为方式、伦理道德规范、审美观念、宗教信仰及风俗习惯等。不同国家和地区有着独特的社会文化。这些差异直接影响消费者的购买决策和偏好。

为了适应社会文化差异，开展跨境营销的企业需要对产品进行本地化调整。这包括调整产品的设计、功能、包装、命名以及营销信息的传达方式等。例如，食品企业可能需要根据目标市场的口味偏好调整产品配方；服装企业则需要依据当地的气候条件和时尚趋势来设计服装款式。企业在跨境营销时还必须深入了解并尊重目标市场的文化，避免文化冲突。

（2）法律法规的差异性

不同国家和地区的法律法规体系各不相同，对跨境营销活动有着不同的规范和限制，如关于广告内容的真实性、隐私保护、消费者权益保护等方面的法律规定可能存在显著差异。企业在跨境营销时必须严格遵守当地的法律法规，避免触犯法律红线。

由于法律法规的差异性，企业在跨境营销过程中可能面临合规性风险。这包括数据保护风险、知识产权风险、税务风险等。为了降低这些风险，企业需要建立完善的合规管理体系，加强对当地法律法规的研究，并及时调整营销策略以符合当地法律法规的要求。

（3）经济环境的差异性

不同国家和地区的经济环境存在较大的差异，这直接决定着目标市场的规模和消费结构。以广告为例，当一个国家或地区经济繁荣，人民生活富足时，可能会对知名品牌和高档产品有更多的需求。此时企业广告的宣传策略也应该是突出品牌形象，强调产品的高贵品质。而在经济水平发展程度较低，人民生活较为困难的国家和地区，价廉物美的商品更受欢迎。企业在进行广告宣传时，广告的诉求点应重点放在产品的经久耐用和物美价廉上。

（4）竞争态势的复杂性

跨境营销面临着复杂的竞争态势。一方面，企业需要面对来自当地企业的竞争，这些企业往往更了解当地市场和消费者需求；另一方面，还需要应对来自其他跨境企业的竞争，这些企业在品牌、技术、资金等方面可能具有优势。因此，企业在跨境营销时必须制订差异化的竞争策略，提升自身的市场竞争力。

（5）物流与供应链管理的复杂性

跨境营销涉及跨境物流。不同国家和地区的物流体系、运输方式、关税政策等各不相同，这给企业的物流管理带来了挑战。企业需要建立完善的物流网络，优化运输路线和方式，降低物流成本和时间成本。跨境营销还要求企业具备高效的供应链管理能力。企业需要与供应商、生产商、分销商等建立紧密的合作关系，确保产品的质量和供应的稳定性。同时，企业还需要关注供应链中的风险点，如汇率波动、政治风险、自然灾害等，并制订相应的应对措施。

（6）数字营销与技术创新的挑战性

① 数字营销的兴起。随着互联网技术的发展，数字营销在跨境营销中扮演着越来越重要的角色。企业可以通过社交媒体、搜索引擎、电子邮件等触达目标市场的消费者。数字营销具有成本低、效率高、可追踪等优势，已成为企业跨境营销的重要手段。

② 技术创新的驱动。技术创新也是企业跨境营销的重要推动力。例如，大数据、人工智能、区块链等技术的应用可以提升企业营销的精准度和效率。企业可以利用这些技术来分析消费者行为，预测市场趋势，优化营销策略等。

## 12.3.2　跨境营销平台

### 1. 跨境营销平台的概念及类型

（1）跨境营销平台的概念

跨境营销平台是指能够提供企业跨境销售、品牌推广、客户服务等一系列营销活动的在线平台。这些平台通常具备多语言支持、本地化服务、国际支付与物流解决方案提供等功能，旨在帮助企业打破地域限制，有效触达并服务全球目标市场。

（2）跨境营销平台的类型

跨境营销平台主要有以下几种类型。

① 第三方跨境营销平台。如阿里巴巴国际站、全球速卖通、亚马逊全球开店、Temu、eBay、Wish、SHEIN 等。这些平台为全球卖家和买家提供了一个集中的交易场所，卖家可以在平台上开设店铺、展示商品并进行交易，利用平台提供的营销工具推广产品。

② 社交媒体与内容营销平台。如 Facebook、Instagram、TikTok、YouTube 等社交媒体平台，以及博客、论坛、行业网站等内容发布平台。企业可以通过这些平台发布有价值的内容，吸引目标受众，建立品牌形象，并进行精准广告投放。

③ 搜索引擎营销平台。如 Google Ads、百度推广等。企业可以通过这些平台进行搜索引擎优化和搜索引擎广告，提高网站在搜索结果中的排名，增加曝光度和流量。

④ 邮件营销与自动化营销平台。如 SendinBlue、Mailchimp 等。这些平台提供邮件列表管理、邮件发送、自动化营销流程设置等功能，帮助企业进行高效的客户关系管理和营销活动。

⑤ 独立站建设与运营平台。如 Shopify、WooCommerce 等。这些平台提供网站建设模板、支付集成、物流对接等一站式解决方案，帮助企业快速搭建并运营自己的跨境电商网站。

**2. 主要的跨境营销平台介绍**

（1）阿里巴巴国际站（Alibaba）

阿里巴巴国际站成立于 1999 年 9 月，是阿里巴巴集团旗下国际站贸易平台，向海外买家展示、推广供应商的产品，进而使企业获得贸易商机和订单。阿里巴巴国际站是出口企业拓展国际贸易的首选网络平台。图 12-3 所示为该平台首页。

图 12-3　阿里巴巴国际站首页

阿里巴巴国际站提供一站式的店铺装修、产品展示、营销推广、生意洽谈及店铺管理等一系列线上服务和工具，帮助企业降低成本，高效率地开拓外贸大市场。阿里巴巴国际站专注服务于全球中小微企业，在这个平台上，企业可以在线更高效地找到适合的买方或卖方，更快更安心地达成交易。阿里巴巴国际站的定位是为全国中小企业提供网上贸易市场，让天下没有难做的生意。

 **案例分析**

### 阿里巴巴国际站帮助山东金乡农民创收

世界大蒜看中国，中国大蒜看山东，山东大蒜看金乡。金乡县是山东省济宁市下辖县，位于鲁西南鲁苏两省交界处，东汉时置县，是有名的大蒜之乡。据悉，中国大蒜出口量占全球出口总量的约80%，而山东金乡的出口量又占到全国出口总量的70%左右。

济宁友联食品是金乡县本地的代表企业之一。创始人司崇雷从2005年转行做大蒜生意。当时他经常看到金乡县的大蒜如同"大白菜"一样烂到地里，或者以8分钱一斤的价格被收购，蒜农的收入非常微薄。"家乡的大蒜被这么糟践，心疼啊"，司崇雷回忆道。他转行的那一年就做起了大蒜出口生意，因为"看到了大蒜出口打开通路的商机"。

司崇雷选择入驻阿里巴巴国际站，借助阿里巴巴搭建的跨境电商通路将大蒜出口到海外。2020年，司崇雷从国际站上获得的订单明显增多，客户也比2019年多了四成，全年卖了4000多万美元。

阿里巴巴国际站数据显示，2020全年，平台新鲜大蒜的出口额涨了近5倍，在农产品中排名第一。而整个农业行业的成交额同比2019年也增长了183%，高于全平台101%的增速。阿里巴巴国际站给中国农产品出口带来了很大增量。自从该站在济宁普及，周围的蒜农或者农产品商家也开始通过线上销售，当地大概有100多家企业通过该站做出口大蒜生意。

案例分析：阿里巴巴国际站帮助山东金乡大蒜走出国门，不仅解决了当地农户销售大蒜难的问题，还为他们带来了可观的收益。事实上阿里巴巴国际站就像是外贸行业的一艘快艇，致力于将我国的农产品载向全球。阿里巴巴聚合多个涉农业务，打造数字化助农体系，其中，阿里巴巴国际站以数字化驱动的新外贸的模式，助推中国农产品出口到全球100多个国家和地区。

（2）全球速卖通（AliExpress）

全球速卖通（简称"速卖通"）于2010年4月正式上线，是阿里巴巴旗下面向全球市场的在线交易平台，被广大卖家称为"国际版淘宝"。一开始，速卖通就将业务定位于跨境网络小额批发或零售，卖家以国内中小企业和个人为主，买家则直接面向海外消费者。速卖通网站首页如图12-4所示。

全球速卖通面向海外买家，通过支付宝国际账户进行担保交易，并使用国际物流渠道发货，是全球四大英文在线购物网站之一。全球速卖通的商品覆盖服装服饰、3C、家居、饰品等共30个一级行业类目，尤其是服装服饰、手机通信、鞋包、消费电子、家居等。

速卖通实行的是低价策略，与国内淘宝的低价策略相似。速卖通的侧重点在于新兴市场，比如巴西和俄罗斯。速卖通在俄罗斯的发展顺利，俄罗斯消费者可以直接在速卖通上一键下单，支付预付款，到指定线下门店支付尾款即可提货。速卖通的入驻以及后续的发布商品、开店都是收取年费的，且交易成功之后收取一定比例的手续费。

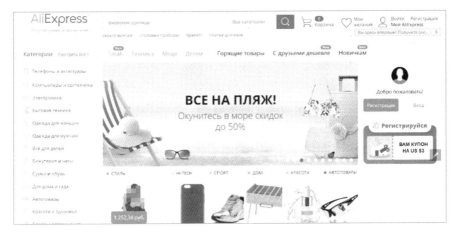

图 12-4　速卖通首页

（3）Temu

Temu 是拼多多推出的跨境营销平台，于 2022 年 9 月 1 日正式上线。Temu 主要服务于中端用户群体，致力于满足全球消费者对高品质、多样化商品的需求。通过整合全球优质供应链资源，Temu 提供了包括家居用品、美妆产品、服装、电子产品等多个品类的商品，旨在为消费者打造一站式跨境购物体验。

Temu 平台融合了拼多多的社交电商基因，采用了独特的拼团模式和社交分享机制。用户可以通过邀请好友一起购买商品，享受更优惠的价格。这种模式不仅降低了用户的购物成本，还增加了购物的趣味性和社交性。同时，平台以简洁、清晰的页面设计著称，注重商品图片的高质量展示，为用户提供了良好的购物体验。此外，Temu 还提供了丰富的 API 接口服务，方便开发者、商家和合作伙伴进行数据交互和功能集成。

在运营上，Temu 推出了全托管和半托管两种模式，为商家提供了灵活的运营选择。全托管模式让商家无须担心物流、仓储等烦琐环节，只需专注于商品供应；而半托管模式则给予了商家更多的自主权，可以根据自身需求进行个性化运营。这种灵活的运营模式极大地降低了商家的运营风险，吸引了大量跨境卖家的入驻。

Temu 平台的服务范围覆盖全球多个国家和地区，主要面向加拿大、美国、澳大利亚等发达市场的消费者。这些市场的消费者具有较高的购买力和对品质生活的追求，为 Temu 提供了广阔的市场空间。平台通过深入的市场调研和本地化运营策略，精准把握了不同市场用户的需求和习惯，为商家提供了精准的营销定位。

Temu 在运营过程中注重品牌推广和用户引流。平台与各大社交媒体平台紧密合作，通过发布有趣的内容及举办线上活动等方式吸引用户关注。同时，平台还通过优惠券、限时折扣等促销活动刺激用户购买欲望，提高转化率。在物流方面，Temu 不断优化物流体系，提高物流效率和服务质量，确保商品能够及时、安全地送达消费者手中。

（4）SHEIN

SHEIN（中文名希音）成立于 2008 年，起初以婚纱业务起家，后逐渐转型为以时尚女装为业务核心的跨境营销平台。根据数据分析，SHEIN 成为 2024 年 9 月以及第三季度全球访问量最大的服装与时尚平台。SHEIN 以"快时尚"为主导，提供紧跟时尚潮流的优质服饰和配饰，旨在满足全球消费者对新颖、个性化时尚品牌的需求。SHEIN 不仅提供经典款式和基础单品，还紧跟时尚潮流，不断推出最新的服装设计，使消费者能够以相对较低的成本购买到时尚单品。

在购物体验上，SHEIN 通过图片和视频展示商品，辅以详尽的产品描述和尺码表，使消费者能够更直观地了解商品详情。此外，SHEIN 的商品价格实惠，深受消费者喜爱。商品通常具有极高的性价比。SHEIN 还注重社交互动，设有用户评论、晒单及社交分享功能，让消费者能够参考其他买家的真实反馈和购物体验，享受更加社交化的购物过程。

SHEIN 的市场定位主要面向全球年轻消费者，特别是对时尚潮流有追求、消费能力有限的群体。根据公开资料，SHEIN 的用户以女性为主，年龄在 20～35 岁，对互联网平台有一定的认知。平台通过精准的市场定位和个性化的产品推荐，成功吸引了大量忠实用户。

（5）Wish

Wish 于 2011 年成立于美国旧金山，是一家基于移动端 App 的跨境电子商务平台。Wish 是北美和欧洲最大的移动电子商务平台，被评为硅谷最佳创新平台和欧美地区最受欢迎的购物类 App。Wish 的主页如图 12-5 所示。

图 12-5　Wish 的主页

起初，Wish 只是向用户推送信息，并不涉及商品交易；2013 年开始升级成为购物平台，同年 6 月推出移动端 App，当年经营收入就超过 1 亿美元。Wish 销售的商品类别主要是服装服饰，同时也销售美妆、配饰、3C 配件、母婴用品、家居产品等。Wish 旗下共拥有 6 个垂直的 App：Wish，提供多种产品类别；Geek，主要提供高科技设备；Mama，主要提供孕妇和婴幼儿用品；Cute，专注于提供美容产品、化妆品、配饰和衣服；Home，提供各种家居配件；Wish for Merchants，专门为卖方设计的移动 App。

与多数电商平台不同，在 Wish 上的买家不太会通过关键词来搜索商品，而更倾向于无目的地浏览。这种浏览方式是美国人等西方人士比较接受的，所以 Wish 平台超过六成的用户位于美国和加拿大以及一些欧洲国家。

在促销方面，Wish 会根据买家的行为偏好数据选择相应的商品信息推送给买家，以促成交易。当一个新用户注册登录的时候，Wish 会推荐一些大众商品，如 T 恤、小饰品等。此后，Wish 会随时跟踪用户的浏览轨迹以及使用习惯，以了解用户的偏好，进而再推荐相应的商品给用户。这样，不同用户在 Wish 的 App 上看到的界面是不一样的，同一用户在不同时间看到的界面也是不一样的。这就是 Wish 的魅力所在，能通过智能化推荐技术与用户保持一种无形的互动，从而极大地增强了用户黏性。由于 Wish 这种特殊的交易模式，并且在平台上主要以展示图片为主，买家要注意 Wish 上的商品的差异性。

### 12.3.3　跨境营销的选品策略

**1. 跨境营销选品需要考虑的因素**

跨境营销选品需要综合考虑多方面的因素，以确保所选产品能够适应目标市场的需求。

（1）目标市场因素

开展跨境营销的企业应充分了解目标市场的文化、消费习惯、购买能力、市场需求以及竞争态势。通过营销调研，企业要确定哪些产品类别在目标市场具有较大的需求潜力，哪些产品已经饱和或竞争激烈。同时，企业还需要关注目标市场的法律法规、进口政策以及关税政策，以确保所选产品能够顺利进入目标市场并符合相关法律法规的规定。

（2）产品特性

产品特性是企业选品时需要考虑的重要因素。跨境营销的产品应具备独特性、创新性、实用性以及易于运输等特点。产品的独特性能够吸引消费者的注意力，创新性则意味着产品具有领先市场的优势，实用性是消费者购买产品的基本需求，而易于运输能够降低企业物流成本，提高销售效率。

（3）成本因素

开展跨境营销的企业需要综合考虑产品的生产成本、运输成本、关税成本以及销售成本等，以确保所选产品具有合理的利润空间。同时，企业还需要评估产品的生命周期和市场需求的变化趋势，以避免因产品过时或市场需求下降而导致库存积压和资金占用。

（4）品牌与知识产权

在跨境营销中，品牌和知识产权的保护至关重要。企业应选择具有自主知识产权或已获得授权的产品进行销售，以避免因侵犯知识产权而引发的法律纠纷和品牌形象受损。同时，企业可以通过打造自有品牌或代理知名品牌，提升产品的附加值和市场竞争力。

**2. 跨境营销选品的流程**

跨境营销选品的第一步是市场调研与需求分析，第二步是产品筛选与评估，第三步是样品测试与反馈，最后一步是选品决策与调整。具体介绍如下。

（1）市场调研与需求分析

首先，企业通过市场调研和需求分析，确定目标市场的消费趋势、热门产品类别以及市场需求。这可以通过问卷调查、社交媒体分析、竞品研究等方式进行。市场调研与需求分析的结果将为后续的选品提供有力的数据支持。

（2）产品筛选与评估

企业在市场调研与需求分析的基础上，对潜在的产品进行筛选和评估。这包括评估产品的市场潜力、利润空间以及是否符合企业的战略规划。通过对比分析，企业筛选出具有竞争力的产品候选名单。

（3）样品测试与反馈

对于筛选出的产品候选名单，企业可以通过样品测试进一步验证产品的市场接受度。这可以通过小批量的试销、收集消费者反馈等方式进行。样品测试的结果将为最终的选品决策提供重要的参考依据。

（4）选品决策与调整

根据市场调研与需求分析、产品筛选与评估，以及样品测试与反馈所得到的结果，企业可以作出最终的选品决策。同时，由于市场环境的变化和消费者需求的变动，企业需要定期对选品策略进行调整，以确保所选产品始终符合目标市场的需求。

**3. 跨境营销货源的选择**

跨境营销货源的选择直接关系到产品的质量和供应的稳定性，因此企业需要谨慎选择货源。

（1）国内采购与国际采购

企业可以根据自身的实际情况和目标市场的需求，选择国内采购或国际采购。企业采用国内采购，具有成本相对较低、供应链稳定等优势，但可能面临产品同质化的问题。企业采用国际采购则可以获取更独特、更具竞争力的产品，但可能涉及更复杂的物流、关税和质量控制问题。

（2）供应商评估与选择

在选择供应商时，企业应综合考虑供应商的信誉、生产能力、质量控制体系及售后服务等方面。通过实地考察、样品测试、询价比较等方式，企业可筛选出可靠的供应商并与之建立长期合作关系。同时，企业还需要定期对供应商进行评估和考核，以确保供应商的稳定和产品质量。

（3）货源多样化与风险管理

为了避免对单一货源的过度依赖和降低风险，企业应实行货源的多样化。这可以通过与多个供应商合作，开拓不同的采购渠道以及建立应急库存等方式实现。同时，企业还需要建立完善的风险管理机制，以应对可能出现的货源中断、质量问题等风险。

## 12.3.4　跨境营销的推广策略

对于跨境电商企业而言，有效的营销推广策略是打开国际市场，提升品牌知名度与市场份额的关键。跨境营销推广主要分为店铺及平台营销推广和社交媒体推广。下面分别进行介绍。

**1. 店铺及平台营销推广**

店铺及平台是跨境营销企业直接面向消费者的前沿阵地。其营销策略的制订与执行直接关系到销售转化与客户忠诚度。

（1）店铺自主营销推广

店铺自主营销推广是指商家在其自有电商平台或第三方平台店铺内，通过一系列策略吸引流量，促进转化，增强用户体验的营销行为。店铺自主营销推广的策略主要包括：①个性化页面设计。根据目标市场的文化习俗、消费习惯设计店铺页面，包括色彩搭配、布局结构、语言选择等，以提升用户访问体验。②优惠券与促销活动。设置限时折扣、满减优惠、买赠活动等，利用价格杠杆刺激用户购买欲望。同时，通过会员制度、积分奖励等方式增强用户黏性。③商品展示优化。高质量的产品图片、详细的产品描述、用户评价展示等，都是提升商品吸引力的关键因素；利用视频介绍、3D 模型展示等先进技术，可进一步提升用户的购物体验。④邮件营销与 CRM 管理。定期向注册用户发送新品推荐、优惠信息、节日祝福等邮件，维护客户关系，还可以运用 CRM 系统分析用户行为，实施精准营销。

（2）平台营销活动推广

跨境营销平台通常会定期举办各类营销活动，如"双十一""黑色星期五"等，为商家提供巨大的流量入口。企业可以充分利用这些平台举办的活动进行营销推广。平台营销活动推广方式如表 12-2 所示。

表 12-2　平台营销活动推广方式

| 推广类型 | 具体内容 |
| --- | --- |
| 参与平台大促 | 积极参与平台组织的促销活动，利用平台资源提升品牌曝光度。参与平台大促的企业须提前规划库存、优化商品页面，确保活动期间的运营顺畅 |
| 广告投放与合作 | 利用平台提供的广告服务，精准定位目标客户；寻求与平台内其他商家的合作机会，如联合营销、品牌联动，共同扩大影响力 |

**2. 社交媒体推广**

社交媒体是重要的信息传播与互动平台，也是跨境营销企业拓展海外市场的重要渠道之一。企业可利用社交媒体进行营销推广，以提升品牌知名度，增强客户黏性，促进销售增长与业务扩展。具体来说，企业可以通过以下方式利用社交媒体进行跨境营销推广。

（1）发布高质量内容：定期在社交媒体平台上发布有价值、有吸引力的内容，如产品介绍、行业资讯、客户案例等，以提升品牌知名度和吸引潜在客户。

（2）精准定位目标受众：利用社交媒体平台的广告投放功能，根据地域、年龄、性别、兴趣等精准定位目标受众，提高营销效果。

（3）互动与回应：积极与目标受众互动，回应他们的评论和问题，建立良好的品牌形象和口碑。通过互动，企业可以更深入地了解目标受众的需求，为产品改进和服务优化提供有力支持。

（4）与网络名人合作：与网络名人合作，利用其影响力快速扩大品牌知名度。

（5）社群运营：建立品牌社群，如 Facebook 群组、Instagram 话题标签等，鼓励目标受众分享经验、提问交流，增强目标受众归属感。

（6）跨渠道整合：将社交媒体与其他营销渠道相结合，形成营销闭环，提升整体营销效果。

**本章实训**

**1. 实训目标**

熟悉跨境营销调研的方法，掌握跨境营销策略的制定与实施。

**2. 实训内容及步骤**

某玩具生产企业计划面向 A 国市场开展跨境营销业务，请你帮助该企业完成下列任务。

（1）调查 A 国的市场营销环境。

（2）调查 A 国玩具市场竞争现状及消费特点。

（3）根据调查结果确定该玩具生产企业在 A 国的目标市场。

（4）熟悉 A 国市场上主要的跨境营销平台，利用 SWOT 分析法分析不同跨境营销平台在 A 国市场开展跨境营销交易的优劣势，为该玩具生产企业选定适合开展业务的跨境营销平台。

（5）在上述调查和分析的基础上撰写该玩具企业的跨境营销方案。

**3．实训成果**

实训作业——《某玩具企业 A 国市场跨境营销方案》。

## 本章习题

### 一、单选题

1．（    ）推出全新购物方式"Buy+"，通过使用虚拟现实技术，利用计算机图形系统和辅助传感器，生成可交互的三维购物环境。

    A．拼多多        B．京东        C．美团        D．淘宝

2．（    ）是 AI 营销中常使用一种重要的技术，可以根据客户的兴趣爱好和行为习惯，向客户推荐合适的产品和服务。

    A．自然语言处理    B．推荐算法        C．云计算        D．机器学习

3．场景化营销实施的最后一步是（    ）。

    A．目标市场定位             B．场景选择与分析

    C．数据分析与优化           D．场景氛围营造

4．在 O2M 场景模式中，（    ）是两个关键点。

    A．场景和促销             B．场景和营销渠道

    C．促销和营销渠道         D．技术和营销渠道

5．（    ）是阿里巴巴旗下面向全球市场的在线交易平台，被广大卖家称为"国际版淘宝"。

    A．全球速卖通             B．阿里巴巴国际站

    C．兰亭集势              D．敦煌网

### 二、多选题

1．AI 营销通过（    ），能够显著增强客户体验和提升客户忠诚度。

    A．自然语言处理        B．虚拟现实技术        C．精准营销

    D．跨渠道整合        E．全渠道整合

2．虚拟现实的三个突出特征是（    ）。

    A．沉浸性             B．交互性        C．整合性

    D．想象性             E．实时性

3．场景化营销所需的技术主要包括（    ）。

    A．数据分析技术        B．移动互联网技术        C．物联网技术

D. 防火墙技术　　　　　　　　E. 数据加密技术

4. 大数据的特点有（　　　　）。

A. 规模大　　　　　　　　B. 多样性　　　　　　　　C. 时效性

D. 准确性　　　　　　　　E. 价值大

5. 以下属于社交媒体与内容营销平台的有（　　　　）。

A. YouTube　　　　　　　B. Temu　　　　　　　　C. TikTok

D. Instagram　　　　　　E. Facebook

## 三、名词解释

1. AI 营销　　2. 虚拟现实技术　　3. 场景化营销　　4. O2O 场景化营销　　5. 跨境营销

## 四、简答及论述题

1. AI 营销的价值有哪些？

2. 场景化营销的实施流程是什么？

3. 跨境营销选品需要考虑的因素有哪些？

4. 试论述以用户为中心的"场景+社群营销"。

5. 试论述 AI 营销的具体应用。

## 案例讨论

### 汇源"95°黑"全场景营销

汇源的气泡果汁产品"95°黑"面向的消费群体是"90后""95后"年轻群体。这一群体不仅是当下果汁消费市场的主力军，也是观影的中坚力量。顺应这个群体追求个性的特点，"95°黑"借助影院完备的视听功能和绝佳的播放效果，与一百多家影院展开了合作，制作并展出"95°黑"的广告片；在影院内陈列产品；定制食品饮料杯桶；与当时大热的影片《黄金兄弟》进行 IP 联动。无论是线上还是线下，"95°黑"都实现了一次全面且具有穿透力的整合传播。而其围绕影院所打造的场景感也非常细致和逼真。

针对目标群体追求个性的特点，"95°黑"的理念与之高度契合："不用谁来定义我，'95°黑'就是我的选择。"从这一核心理念出发，"95°黑"的广告片淋漓尽致地展现了品牌的年轻化特色，并向来到影院观影的年轻人传达了这一信息。通过震撼性的视听效果呈现，这一信息更具感染力。"95°黑"产品进入影院，使得消费者可以随时购买和体验，带来了极大的便利性；定制杯桶、爆米花和饮料也展现出了个性、创意的一面；与电影 IP 的跨界合作，以及线上活动抽奖送票，进一步扩大了活动的知名度和影响力。

资料来源：公关之家。

**思考讨论题：**

结合案例，请谈谈企业应如何进行场景化营销。

# 参 考 文 献

[1]  符国群. 市场营销学[M]. 北京：清华大学出版社，2023.

[2]  宁德煌. 市场营销学. 北京[M]：机械工业出版社，2020.

[3]  菲利普·科特勒，加里·阿姆斯特朗. 市场营销:原理与实践[M]. 12 版. 北京：中国人民大学出版社，2020.

[4]  刘建华，李东进，赵馨頔. 现代企业管理：理论、案例与实践[M]. 2 版. 北京：人民邮电出版社，2025.

[5]  李东进. 消费者行为学[M]. 北京：机械工业出版社，2007.

[6]  卢泰宏，周懿谨. 消费者行为学[M]. 2 版. 北京：中国人民大学出版社，2015.

[7]  庄贵军. 营销渠道管理[M]. 4 版. 北京：北京大学出版社，2024.

[8]  吕筱萍. 市场调研与预测[M]. 北京：科学出版社，2015.

[9]  李东进，秦勇. 广告学：理论、方法与实务[M]. 2 版. 北京：人民邮电出版社，2022.

[10] 秦勇，陈爽，刘建华. 公共关系学[M]. 2 版. 北京：中国发展出版社，2022.

[11] 陈守则. 市场营销学[M]. 2 版. 北京：机械工业出版社，2012.

[12] 苏芳. 跨境营销与管理[M]. 北京：电子工业出版社,2021.

[13] 赵修美，周振. 市场营销基础与实务[M]. 北京：人民邮电出版社,2024.

[14] 阳翼. 人工智能营销[M]. 北京：中国人民大学出版社，2019.

[15] 李东进，秦勇，陈爽. 网络营销：理论、工具与方法[M]. 3 版. 北京：人民邮电出版社，2024.

[16] 余敏，陈可，沈泽梅. 营销策划[M]. 北京：北京理工大学出版社，2020.

[17] 刘大勇. 场景营销：打造爆款的新理论、新方法、新案例[M]. 北京：人民邮电出版社，2019.

[18] 营销铁军. 场景营销[M]. 苏州：古吴轩出版社，2020.